"十三五"国家重点出版物出版规划项目·重大出版工程规划

中国工程院重大咨询项目成果文库

秦巴山脉区域绿色循环发展战略研究丛书（第一辑）

国家出版基金项目
NATIONAL PUBLICATION FOUNDATION

秦巴山脉区域绿色循环发展战略研究
（城乡建设与文化旅游卷）

吴良镛　司　南等　著

科学出版社

北　京

内 容 简 介

本书分为两部分内容。第一部分针对秦巴山脉区域发展现状，紧密围绕解决"生态高地"与"经济洼地"矛盾这一核心问题，从城乡空间发展的趋势研判以及国际经验的借鉴研究入手，在绿色循环理论研究的基础上，在宏观和微观两个层面构建秦巴山脉区域绿心空间组织模式和绿色循环人居模式，并提出生态保护、区域协同、空间引导和特色风貌四个方面的战略思考和针对性的绿色发展政策建议。第二部分通过总结秦巴山脉区域文化旅游发展现状的六大问题，秉持生态环境保护为基本、文化产业发展为灵魂、旅游空间发展为承载、品牌塑造为引领、区域制度构建为保障的发展原则，提出以构建秦巴国家中央公园群为绿色核心，将秦巴山脉打造为中国国家中央公园群、国际性生态旅游度假目的地等战略构想。

本书为秦巴山脉及广大山区的城乡人居环境及文化旅游产业绿色发展提供了有益的学术和实践探索，可为广大读者在政府决策、学术研究、企业发展等方面提供有价值的参考和借鉴。

审图号：GS（2019）3233号

图书在版编目（CIP）数据

秦巴山脉区域绿色循环发展战略研究. 第一辑. 城乡建设与文化旅游卷 / 吴良镛等著. —北京：科学出版社，2019.11

"十三五"国家重点出版物出版规划项目·重大出版工程规划　中国工程院重大咨询项目成果文库　国家出版基金项目

ISBN 978-7-03-062559-5

Ⅰ.①秦… Ⅱ.①吴… Ⅲ.①绿色经济-区域经济发展-发展战略-研究-中国 ②城乡建设-经济发展-研究-中国 ③地方旅游业-旅游文化-旅游业发展-研究-中国 Ⅳ.①F127

中国版本图书馆CIP数据核字（2019）第223086号

责任编辑：方小丽 / 责任校对：王丹妮
责任印制：霍　兵 / 封面设计：无极书装

科 学 出 版 社 出版

北京东黄城根北街16号
邮政编码：100717

http://www.sciencep.com

北京九天鸿程印刷有限责任公司　印刷

科学出版社发行　各地新华书店经销

＊

2019年11月第 一 版　开本：720×1000　1/16
2019年11月第一次印刷　印张：16
字数：323 000

定价：160.00元

（如有印装质量问题，我社负责调换）

"秦巴山脉区域绿色循环发展战略研究丛书"编委会名单

顾问（按姓氏拼音排序）

何季麟　邱冠周　任南琪　王　浩　王一德　王玉普　徐匡迪
杨志峰　殷瑞钰　周　济　左铁镛

主编

徐德龙

编委会成员（按姓氏拼音排序）

傅志寰　侯立安　金　涌　李德仁　李佩成　刘　旭　刘炯天
罗平亚　潘云鹤　彭苏萍　邱定蕃　吴良镛　吴志强　谢和平
徐德龙　薛群基　张寿荣　钟志华

"秦巴山脉区域绿色城乡空间建设战略研究"课题组成员名单

项目组长：

吴良镛　　　清华大学教授、中国工程院院士

项目副组长：

周庆华　　西安建大城市规划设计研究院教授

吴左宾　　西安建大城市规划设计研究院正高级工程师

吴唯佳　　清华大学建筑学院教授

项目组成员：

雷会霞　　西安建大城市规划设计研究院正高级工程师

武廷海　　清华大学建筑学院教授

吴　晨　　北京市建筑设计研究院教授

敬　博　　西安建大城市规划设计研究院高级工程师

牛俊蜻　　西安建大城市规划设计研究院

郭　乾　　西安建大城市规划设计研究院

徐　滢　　西安建筑科技大学

王丁冉　　西安建筑科技大学建筑学院

吴　锋　　西安建筑科技大学建筑学院副教授

胡永红　　西安建大城市规划设计研究院高级工程师

陈晓键　　西安建筑科技大学建筑学院教授

孙英良　　西安建大城市规划设计研究院

李　炬　　西安建大城市规划设计研究院

魏书威　　西安建大城市规划设计研究院高级工程师

冯红霞　　西安建大城市规划设计研究院高级工程师

朱建军　　西安建大城市规划设计研究院高级工程师

鱼晓惠　　长安大学建筑学院副教授

杨彦龙　　西安建大城市规划设计研究院

祁　航　　西安建大城市规划设计研究院
杨建辉　　西安建筑科技大学建筑学院副教授
张晓荣　　西安建筑科技大学建筑学院
王婧磊　　西安建大城市规划设计研究院
谢　晖　　西安建筑科技大学建筑学院
薛　妍　　西安建大城市规划设计研究院
白　钰　　西安建大城市规划设计研究院
王　静　　西安文理学院副教授

"秦巴山脉区域文化旅游产业绿色发展战略研究"课题组成员名单

项目顾问：
贾平凹　　西安建筑科技大学文学院教授
项目组长：
司　南　　西安交通大学、西安建筑科技大学教授
项目副组长：
吕晓宁　　西安交通大学文化创意产业研究中心副主任
段德罡　　西安建筑科技大学建筑学院教授
项目组成员：
张　凡　　西安建筑科技大学建筑学院
木　南　　西安建筑科技大学贾平凹文学艺术馆、西安曲江贾平凹馆馆长
杨秀云　　西安交通大学经济金融学院教授
焦　健　　西安建筑科技大学建筑学院
王乐楠　　西安建筑科技大学建筑学院
李欣格　　西安建筑科技大学建筑学院
阮　建　　西安建筑科技大学建筑学院
王铁山　　西安工程大学管理学院副教授
王忠民　　西安交通大学教授
殷高峰　　《中国经济时报》
毛军伟　　西安通理国际深造培训学院
张　蓉　　西安交通大学人文学院教授
刘建军　　陕西省发展和改革委员会经济信息产业中心高级经济师、主任
杨　茹　　西安建筑科技大学建筑学院
赵晓倩　　西安建筑科技大学建筑学院
赵　宁　　西安建筑科技大学建筑学院

陈　雷　　西安建筑科技大学建筑学院
丁婉靖　　西安建筑科技大学建筑学院
付锦程　　西安交通大学经济与金融学院
赵　勐　　西安交通大学经济与金融学院
际丽娟　　西安交通大学经济与金融学院
赵丽娟　　西安交通大学经济与金融学院

丛　书　序

　　秦巴山脉雄踞中国地理版图中心，是中国南北气候的分界线、黄河水系与长江水系的分水岭；是中华民族的重要发祥地、中华文明的摇篮；是国家重点生态功能区和生物多样性保护优先区，是中国的中央水库、生态绿肺和生物基因库；与欧洲阿尔卑斯山脉、北美落基山脉一同被世界地质和生物学界称为"地球三姐妹"，孕育了众多举世闻名的历史城市和人类聚居地。同时，秦巴山脉区域目前也是中国跨省级行政区最多、人口最多的集中连片贫困区，生态保护与扶贫攻坚任务艰巨。秦巴山脉区域及周边大中城市构成了中国承东启西、连接南北的重要战略区。认知秦巴、保护秦巴、振兴秦巴，坚持"绿水青山就是金山银山"的发展目标，协同做好绿色发展这篇大文章，对于确保国家生态安全，全面建成小康社会，推进区域协同创新发展，实现中华民族伟大复兴中国梦，具有重大战略意义。

　　2015年，中国工程院实施"秦巴山脉区域绿色循环发展战略研究"重大咨询项目，组织水资源保护、绿色交通、城乡统筹、农林畜药、工业信息、矿产资源、文化旅游等专题组和陕西、河南、湖北、四川、甘肃、重庆六省市地方组，由分属化工、环境、农业、土木、管理、能源、信息、机械等8个学部的24位院士分别负责相关课题，在六省市党政领导、国家发展和改革委员会、科学技术部、交通运输部、环境保护部、工业和信息化部、国家林业局、国务院发展研究中心等部委和单位的高度重视与大力支持下，由全国300余名专家学者参与，深入实地，对秦巴山脉区域进行了广泛的调研和认真研究。项目历时两年，先后召开大型研讨会14次，专题研讨会50余次，并赴阿尔卑斯山脉和落基山脉进行了有针对性的比对调研，探讨了秦巴山脉区域生态环境保护与经济社会发展之间的绿色、低碳、循环发展路径，形成了一系列研究成果：在项目执行期间，项目组以中国工程院名义向国务院提交建议报告一份、以全国人大代表名义向全国人大提交建议3份，完成研究报告15份，发表相关研究论文60余篇；协助组织"丹江口水都论坛"一次，成功举办了"第231场中国工程科技论坛——秦巴论坛"，并在该论坛上发布《秦巴宣言》。

　　本丛书是"秦巴山脉区域绿色循环发展战略研究"重大咨询项目研究成果的

整体凝练，从8个领域的专业视角，以及相关六省市的地域综合视角，通过跨领域、跨地域研究体系的搭建，以秦巴山脉区域为主要研究对象，同时对周边城市地区进行关联研究，提出了秦巴山脉区域生态保护与绿色发展必须以周边城市区域为依托协同共进的重要思路，探索了生态高敏感地区保护与发展创新路径，并从国家公园建设、产业转型培育、空间整理优化、文化保护传承、教育体制创新等方面明晰了战略对策。本丛书可为秦巴山脉区域和国内其他贫困山区实现"绿水青山就是金山银山"的战略目标提供借鉴，可供咨询研究单位、各级行政管理部门和大专院校师生学习参考。

      "秦巴山脉区域绿色循环发展战略研究"重大咨询项目的实施旨在牢固树立优美的生态环境就是生产力、保护生态环境就是保护生产力、改善生态环境就是发展生产力的理念，倡导绿色生产、生活方式，使蓝天常在、青山常在、绿水常在，实现人与自然和谐共处的创新发展新格局！

前　　言

　　绿色循环是未来我国社会经济转型发展的重要战略，生态敏感区的绿色循环发展是国家转型发展的关键，更是推进"绿水青山就是金山银山"的科学实践和坚守生态文明底线的重要路径。

　　秦巴山脉区域作为我国的生态根基和文化本源，在我国具有极其重要的生态和文化价值。秦巴山脉区域位于中国之中，周边分布有关中平原城市群、成渝城市群、中原城市群、长江中游城市群等多个城市群和人口密集区，不仅是我国中西部发展的关键地区，而且也是连接"一带一路"、对接长江经济带的重要枢纽，在我国当前战略版图中拥有极为特殊的区位价值。然而，该地区同时也是我国人口最多的集中连片特困区，地区社会经济发展与生态环境保护之间矛盾冲突明显，且由于地跨多个省市，存在诸多行政区块分割带来的区域协同问题。

　　秦巴脉区域是我国的生态、文化高地，扶贫重地和战略要地，探讨适应山地环境的特色城镇化和文化旅游发展模式，探索区域协调发展、绿色崛起之路，不仅关系到秦巴山脉自身脱贫转型发展，而且也是关系到国家生态安全的重要议题，具有深远的战略意义。

　　本书包括中国工程院"秦巴山脉区域绿色循环发展战略研究"重大咨询研究项目的两个子课题。其中"秦巴山脉区域绿色城乡空间建设战略研究"课题组紧密围绕如何解决秦巴山脉"生态高地与经济洼地"矛盾这一核心问题，找寻通过绿色城乡建设推动地区生态与人居环境和谐发展的空间路径，将研究重点落在探索绿色化、生态化的人居环境模式、空间组织模式和城乡建设模式。课题组充分吸纳科研院所、高校、企业等各方面专家意见，同时注重与地方政府部门、行业协会、学会及其他子课题组相关专家的沟通交流，经过数十名研究人员为期两年、地跨六省市的深入调查研究，初步厘清了秦巴山脉区域城乡空间绿色发展面临的问题。研究在宏观层面明晰"生态保护"、"区域协同"、"空间引导"和"特色风貌"四大战略方向，在微观层面提出包括自然保护地体系、国家公园建设、生态环境资源保护、区域协同发展、人口分布、空间整理、基础设施完善、城乡风貌提升等多个方面的对策建议。

"秦巴山脉区域文化旅游战略研究"课题组，依托秦巴山脉作为华夏文明的龙脉和父亲山的重要文化地位和丰富的生态、文化旅游资源，针对秦巴山脉区域文化旅游发展存在的文化资源向旅游产品转化不足、秦巴品牌感召力缺乏国际影响、生态保护与旅游开发矛盾突出、区域内外旅游空间衔接不完善、行政分割导致开发管理难协调等关键问题，秉持生态环境保护为基本、文化产业发展为灵魂、旅游空间发展为承载、品牌塑造为引领、区域制度构建为保障的发展原则，提出以构建秦巴国家中央公园群为绿色核心，将秦巴山脉打造为"中国国家中央公园群、国际性生态旅游度假目的地、国际性中国多元文化旅游目的地、国内自驾探险旅游乐土"的战略构想，并从生态环境保护、文化产业发展、旅游空间优化、旅游品牌与产品搭建、区域旅游合作机制构建方面提出发展策略，通力建构点轴辐射、线路带动、区域联动的环秦巴山脉区域旅游发展空间和强化中部、以点带线、内部生长的秦巴山脉区域内部旅游发展空间战略。相关成果成为各省市旅游管理部门、环境保护部门、政府相关的职能部门在制定涉及秦巴山脉文化旅游整体或局部发展规划及政策的重要参考资料，也为其他区域的绿色发展提供有益探索。

作者

2019年8月

目　　录

第一篇　城乡建设篇

第二篇　文化旅游篇

第一章 城乡空间发展现状

一、基本情况

秦巴山脉，是秦岭、巴山山脉的合称，是一座横亘我国中部、呈东西走向的巨大山系。从地质学角度看，秦岭、巴山是一个山脉体系，均为"秦岭造山带"的主体部分。从地理学角度看，秦岭分为西、中、东三段，其中以陕西为核心的中段是通常意义上的秦岭地理范围。

本书研究范围指秦岭、巴山山脉的核心山脉腹地地区，东西绵延1 000余千米，总面积约30.86万平方千米，2015年总人口6 164万人（其中，常住人口4 021万人）。具体涉及河南、湖北、重庆、陕西、四川、甘肃五省一市的22个地级市（20个地级市，1个自治州，1个地级市级别区）、22个区、7个县级市、90个县、2 579个乡镇、31 520个行政村。具体见图1-1-1、表1-1-1~表1-1-3。

图1-1-1 秦巴山脉区域范围示意图

表1-1-1　秦巴山脉区域市、区、县、乡镇、行政村数目统计表　　单位：个

省（直辖市）	地级市	区	县	县级市	乡镇	行政村
陕西省	6	4	33	1	655	8 678
河南省	4	2	14	1	252	6 122
湖北省	3	6	7	2	136	2 943
甘肃省	4	3	15	—	411	3 358
四川省	5	7	15	3	860	7 502
重庆市	—	—	6	—	265	2 917
合计	22	22	90	7	2 579	31 520

表1-1-2　秦巴山脉区域涉及区县

省（直辖市）	设区市（自治州、林区）	区	县	县级市
陕西省	西安市	长安区	蓝田县、周至县、户县	—
	宝鸡市	—	太白县、眉县、凤县	
	渭南市	—	潼关县、华县	华阴市
	商洛市	商州区	洛南县、丹凤县、柞水县、镇安县、山阳县、商南县	
	汉中市	汉台区	镇巴县、留坝县、勉县、西乡县、南郑县、城固县、宁强县、洋县、佛坪县、略阳县	—
	安康市	汉滨区	旬阳县、石泉县、汉阴县、平利县、白河县、紫阳县、岚皋县、宁陕县、镇坪县	—
河南省	洛阳市	—	洛宁县、宜阳县、嵩县、汝阳县、栾川县	
	平顶山市		鲁山县、叶县	
	南阳市	卧龙区	南召县、镇平县、方城县、内乡县、淅川县、西峡县	
	三门峡市	陕州区	卢氏县	灵宝市
湖北省	十堰市	茅箭区、张湾区、郧阳区	郧西县、竹山县、竹溪县、房县	丹江口市
	襄阳市	襄州区、襄城区、樊城区	保康县、南漳县、谷城县	老河口市
	神农架林区		—	
四川省	达州市	通川区、达川区	宣汉县、开江县	万源市
	巴中市	巴州区、恩阳区	平昌县、南江县、通江县	
	广元市	利州区、昭化区、朝天区	旺苍县、青川县、剑阁县、苍溪县	
	绵阳市	—	平武县、北川羌族自治县、梓潼县	江油市
	南充市	—	仪陇县、南部县、营山县	阆中市
甘肃省	陇南市	武都区	成县、徽县、两当县、宕昌县、文县、西和县、礼县、康县	—
	天水市	秦州区、麦积区	—	
	定西市		岷县、漳县、渭源县	
	甘南藏族自治州		迭部县、卓尼县、临潭县、舟曲县	
重庆市			云阳县、开县、奉节县、巫山县、巫溪县、城口县	—

表1-1-3　秦巴山脉区域各区县人口密度及城镇化率（2015年）

省（直辖市）	设区市（自治州、林区）	区（县）	总人口/万人	常住人口/人	面积/千米²	人口密度/（人/千米²）	城镇化率
陕西省	西安市	长安区	102	1 030 000	1 594	639.90	72.45%
		蓝田县	65	612 545	2 006	324.03	40.60%
		周至县	67	575 839	2 946	227.43	30.24%
		户县	60	562 902	1 282	468.02	40.00%
	宝鸡市	太白县	5	43 925	2 716	18.41	40.60%
		眉县	32	312 491	858	372.96	43.00%
		凤县	10	102 666	3 148	31.77	49.70%
	渭南市	华阴市	27	252 528	675	400.00	55.40%
		潼关县	17	166 518	429	396.27	40.00%
		华县	35	335 352	1 128	310.28	37.60%
	商洛市	商州区	55	380 917	2 645	207.94	42.60%
		洛南县	46	442 400	2 833	162.37	51.00%
		丹凤县	31	295 823	2 407	128.79	50.37%
		柞水县	16	168 539	2 363	67.71	49.50%
		镇安县	30	298 698	3 488	86.01	46.10%
		山阳县	47	422 800	3 531	133.11	48.00%
		商南县	24	222 100	2 307	104.03	46.40%
	汉中市	汉台区	56	223 479	546	1 025.64	72.53%
		镇巴县	29	247 752	3 407	85.12	36.00%
		留坝县	4	43 478	1 951	20.50	36.70%
		勉县	43	388 698	2 309	186.23	49.30%
		西乡县	42	342 813	3 229	130.07	38.17%
		南郑县	56	473 086	2 808	199.43	41.50%
		城固县	54	466 213	2 217	243.57	52.40%
		宁强县	33	308 628	3 256	101.35	48.00%
		洋县	45	384 700	3 194	140.89	34.80%
		佛坪县	3	30 141	1 269	23.64	42.00%
		略阳县	20	234 777	2 826	70.77	42.50%
	安康市	汉滨区	102	605 985	3 644	279.91	49.80%
		旬阳县	46	366 079	3 541	129.91	38.20%
		石泉县	18	171 739	1 516	118.73	55.00%
		汉阴县	31	246 771	1 365	227.11	36.20%
		平利县	24	193 557	2 648	90.63	42.50%
		白河县	21	163 891	1 454	144.43	37.39%

续表

省（直辖市）	设区市（自治州、林区）	区（县）	总人口/万人	常住人口/人	面积/千米²	人口密度/（人/千米²）	城镇化率
陕西省	安康市	紫阳县	34	284 780	2 244	151.52	34.00%
		岚皋县	17	198 650	1 957	86.87	38.10%
		宁陕县	7	70 538	3 664	19.10	38.60%
		镇坪县	6	51 146	1 502	39.95	26.10%
河南省	洛阳市	洛宁县	50	268 748	2 350	212.77	19.94%
		宜阳县	69	462 763	1 666	414.17	29.14%
		嵩县	61	412 343	3 009	202.73	20.14%
		汝阳县	50	279 256	1 325	377.36	22.79%
		栾川县	34	220 011	2 478	137.21	37.01%
	平顶山市	鲁山县	94	352 037	2 406	390.69	24.88%
		叶县	88	464 199	1 387	634.46	26.31%
	南阳市	卧龙区	103	460 592	1 007	1 022.84	58.45%
		南召县	65	369 917	2 946	220.64	40.00%
		镇平县	108	869 189	1 490	724.83	28.55%
		方城县	113	655 799	2 542	444.53	24.95%
		内乡县	72	352 496	2 465	292.09	28.16%
		淅川县	74	591 547	2 817	262.69	30.04%
		西峡县	48	469 280	3 453	139.01	36.58%
	三门峡市	灵宝市	74	475 283	3 011	245.77	41.00%
		陕州区	35	161 329	1 763	198.53	34.46%
		卢氏县	38	225 211	4 004	94.91	29.14%
湖北省	十堰市	丹江口市	46	358 251	3 121	147.39	51.00%
		茅箭区	28	3 288	578	484.43	98.70%
		张湾区	26	34 707	652	398.77	83.39%
		郧阳区	62	875 706	3 863	160.50	11.55%
		郧西县	52	300 916	3 509	148.19	50.00%
		竹山县	47	308 037	3 586	131.07	53.80%
		竹溪县	37	208 589	3 279	112.84	54.69%
		房县	49	402 096	5 110	95.89	54.69%
	襄阳市	老河口市	53	341 726	1 032	513.57	54.10%
		襄州区	103	852 097	2 306	446.66	44.80%
		襄城区	46	142 038	645	713.18	71.21%
		樊城区	77	265 777	614	1 254.07	86.64%
		保康县	28	263 537	3 225	86.82	44.20%

续表

省（直辖市）	设区市（自治州、林区）	区（县）	总人口/万人	常住人口/人	面积/千米²	人口密度/（人/千米²）	城镇化率
湖北省	襄阳市	南漳县	59	466 183	3 859	152.89	36.64%
		谷城县	59	443 211	2 553	231.10	38.65%
	神农架林区		8	62 696	3 253	24.59	48.31%
甘肃省	陇南市	武都区	58	363 382	4 642	124.95	27.00%
		成县	26	224 391	1 678	154.95	38.50%
		徽县	22	125 774	2 699	81.51	15.20%
		两当县	5	7 902	1 408	35.51	22.30%
		宕昌县	30	124 723	3 315	90.50	8.60%
		文县	24	69 688	5 002	47.98	15.40%
		西和县	43	170 692	1 862	230.93	10.70%
		礼县	53	159 749	4 264	124.30	9.10%
		康县	20	94 428	2 968	67.39	10.40%
	天水市	秦州区	69	319 158	2 442	282.56	49.80%
		麦积区	62	318 886	3 480	178.16	49.60%
	定西市	岷县	48	313 256	3 500	137.14	8.50%
		漳县	21	88 303	2 164	97.04	10.20%
		渭源县	35	220 586	2 065	169.49	15.62%
	甘南藏族自治州	迭部县	6	5 872	5 148	11.66	22.23%
		卓尼县	11	30 030	5 420	20.30	16.30%
		临潭县	16	45 005	1 557	102.76	27.78%
		舟曲县	14	41 832	3 010	46.51	21.48%
四川省	达州市	万源市	60	193 567	4 065	147.60	38.95%
		通川区	58	207 323	901	643.73	69.48%
		达川区	120	460 252	2 245	534.52	41.00%
		宣汉县	133	723 624	4 271	311.40	37.30%
		开江县	61	450 908	1 033	590.51	33.20%
	巴中市	巴州区	82	245 317	1 407	582.80	57.95%
		恩阳区	61	290 142	1 159	526.32	27.79%
		平昌县	105	554 551	2 227	471.49	34.60%
		南江县	69	279 016	3 383	203.96	28.50%
		通江县	77	391 282	4 116	187.07	38.00%
	广元市	利州区	48	155 677	1 534	312.91	78.10%
		昭化区	24	72 000	1 437	167.01	28.00%
		朝天区	21	90 577	1 613	130.19	30.70%

续表

省（直辖市）	设区市（自治州、林区）	区（县）	总人口/万人	常住人口/人	面积/千米²	人口密度/（人/千米²）	城镇化率
四川省	广元市	旺苍县	46	275 354	2 976	154.57	38.00%
		青川县	24	99 044	3 216	74.63	29.20%
		剑阁县	69	284 149	3 204	215.36	26.50%
		苍溪县	79	550 781	2 330	339.06	28.30%
	绵阳市	江油市	89	709 853	2 721	327.09	55.85%
		平武县	18	126 681	5 950	30.25	26.00%
		北川羌族自治县	24	140 926	3 083	77.85	33.40%
		梓潼县	39	168 419	1 444	270.08	28.00%
	南充市	阆中市	88	649 731	1 878	468.58	46.80%
		仪陇县	113	769 311	1 791	630.93	31.70%
		南部县	132	837 345	2 229	592.19	44.43%
		营山县	95	551 935	1 633	581.75	33.10%
重庆市		云阳县	134	826 561	3 636	368.54	38.20%
		开县	166	1 395 838	3 964	418.77	42.10%
		奉节县	107	756 787	4 098	261.10	38.20%
		巫山县	64	361 320	2 955	216.58	35.80%
		巫溪县	54	620 943	4 015	134.50	31.30%
		城口县	25	106 690	3 289	76.01	30.00%
合计			6 164	40 211 360	308 634		

二、主要特征

（一）区域地形以山地为主，生态敏感性突出

秦巴山脉区域包括秦岭和巴山两大山脉，地形地貌以山地为主，区域内坡度大于25°的面积达到84 497平方千米，占到区域总面积的27.38%。特殊的山地地貌，导致区域城乡建设用地较少、城乡建设用地存量空间有限、建设条件相对较差等问题。同时，也对秦巴山脉区域的城乡建设形态、空间布局形式等提出了特殊要求。

秦巴山脉生态本底的敏感性相对突出，区域内分布有众多水源保护地、国家森林公园、生物多样性保护区等生态功能区。同时，存在多个生态敏感性区域，问题集中在滑坡、断裂带、土壤侵蚀等多方面。

（二）人口密度整体较高，城镇化水平空间分布差异较大

秦巴山脉区域人口密度高于100人/千米²的区县（包括县级市）数量有91个，占到区县总量的76%；人口密度高于300人/千米²的区县（包括县级市）数量有37个，占到区县总量的31%。人口密度较高的区域基本分布在山脉外围地区，基本符合秦巴山脉的山区土地的空间承载分布。山脉腹地人口密度大部分在100人/千米²以上，仍有待进一步优化疏解。

秦巴山脉区域城镇人口共计1 584万人，常住人口城镇化水平为39.39%，城镇化水平空间分布差异显著。

受自身资源要素、交通条件、经济发展等多方面因素影响，秦巴山脉区域城镇化水平发展地区差异较大。甘肃片区整体城镇化水平较低，基本在30%以下，局部区县城镇化水平不足10%；陕西片区、四川片区、重庆片区整体城镇化水平分布在30%~50%；湖北片区城镇化水平整体较高，以十堰市为典型，城镇化水平大多在50%以上；河南片区城镇化水平基本分布在10%~30%。

（三）贫困问题相对突出，产业结构以传统产业为主

秦巴山脉区域贫困面广，贫困程度深，是我国集中连片的贫困地区。2015年末，秦巴山脉区域共有贫困人口712万人，占全国贫困人口的12.8%；贫困发生率11.6%，为全国平均水平的2.04倍；有国家级贫困县67个，占全国总数的11.3%。

整体经济水平相对落后，产业结构以传统产业为主。2015年，秦巴山脉区域国内生产总值（GDP）[①]为15 706.6亿元，占全国685 506亿元的2.29%。人均生产总值25 481元，为全国平均水平49 992元的50.97%，社会经济发展整体水平较低。

总体上看，秦巴山脉区域现状产业以四大传统型产业为主，即农林畜牧产业、食品加工产业、工矿开采及加工业和商贸流通业，同时兼有部分能源化工产业、机械加工产业、国防科技工业等。现有产业的科技含量和现代化程度较低，在精深加工、精细管理、精准流通等方面仍较落后，绿色循环类产业效益尚未凸显，现代健康产业、生态文旅产业以及水经济产业等战略性产业均处于起步阶段。

作为我国最重要的矿产资源富集区和战略资源储备基地，区域内现有矿山企业2 316家，占全国矿山企业的13.4%。其中小中型矿山较多，大多小型矿山技术水平较低，缺乏技术提升能力和研发动力，以劳动密集型、传统方式开采为主，智能化、机械化程度较低。矿业工业主要以初级产品为主，以原材料加工为主的资源开发型产业所占比例较大，产业加工能力低，产业链短，附加值低，经营系统脆弱。

---

① gross domestic product，国内生产总值。

在产业的空间分布方面，表现出资源依附型、路径依附型、劳动力依附型以及水系依附型等特征。在汉江流域河谷川地，零散地分布有机械、矿产、食品、建材、医药等工业企业，初步形成了沿江分布的加工产业走廊，这对汉江流域水体、空气等环境造成一定影响，局部地区受矿山开采影响进而造成地质灾害。而在川东北、鄂西北、豫西南深山地区，则重点分布着原材料工业，初步形成了消耗型山地工矿产业，这与国家将秦巴山脉区域作为战略资源储备基地、重要国防基地等定位存在一定的偏差，且在一定程度上影响了山脉自身的生态安全。在秦巴山脉外围的浅山区域，则主要分布着机电一体化、生物医药、新材料、新能源、新型建材等产业，初步形成了劳动密集型产业聚集地。表1-1-4对秦巴山脉区域及周边高新技术与工业开发区进行了统计。

表1-1-4 秦巴山脉区域及周边高新技术与工业开发区统计表

设区市	产业园	等级
西安市	西安高新技术产业开发区	国家级
	西安经济技术开发区	国家级
渭南市	国家级高新区	国家级
	省级经济技术开发区	省级
	卤阳湖现代产业综合开发区	省级
宝鸡市	宝鸡高新技术产业开发区	国家级
	蔡家坡经济技术开发区	省级
汉中市	汉中经济开发区	国家级
	汉江产业园区	省级
安康市	安康高新技术产业开发区	省级
商洛市	商丹循环产业园	省级
	洛河工业园	省级
天水市	天水高新技术工业园	市级
	天水经济技术开发区	国家级
	麦积区社堂国家级工业园	国家级
陇南市	甘肃陇南市徽县工业集中区、陇南西成经济开发区、武都吉石坝工业集中区、武都汉王产业园区（规划）、两当县工业集中区、西和县石堡循环经济产业园区	县级
三门峡市	三门峡开发区	省级
	三门峡工业园	省级

续表

设区市	产业园	等级
洛阳市	国家高新技术产业开发区	国家级
	国家洛阳经济技术开发区	国家级
	洛阳工业园区	省级
平顶山市	平顶山市高新技术开发区	省级
南阳市	南阳高新技术产业开发区	国家级
	南阳官庄工区	省级
襄阳市	高新技术产业开发区	国家级
	经济技术开发区	国家级
达州市	经济开发区	省级
巴中市	经济技术开发区	省级
广元市	广元经济技术开发区	国家级
	广元市天然气综合利用工业园区	县级
绵阳市	江油工业园区	省级
绵阳市	经济技术开发区	国家级

（四）城镇规模整体较小，空间分布呈现带状、分散化特征

秦巴山脉区域城镇的人口规模和用地规模与平原地区相比整体偏小。秦巴山脉区域内119个区县（包括县级市）中：小城市（城镇人口规模小于50万人）数量占到98.32%；城镇人口在20万人以下的城市有99个，占区县总量的83.19%；城镇人口在5万人以下的城市数量达28个，占区县总量的23.53%。

秦巴山脉区域城镇空间分布多沿河流、川道呈带状分布。典型城市有巴中、南充、十堰、定西、陇南、天水等。其中，汉江沿线、嘉陵江沿线和丹江沿线是秦巴腹地内部主要的三个城镇集聚带。

汉江沿线集聚带：东西向展开，以汉中、安康、十堰、丹江口为中心，其他城镇呈串珠状分布其间，并呈现出向南、向北城镇密度渐趋稀疏、规模变小态势；该集聚带处于轴带体系初级向高级演替的过渡阶段。

嘉陵江沿线集聚带：南北向展开，以重庆、南充、广元、宝鸡为核心城市，沿线串接凤县、略阳县、苍溪县、阆中市、南部县、仪陇县、蓬安县、武胜县等多个小城镇。

丹江沿线集聚带：西北—东南方向展开，以商洛市为核心城市，沿线串接丹凤县、商南县，接入丹江口水库，该城镇集聚带串接城镇数量较少，但目前基本已形成了相对完善的结构网络。

此外，秦巴山脉分布有2 000多个乡镇、30 000多个村落，村庄多沿流域分布，呈现树枝状、串珠状、带状等空间形式。村庄居民点空间分布整体相对分散，且在流域末端通常存在村庄规模过小、交通联系闭塞、潜在自然灾害威胁等

问题。

（五）城乡风貌地域特色突出，交通结构呈现点状放射

秦巴山脉区域因其独特的自然风貌格局和人文风貌基础，形成了差异显著的地域特色城乡风貌。

具体而言，湖北片区以荆楚建筑风格为特色，呈现出高台基、深出檐、巧构造的特征，建筑色彩以红、黄、黑色为主色调，山墙形式多变，常见的有人字形山墙、单拱及连拱山墙、三花及五花阶梯山墙、组合式山墙等；陕西片区集中表现为陕南地域城乡建筑特色，呈现出"川道人居，随山就势；南北分野，会合中界；秦楚巴蜀，融通各异"的格局；巴山片区存在多个移民迁建城市，其特殊的山地地形，造就建筑依山靠江而建，城市空间立体化特色突出，整体呈现出紧密、错落的组群形象；甘南川北片区呈现出汉藏文化融合的主要特征，自然风光优美，乡村聚落点缀于高山草甸之上，建筑色彩多采用红、白两色；豫西北片区以北方传统建筑为基本形式，乡村建筑多为平屋顶，城内绿地景观较少，沿街大多为低层商业店面，部分地段依托内部河流形成滨水带状公园。

秦巴山脉区域综合交通体系基本呈现以中心城市为中心向外点状放射的体系特征。

秦巴山脉区域内初步形成了"三横四纵"的交通运输主通道。其中三横为：西安—商洛—南阳通道，襄阳—十堰—汉中—九寨沟通道，万州—巴中—广元通道；四纵为：兰州—广元—成渝，西安—安康—重庆，三门峡—十堰—恩施，洛阳—南召—襄阳。

区域内机场、铁路、高速、国道等呈现出以汉中、十堰、安康、广元等大城市为中心向外放射的格局，支线网络有待进一步完善。

区域内基本实现了70%以上的县通高速，97%以上的乡镇通沥青（水泥）路；建制村中通公路的比重达97%以上，通沥青（水泥）路的比重不足50%。同时，在行政交界地区存在县际断头路情况。

旅游交通设施中，成熟景区旅游交通设施基本完善，部分户外体验、自然探险目的地旅游交通有待完善，整体旅游交通未形成统筹联系。

三、存在问题

（一）生态保护形势严峻

秦巴山脉区域分布有众多生态敏感区，城乡建设与地区生态环境保护之间冲突日益显著，现有生态保护呈现散点分布，未形成全局性的生态保护网络体系，生态保护面临严峻形势。

作为国家的生态绿肺和中央水库，秦巴山脉区域拥有众多水源保护区、水源涵养区、生物多样性保护区、自然保护区、原始林区、水土保持区等生态敏感区，生态保护成本高。目前区域内水污染、工业污染、城镇垃圾污染等风险日益加剧，水体富营养化、开矿挖沙及水土流失等问题十分严峻。区域内现有尾矿库1 100余座，其中700余座位于水源区。水土流失面积占区域总面积的23%。生态高度敏感导致地区城乡建设与生态保护之间存在客观矛盾，且既有的保护区呈点状分散，未能形成系统性、全局化的生态保护体系。

（二）区域协同矛盾突出

秦巴山脉区域地跨五省一市，条块化的行政管理区块分割是多年来阻碍秦巴山脉区域统一发展、协同保护的重要因素。在实际调研中，部分地区因处于行政交界的边缘区域，在设施投入、资源联动、建设合作等方面矛盾已然显现。

一方面，秦巴山脉区域相对完整的地理单元与分割的行政区划造成协同管理上的诸多问题。围绕秦巴山脉生态保护与经济发展，整个区域应有协调一致的发展策略，但受当前五省一市条块分割的行政管理约束，区域内部交通阻隔相对突出，相互联系相对缺乏。另一方面，秦巴山脉区域环绕了中、西部主要城市，叠加了多个国家及区域发展战略，各战略间须要寻求协调和联动路径，秦巴山脉区域作为交会转换区，应做出整体性应对，但这与目前条块分割的行政管理间存在现实矛盾。

（三）空间布局急需整理

秦巴山脉区域具有特殊的山地地貌特征，建设用地规模小，用地条件逼仄。城乡建设现状中，地区人地矛盾突出，城乡空间建设、城乡产业布局以及城乡设施布置等与山区特殊的生态性之间矛盾凸显。

秦巴山脉区域生态环境脆弱，地质灾害频繁，水土流失严重，环境敏感度较高。虽然区域内土地资源人均面积大，但可开发利用面积少，人口承载力低。区域内城市建设用地匮乏，适宜建设的空间资源较为稀缺，而乡村地区空废化严重，建设过度分散，公共服务成本较高，土地效益较低。此外，秦巴山脉城乡产业空间布局与生态敏感区分布存在一定冲突，有待进一步梳理调整。城乡基础设施和公共服务设施的配套与居民点整合等也有待进一步优化整合。

（四）城乡风貌特色不足

秦巴山脉区域文化积淀深厚，是华夏文明殿堂和中华文明摇篮，区域内不同地域拥有特色鲜明的地域文化（三秦文化、荆楚文化、巴蜀文化、丝路文化等）。在实际调研中发现，区域内城乡建设在建筑风貌、山水格局形态等方面尚存在文化缺失、特色不明显等问题。

秦巴山脉区域横跨我国南北地理空间，拥有突出的生态环境优势和得天独厚的自然与人文景观资源，但受现代城市建设发展思潮的冲击和影响，加之经济发展水平的制约，城乡建设普遍存在山水人城交融格局阻滞、历史空间文化延续断裂、地域建筑风貌基因缺失等现实问题，传统的土坯房正逐渐被钢筋混凝土房代替，和谐、原生的自然景观和环境正在遭到破坏。

第二章 城乡空间发展趋势研判与国际经验借鉴

一、秦巴山脉城乡发展趋势判读

（一）城乡关系的变化趋势

1. 城乡空间现状特征

秦巴山脉区域城镇位于群山环抱之间，其中河谷地带是城镇重要的发展空间，充足的水源、良好的植被和土壤条件、易守难攻的天然屏障以及区域交通地位，使之成为人类良好的屯驻与生存之所。

由于区域内群山环抱，河川纵横，在山谷与河川之间，自然生成众多小盆地和山间谷地，形成地域内的城镇随地形、河流走向布局的显著特点，而这一特点多年来未有大的改变。

2. "互联网+"时代的变革趋势

随着生产力的变革，社会发展从农业化阶段、工业化阶段迈入信息化阶段，近年来，随着互联网战略上升为国家战略，移动互联网、云计算、大数据、物联网等与现代制造业相结合，成为未来我国经济战略的大趋势。同时，随着电子商务的发展，地理信息技术的应用，大数据应用的普及，智慧互联成为下一阶段我国经济发展的新趋势。

1）产业发展趋势

第一产业的发展趋势体现在信息化助推农业现代化、农业产业化、农业智能化等方面。第二产业的发展趋势体现在信息化推动传统制造业升级，迈向工业4.0。第三产业的发展趋势体现在以信息技术产业为核心的服务业崛起——服务业信息化和信息服务业。

2）社会方式变革趋势

首先，随着网络信息的发展，远程工作、电子商务、智慧服务的盛行，科技发展带来城市交通功能、人的活动区域的改变。其次，网络信息体现在也影响居住活动，远程工作、"游牧"生活、SOHO（small office，home office，家居办公）逐渐流行，城市居住空间将倾向于向郊外环境好、空气好的区域集中。再次，网络信息化影响工作活动，表现为工作形式自由化、自主化、兼职化以及工作方式多元化，如办公室工作、居家工作、车载台旅行工作。最后，网络信息化影响游憩活动，网络休闲娱乐替代部分户外游憩活动，城市由办公中心转变为游憩中心。

3）城市空间组织变化趋势

产业对区位条件、物质空间、交通条件的依赖程度降低，产业对区位条件、物质空间、交通条件的依赖程度降低，传统制造产业向郊区转移。生产空间变化趋势为：传统制造产业向郊区转移，产业占地规模减小且空间分散，生产功能与销售流通空间整合，信息技术产业、高新技术产业更集聚且接近智力密集区域，无污染的产业与居住空间边界变模糊，等等。

4）网络信息时代城镇体系变化特征

由传统的"核心—边缘"模式转为"多中心网络化"模式。空间联系不再主要依托交通流而是信息流，传统空间的可达性提高。城市总体呈大分散、小集中趋势。城市体系等级明确，以少数几个城市为核心，其余均为节点。城乡区域融合，半城市化地区快速发展。

（二）城乡空间的变化趋势

秦巴山脉区域呈现城乡建设发展转向质量优先、保障公平，城镇化速度稳中求升，特色化、现代化路径要求凸显的趋势。近年来秦巴山脉各城市区域间协作不断加强，环境保护问题得到各地政府重视，空间发展注重地域特征，城市风貌逐渐彰显，区域发展摒弃城镇化"唯速度论"，体现城镇建设特色化、公共服务均等化的发展道路。

1. 城市跨区域协作联系增多

近年来，国家加大了区域统筹发展的力度，《中华人民共和国国民经济和社会发展第十三个五年规划纲要》中明确地提出推动区域协调发展。如何在经济全球化和市场一体化深入发展的大背景下，广泛推进多个领域、多个层次、多方参与的区域合作，是实现资源要素在更大范围内优化配置、扩展合作主体发展空间和发展条件的重要途径。秦巴山脉区域交通条件提高改变了山区交通阻梗的现状，改善了秦巴山脉区域与关中城市群、武汉中原城市群、成渝城市群的关系，增强了地区的发展动力。

2. 环境保护意识逐渐加强

随着人民物质生活水平的不断提升，人们对生活环境的品质要求不断增强，环境保护意识也逐渐增强。时任浙江省委书记的习近平提出"我们既要绿水青山，也要金山银山"的重要理念，十八大报告将生态文明建设纳入国家总体发展战略当中，这将进一步推进生态环境保护工作，使国民环保意识进一步快速提升，使城乡绿色发展达到新的水平。

3. 城乡空间发展注重地域特征

新型城镇化的重要方向就是注重强化空间建设中的地域化特征，结合原有发展基础和特色条件，探索特色化的城乡建设路径。在建筑设计、城镇规划、区域发展格局建构等多方面尊重地域生态环境，强化设计与自然的结合，构建绿色建筑、绿色山地城镇、绿色生态安全格局于一体的绿色地域人居环境体系的地域化空间途径，是新型城镇化的重要支撑。

4. 重视城乡建设风貌特色

随着城市发展重点从"量"的扩张到"质"的提升的转变，城市风貌受到的关注日益增加。秦巴山脉区域城镇建设要充分发挥自身优势，注重城乡空间风貌特色营建。区域内的历史文化名城、名镇、名村以及非物质文化遗产，风景名胜区、自然保护区、森林公园及城镇周边的浅山区和滨河地带，都是突出地域特色的重要符号。

二、国际经验借鉴

（一）阿尔卑斯山脉绿色发展经验借鉴

1. 阿尔卑斯山脉概况

阿尔卑斯山脉西起法国东南部，经瑞士、德国南部、意大利北部，东到维也纳盆地，贯穿了法国、瑞士、德国、意大利、奥地利和斯洛文尼亚六个国家，沿线有50多个景点，年游客人次稳定在100万人以上。根据欧洲委员会2004年对欧洲各国山区政策特点的分析和总结，阿尔卑斯山山区政策属于"前瞻性策略"，涉及旅游产业、高品质的农业产品产销、乡村旅游、交通设施建设等，还有一些高科技产业和特定的服务门类（如保健产业）等。

2. 瑞士模式经验借鉴（图1-2-1）

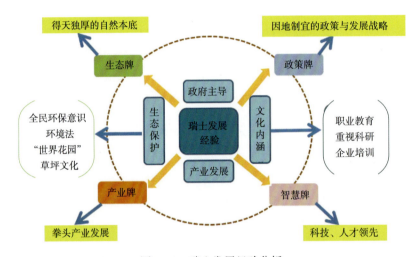

图1-2-1　瑞士发展经验分析

在历史上，瑞士是一个典型的内陆后发国家，山地众多，经济欠发达，其工业化、现代化进程比英国、德国、法国晚80多年。19世纪，瑞士还是欧洲资源贫瘠、较为落后的农牧业国家，而如今瑞士已经是世界上工业化程度高、经济发达、科技领先的富强国家之一，创造了人类社会发展的奇迹。瑞士经济发展模式被世界公认为人类社会最完美、最成功的经济模式，已成为世界各国学习的楷模。在瑞士，政策与产业实现无缝对接，生态与文化多元融合，使得瑞士在多领域出现持续性繁荣（图1-2-2）。

1）准确选择主导产业

瑞士是典型的资源和产品销售两头在外的国家，形成了出口导向型的经济结构，食品、仪表、化工和机械是其四大支柱产业。在瑞士具有竞争优势的主导产业集群中，首先是医疗保健相关产业，其次是纺织相关产业，再次是国际性商业服务，最后是高精密机械制造。

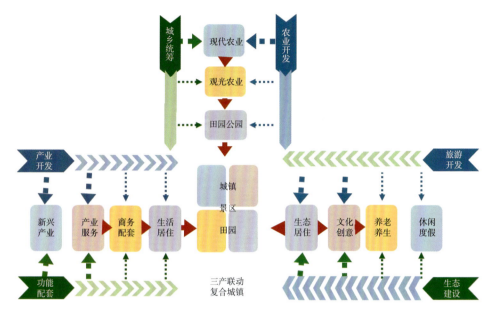

图1-2-2 瑞士产业联动分析

2）积极构筑中小企业的产业集群

根据瑞士政府所做的企业普查，在瑞士所有公司中，企业雇员人数在250人以下的中小型企业比例高达99.7%，其中员工总数不到50人的公司又占到了7.9%，这些企业都专于开发或生产一项技术或产品，并且绝大多数为大型企业专业化生产配套服务。这样的产业集群既促进了大型企业的不断扩张，又促使小企业自身不断提高和发展。

3）重视教育和人力资源开发

这个只有700万人口的国家，却拥有12所历史悠久的综合大学、20多所高等职业技术学院及众多的高级专业职业学校，小学和初中则是实行9年制（有的州是8年制）强制义务教育。通过教育和培训不仅培育了大批智力人才，而且造就了整个民族的高度自觉性和创新进取精神，为其科技强国打下了良好的基础，这是瑞士成功发展的根本，也是其赖以生存和发展的最宝贵的资源与财富。

4）环境保护与经济发展综合平衡

环境保护方面具有很强的前瞻性，避免了许多西方国家"先污染，后治理"的道路，优美的自然生态环境又为其带来了巨大的旅游观光等生态经济价值，建立了有利于生态环境的市场经济体系。例如，出台生态环境价格体系，提出环境与世界贸易等议题，促进私人部门积极参与生态环境保护，拥有较为完备的生态环境保护法律法规体系。

（二）落基山脉绿色发展经验借鉴

1.落基山脉国家公园管理

落基山脉北起加拿大哥伦比亚，南延至美国新墨西哥州，被誉为"北美脊梁"，南北纵贯4 800千米。1988年，《加拿大国家公园法》修订，将保存生态完整性放到了第一优先级的位置，并要求每一个公园在公众的参与下，制订管理计划。加拿大落基山脉内分布着多个国家公园，如班夫国家公园、贾斯珀国家公园、沃特顿国家公园。加拿大境内的多个国家公园被称为"加拿大落基山脉国家公园群"，是加拿大生态旅游的经典路线。落基山脉的国家公园管理模式值得我们思考并借鉴。

2.落基山脉生态旅游发展路径

落基山脉的生态旅游起源于1885年，加拿大太平洋铁路的修建经过班夫，在此基础上成立班夫国家公园，后来许多国家公园陆续成立。它的起源与交通的带动是分不开的。以人地分离、荒野文化为主的价值观对生态旅游的功能分区和规划带来了很大的影响。其间的发展主要分为三个阶段：第一阶段是1885~1911年，以经济利益为主的粗放开发阶段；第二阶段是1911~1980年，注重生态保护的发展阶段；第三阶段是1980年以后，注重对整个生态系统的保护，进入生态系统完整性建构的发展阶段。早在1887年加拿大就制定了《落基山脉国家公园法》，之后又制定了许多专项法律保护山脉的环境和生态系统。在公园的规划方面，采用自上而下的五步骤规划方法：系统计划方案——国家公园管理计划——分区计划——设施计划——活动计划。旅游产品分类方式多样，种类繁多，由两大核心产品群和多个线状的旅游产品组成，旅游产品具有注重体验性、教育性和环保性等特点；旅游空间结构布局合理，交通网络布局十分完善，景观廊道集中布局，突出核心资源和核心景观，形成"一核两心多轴"的空间结构；在国家公园的功能分区上，采用五区划分方式，注重游憩和体验性，将保护与利用相结合。

第三章 绿色城乡发展理论及模式研究

一、绿色循环理论研究

（一）绿色循环发展的基本特征

绿色循环发展是指采用循环经济模式实现全社会绿色增长的发展方式。相关研究界定的绿色循环发展具有以下三个基本特征。一是系统层面的循环经济模式。以物质转化过程中的跨产业多重循环为引导，以循环型城市和区域的建立为核心，以构建循环型社会为重点。二是追求保护与增长相平衡的发展模式。在生态效果的意义上推进经济发展，确定经济增长可能的物质规模，在规模范围内提高生态效率。三是针对生态资本区域的循环经济空间应用模式。结合研究区域，探讨生态资本区域的资源产业、城乡一体、城镇群的绿色循环空间结构。

（二）秦巴山脉绿色循环发展理论探究

秦巴山脉绿色循环发展理论模式是以跨产业、跨城乡、跨区域的绿色循环发展模式作为三维框架，在经济发展、空间建设、机制保障三个方面构建绿色循环发展的复合社会经济系统，以跨城乡模式的空间载体为基础，通过跨产业模式的经济促进，在跨区域层面建立协同保障机制，实现秦巴山脉区域绿色循环社会的建设目标。

1.跨产业绿色循环发展

秦巴山脉区域自然资源丰富，经济基础薄弱，绿色循环产业模式须要充分考虑生态环境承载力，以清洁生产为导向，延长产业链条，构建生态种植——饲料加工——生态养殖——有机绿肥——生态种植的良性循环。结合秦巴山脉区域特点，从土地利用角度，将区域性气候、地形、土壤、水体、生物资源进行综合考虑和利用设计，建立物质循环利用、多级生产、稳定高效的农林一体循环生态系统。在生态农业和农业产业化的基础上，通过产业链的延伸，实现农业、工业与第三产业的耦合，构成复合型绿色循环产业模式（图1-3-1）。

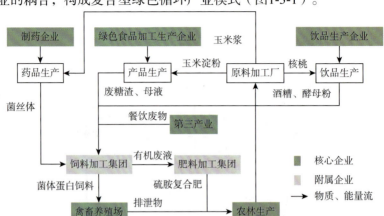

图1-3-1　秦巴山脉跨产业绿色循环发展理论模式

2. 跨城乡绿色循环发展

城乡一体的绿色循环发展不仅是区域发展路径的必然选择，也是绿色循环发展实践的重点突破。秦巴山脉区域内城镇体系地域空间结构显著不平衡，空间分布差异较大，城镇在地域空间上更多以"点"到"轴"状态进行集聚，尚未形成网络体系。跨城乡绿色循环发展模式（图1-3-2）在区域、示范区、城乡统筹层次建立空间发展路径。示范区空间构成循环型增长极，有效带动外围地区的生态环境发展。城乡统筹空间由循环型增长极和若干循环型轴线共同组成，嵌入具有极化效应和辐射效应的人居聚落，在区域空间形成梯度发展的布局结构。

3. 跨区域绿色循环发展

跨区域的绿色循环发展（图1-3-3）以协同模式为主导，提出内外两个层级的协同思路。对外协同思路立足于秦巴山脉周边地区与秦巴核心区的协同发展，重点在于秦巴山脉周边中心城市与秦巴核心区的近域协同、秦巴山脉周边中心城市与秦巴核心区的纵深协同。近域协同以交通网络、市场网络、信息网络建设为依托，利用产业集群的组织优化城乡空间结构，逐步实现城乡人口的适度转移；纵深协同以生态保护区的联合机制为依托，通过成立协同管理机构，搭建协同管治平台，实施协同考评政策，逐步完善秦巴山脉区域生态保护优先的发展模式。内部协同思路以产业发展模式为引导，通过网络化整合产业链，构建若干城镇微集群，以绿色循环示范区建设为具体载体，带动跨区域的全面、健康、持续发展。

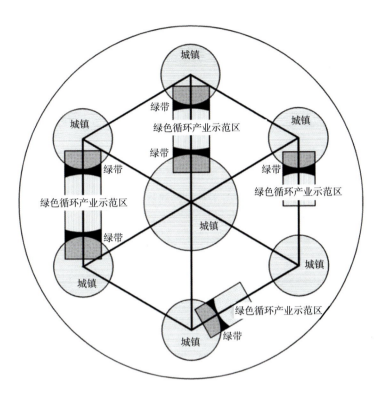

图1-3-2　秦巴山脉跨城乡绿色循环发展模式

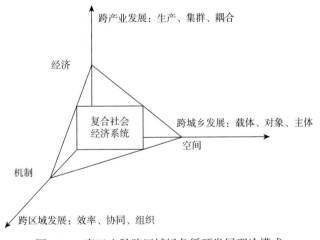

图1-3-3　秦巴山脉跨区域绿色循环发展理论模式

二、秦巴绿心组织模式——宏观层面

（一）绿心模式的理论基础

1. 田园城市理论

霍华德在他的著作《明日：一条通向真正改革的和平道路》中提出应该建设一种兼有城市和乡村优点的理想城市，他称之为"田园城市"。1919年，英国"田园城市和城市规划协会"经与霍华德商议后，明确提出田园城市的含义：田园城市是为健康、生活及产业而设计的城市，它的规模能足以提供丰富的社会生活，但不应超过一定程度；四周要有永久性农业地带围绕，城市的土地归公众所有，由委员会受托掌管。

霍华德设想的田园城市包括城市和乡村两个部分。城市四周为农业用地；城市居民经常就近得到新鲜农产品的供应；农产品有最近的市场，但市场不只限于当地。田园城市的居民生活于此，工作于此。所有的土地归全体居民集体所有，使用土地必须缴付租金。城市的收入全部来自租金；在土地上进行建设、聚居而获得的增值仍归集体所有。城市的规模必须加以限制，使每户居民都能极为方便地接近乡村自然空间。

田园城市提出了区域布局形态模式，出现了"绿心+组团"式发展的思想萌芽，形成了城乡协调、组团式协调发展的雏形，体现了生态可持续发展的核心思想。在田园城市理论的指导下，英国在20世纪前半叶进行了一系列新城实验，城市功能组团被城市绿心分割。

2. 有机疏散理论

有机疏散理论是沙里宁为缓解城市过分集中所产生的弊病而提出的关于城市发展及其布局结构的理论。他在1942年出版的《城市：它的发展、衰败和未来》一书中详尽阐述了这一理论。

有机疏散理论提出把大城市目前的拥挤区域分解成若干个集中单元，并使这些单元有机组织成为"在活动上相互关联的功能集中点"，单元之间用绿化地带隔离开来，由此构架起城市有机疏散的最显著特征。

有机疏散理论为绿心环形城市提供了重要的借鉴意义，为消除大城市"单中心"发展的弊端提供了多中心的解决路径。绿心环形城市组织方式吸纳了有机疏散理论，在突出生态绿心的同时，引导城市功能向外进行适当的疏解。对于生态功能突出的秦巴山脉区域，控制核心区的城市及工业聚集方式具有重要意义。

（二）绿心模式的实践经验

1. 荷兰兰斯塔德

兰斯塔德位于荷兰西部，地跨南荷兰、北荷兰和乌得勒支三省，土地面积11 000平方千米，人口710万人。兰斯塔德是一个由大、中、小型城镇集结而成的马蹄形状的城市群，具体包括阿姆斯特丹、鹿特丹和海牙3个大城市，乌得勒支、哈勒姆、莱登3个中等城市及众多小城市，各城市之间的距离仅有10~20千米。其马蹄形开口指向东南，长度超过50千米，周长为170千米，最宽地带约50千米，中间保留大面积农业地带，被称为"绿心"，绿心面积达到1 500平方千米。

第二次世界大战后，荷兰国家空间规划就将构建开放性和分散化的城市群空间结构作为该地区建设贯彻始终的目标，"绿心"和缓冲区的概念由此提出。其中，绿心位于兰斯塔德城市群的中央，其设立是为了通过对农业用地的保护，给相邻城市居民创造更多户外休闲娱乐的机会；缓冲区则紧邻阿姆斯特丹、鹿特丹、海牙、乌得勒支这些大中城市，其划定是为了保持各城市的空间独立性和可识别性，防止城市不断扩张并彼此粘连，此外，设立缓冲区的目的还在于提高区域生态价值，增加休闲活动场所。目前，绿心中仍保留着大面积农田，具有很强的农业产业属性，缓冲区则具有更强的休闲游憩特征，两者的成功主要得益于持续连贯的政策，以及政府的资金和法律支持。

1989年出台的荷兰自然政策规划（包括兰斯塔德绿心保护策略），提出保护和建立区域"生态重要结构"（ecological main structure），实际上就是要建立以绿心为核心的整体绿色生态网络。

2. 四川省乐山市

乐山市中心城区采取"绿心环形生态城市"的布局结构，形成"山水中的城市、城市中的山林"大环境圈的总体构思。此种城市结构形态充分发挥了自然山水特征，实现了自然环境和人工环境的协调平衡，承接了我国山水城市的传统文化，体现了"天人合一"的东方哲学思想。

此种城市规划的新模式由大片绿心取代拥挤、密集、喧闹的城市中心地区，把改善城市生态环境、提高人居环境质量和改善城市的布局结构结合起来。绿心内主要开辟自然森林区、花卉观赏区、水景区、露营地等以满足市民休闲需求。

（三）秦巴山脉的绿心模式

根据上述分析，绿心模式主要有微观和宏观两个层面的结构模式，微观层面表现为单个城市绿心空间模式，宏观层面表现为城市群落（都市区）的区域空间组织模式（图1-3-4）。

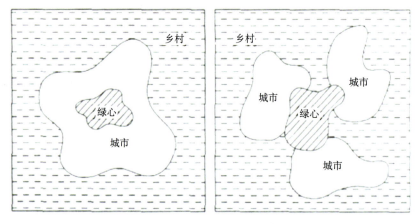

（a）单个城市绿心空间模式   （b）城市群落（都市区）的区域空间组织模式

图1-3-4　绿心空间模式图

秦巴山脉区域可以借鉴宏观层面的绿心模式概念，以秦巴山脉腹地（核心生态区，以森林、草地、水域等生态区为主）构建中央绿心，以周边大中城市聚落为环带的"一心+一环"的超大尺度绿心空间组织模式（图1-3-5），其内涵包括两个方面。

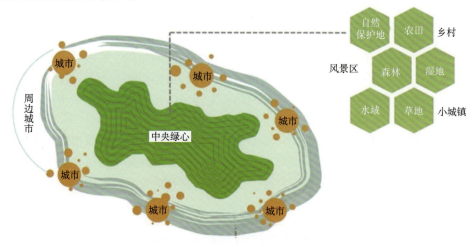

图1-3-5　宏观层面绿心空间模式图

（1）中央绿心。以秦巴山脉腹地（秦岭、巴山）的森林、草地、水域、农田等绿色生态区域为主，包含腹地区域在现有基础上控制规模、数量、产业类型等的散点分布的城镇。该区域重点实施生态保护和生态修复，适度发展必要的休闲游憩功能，增强农业属性和生态属性；城镇地区严格控制产业类型，避免环境污染，控制城镇空间扩展规模，建设生态型城镇。

（2）外围环带。秦巴山脉周边以串珠状形式分布的外围城镇地区，该环带上依托关中、成渝等城镇群呈现大分散、小集中的城镇空间分布，不同中心城市之间通过高速公路、高铁等相连接，生态绿地镶嵌其中隔离开相邻城市，避免城市彼此形成大规模连绵扩展。

三、绿色循环人居模式——微观层面

（一）绿色循环单元的构成及其特征

1. 绿色循环单元概念的建立

"单元"（unit）是现代科学技术体系常用的一个基本概念，不同学科从各自的角度进一步划分，如自然地理单元（地理学）、生态单元（生态学）、水文单元（水文学）、流域单元（流域学）、人聚单元（聚落研究）。人聚单元与自然地理单元共同构成绿色循环单元的时空基础。生态单元与循环经济中的生态产业链（网）则是探讨绿色循环单元内在规律的视角和方法。

1）"绿色循环单元"时空基础的构成

自然地理单元具有依据地貌的破碎性和重复性构成的土地时空特征；人聚单元则是人类选择和营建的生产生活空间环境；自然资源是限制和制约人居建设发展的重要因素，也是形成自然地理单元的根源要素，进而构成不同自然地理单元的地貌特征。人类的生存与发展始终与自然资源的占有和利用相关。人聚单元中的产业发展布局和生活形式也体现了自然资源的重要性。自然地理单元具有重复性和典型性，影响并制约着人聚单元的分布。不同自然地理单元的土地空间是构成人聚单元的基本容器，也是影响人居环境要素的背景条件。人聚单元因地形、地貌、水文气象、资源条件、文化传统等要素的不同而有别于外围地区，呈现出相对明确的边界条件，因此在单元之内，各方面的性状也具有重复性与典型性。

2）自然地理单元、生态单元、人聚单元与经济单元的耦合

绿色循环单元的构成来源于自然地理单元、生态单元、人聚单元和经济单元的耦合，它们相互影响、相互制约（图1-3-6）。任何地域的自然地理单元都具有很高的重复性和典型性，是构成绿色循环单元的基本容器和单元形态特征的决

定因素，是影响其他要素的背景条件。地形、地貌的演化过程，是地质条件的理化性质与地貌形态、单元内外相互作用等多种因素综合影响的产物。所以，自然地理单元的空间特征是一定地质时期、一定气候条件下的产物，其演化是一种自然历史过程，遵循着一定的客观规律。

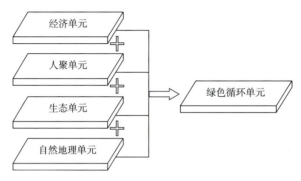

图1-3-6　绿色循环单元形成框架

生态单元往往是建立在地貌和水文条件基础上的。但生态单元具有更大的尺度，缺乏明确的边界。构成生态区域的基本单元可以由地貌、流域条件来构成，这与自然地理单元的特征相吻合。

人聚单元的演化多从自然地理单元的空间逐步转化为建立在行政管理关系或人群社会关系之上，成为控制经济单元规模的主要要素，而行政管理界域往往依托于地理单元或水文单元，因此，人聚单元与自然地理单元、生态单元在一定程度上具有重叠性，同时，人聚单元在一定程度上可以说是具有行政管理关系或人群社会关系的自然地理单元。

经济单元是指聚落的功能，如农业、工矿、行政、居住、贸易、交通等类型，这些功能左右着人聚单元的土地利用方式和规模。经济单元通过土地空间进行布局与联系，也受到自然地理单元、生态单元及人聚单元条件的影响与制约。

2.绿色循环单元的定义

吴良镛先生在《人居环境科学导论》中提出，"人居环境，顾名思义，是人类聚居生活的地方，是与人类生存活动密切相关的地表空间，它是人类在大自然中赖以生存的基地"。

从空间角度，人居环境是承载人类聚居活动的自然与人工土地空间，可以看作有形聚落本身和聚落周围自然环境所构成的复合系统。人居环境科学是以生态学的视角，从土地内在生态和经济社会秩序在外在空间格局的反应着手，进行经济社会发展及人居环境在土地空间单元的研究。绿色循环单元是研究人居环境科学的一种系统空间单位。因此，绿色循环单元的定义可以表述为：由相对明确的地理界面所限定的"自然地理单元"与"人聚单元"相互作用而构成的复杂系统，是自然生态环境与经济社会环境复合系统的土地空间综合体结构与功能完整的最小单位。它具有一定的规模、尺度和功能，具有系统的空间结构和格局，包含相对完整的生态产业链（网），是服务人居功能的生态空间单元，是物质流、能量流相对循环的经济社会空间单元，是规划设计的可操作地域空间单元（图1-3-7）。

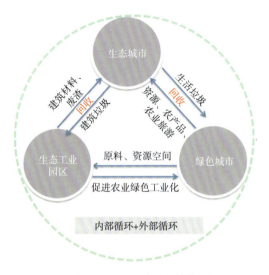

图1-3-7 城乡物质循环转换图

3. 绿色循环单元的基本特征

绿色循环单元是一个复杂的开放系统，是相对独立的，有人类活动参与的，超越行政单元的生态、经济和人居系统。绿色循环单元在地形、地貌、水文、生态、人居环境、经济、文化等方面具有以下特征。

（1）具有土地空间的完整性与明确性，具有各系统的土地空间耦合性。

（2）具有土地空间生态过程的相对完整性及稳定性。

（3）具有基本的人居生态承载力规模，具有人居系统结构与功能的相对完整性。

（4）具有相应的产业经济规模，具有生态产业链（网）的循环特征。

（5）具有清晰体现土地内在秩序的自然景观特征，具有特定的人类感知与审美空间组织秩序，具有明显的地域文化特征。

4. 绿色循环单元的建立

以自然地理单元的地貌系统为基础，对单元的土地空间进行边界划分；以相对完整的水文生态过程限定单元生态系统的完整性，以人居环境空间格局的基本构成确定单元空间结构的基本形态；以资源承载力规模和生态产业链（网）结构限定单元规模和尺度。绿色循环单元的建立以循环经济的最小单元为基本经济单位，以生态安全标准建构生态治理的基本构架。

（二）秦巴山脉区域绿色循环人居模式建构

人居环境科学是一门以包括乡村、集镇、城市等在内的所有人类聚居环境为研究对象的科学。以整体的观念寻找事物的相互联系，这是人居环境科学的核心。

绿色循环单元反映了自然生态环境与人居环境两大系统在土地、空间、尺度、规模、结构、功能和要素上的统一，具有相对完整的生态过程和经济社会职能，也是城乡规划设计中能够协调统一生态保护、城乡统筹、经济循环发展等方面关系的土地空间单元。同时，绿色循环单元体现了人对自然空间的感知、审美选择和文化沉积的土地空间反映，具有小区域特征的典型性及大区域特征的普遍性和重复性，具有组合性及层级性，可以适应人居环境系统不同的层次结构和差异结构。

基于秦巴山脉区域的绿色循环单元，可以建立认知、描述和评价人居环境的绿色循环发展目标、时序与指标体系，提出绿色循环发展的空间路径与模式（图1-3-8）。在此基础上，结合生态基础和产业条件，以绿色为导向，提出全绿、深绿、中绿、浅绿四种绿色循环单元（表1-3-1），以此引导不同区域、不同规模与不同类型的人居环境建设模式。

图1-3-8　秦巴山脉绿色循环人居模式示意图

表1-3-1 人居环境模式一览表

绿色循环单元	循环模式	主要产业联动	主要职能	公共中心	主要对应行政单元	建设模式	循环管控措施
全绿居民点	微循环	第一、第三产业循环	居住、农林畜药生产	农村社区中心	村庄	生态移民、绿色生产	控制规模,将生态敏感区、灾害频发区居民点外迁合并,为中绿、浅绿居民点提供产品加工原料
深绿居民点	小循环	第一、第二、第三产业循环	居住、旅游、农林畜药生产、绿色加工	中小学、卫生院、活动中心	乡镇	控制规模、禁止污染	控制规模,禁止工业污染,衔接全绿居民点与中绿居民点,建立循环链条重要节点
中绿居民点	中循环	第一、第二、第三产业循环	居住、旅游、绿色加工、创意产业	综合服务中心、中小学、体育场馆、中心医院	县域中心城市	网络化设施、完善产业链	建立绿色传送带,完善向全绿、深绿居民点的交通辐射和市政基础设施辐射,建立内外循环中转站
浅绿居民点	大循环	经济、社会、生态、文化系统循环	居住、旅游、绿色加工、先进制造	大型商业中心、商务中心、旅游服务中心、大型医院、中小学	中等城市	全面建立各系统大循环模式	加快城镇化,建立第一、第二、第三产业内部循环+内外大循环的产业模式,为生态、生产、生活大循环提供载体

1. 全绿居民点

适用于秦巴山脉区域范围内的大部分村庄及处于自然保护区、生态敏感区、水源地、国家公园区域内部等对生态具有较大干扰的部分乡镇,此类居民点一般规模较小,空间分布较为分散(图1-3-9)。

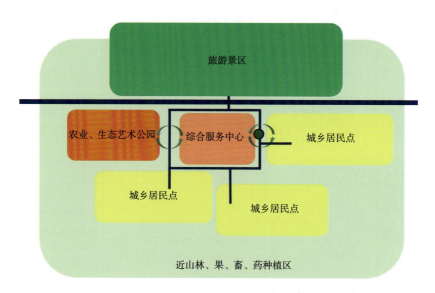

图1-3-9　全绿城乡居民点建设模式图

　　引导其进行人口和建设用地的规模控制，对于自然生态极其敏感、自然灾害频发的区域，通过生态移民方式适当进行迁村并点，将相对分散的村庄向用地平坦、对外交通条件较好的村庄或秦巴山脉区域范围以外的大中城市迁移，将迁移过后的村庄或乡镇进行生态还林或复垦；对于迁村并点形成的村庄按照农村社区的模式进行建设，完善公共服务职能，对于原址保留的村庄除优化原有居住功能外，适当拓展公共服务及旅游功能，并与原有居住功能在空间上进行融合，实现保护与发展的有机结合。产业上禁止工业、采矿业的发展，引导、扶持农民在适当的区域进行农林畜药的绿色生产，同时通过农林技术的普及、推广，提高农林畜药作物的产量、质量及农民收入；适当发展乡村旅游，通过旅游带动农民致富。

　　基础设施建设上重点完善排污、垃圾处理、新能源等环保类设施，大力推广沼气在农村地区的使用，通过微生物处理、太阳能利用、雨水收集等方式加强资源的循环利用，同时将农村基础设施与农林畜药生产有机结合起来，通过第一、第三产业的联动发展与循环利用，最大限度实现整个乡镇聚落的废水、垃圾全处理、零排放。重点进行互联网等信息工程的村庄普及化建设，加强农村与城镇、都市的信息沟通，为农村在电子商务产业、智能防灾、作物生产智能管理及智慧旅游方面的发展奠定基础。

　　2. 深绿居民点

　　适用于地处生态保护要求相对较低，距离生态敏感区、水源保护地具有一定距离的一般型乡镇或规模较大的乡村居民点（图1-3-10）。

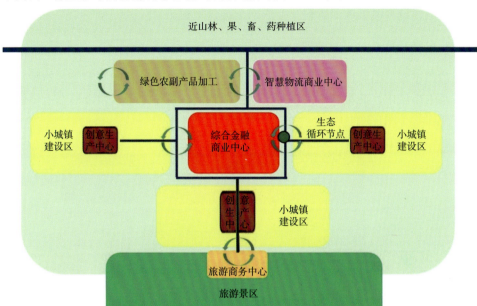

图1-3-10　深绿城乡居民点建设模式图

　　要求控制其现有乡镇（村）人口及用地规模不变，对于人口较少或交通条件极度不便的乡镇（村）进行人口缩减或乡镇（村）撤并；对于保留的乡镇（村）禁止其进行污染性工业及农业的生产，建设空间上尽量集中、集约，可适当结合镇区现有布局规划生态农林畜药产品的绿色加工点、家庭作坊、农副产品集贸市场、电子商务园区等，建设上充分利用地形地貌，将城乡建设对生态环境的干扰降到最小；对于距离景区较近、生态环境较好或传统风貌保护较好的乡镇、乡村，按照秦巴山脉旅游小镇的定位、美丽城镇（乡村）建设的目标进行建设，引入旅游服务及休闲度假职能，打造全生态、无污染的生态旅游小镇。

　　产业上禁止污染性较大的二、三类工业，引导有条件的乡镇发展农林畜药产品的绿色加工产业，通过引导农林畜药产品进行加工后包装成为旅游产品、特色农产品，同时将加工后的废料作为其他产业生产的原料、燃料，建构第一、第二、第三产业的全绿色循环产业链；适当发展特色乡镇旅游、乡村度假产业，加快特色乡村旅游产业与绿色城镇建设的有机融合。

　　基础设施建设上运用生态化理念，加强对现有基础设施的生态化改造，引导污水管道下埋，电力、通信线路局部落地，垃圾集中收集、转运，按照生态循环要求建设垃圾填埋场，实现垃圾、废物处理减量化、无害化，逐步实现供热集中化，重点建设乡镇级通信工程及互联网全覆盖工程。

3.中绿居民点

适用于秦巴山脉区域范围内地势相对平坦、交通条件及产业发展基础较好的县城及中小城市，此类城市大多位于沿河流的河谷沟壑地带，城市形态上一般呈带状或团状（图1-3-11）。

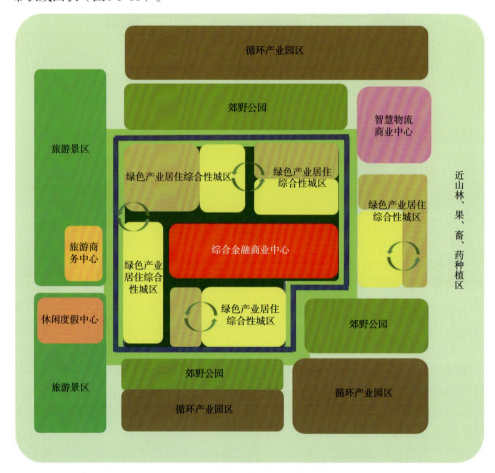

图1-3-11　中绿城乡居民点建设模式图

控制中绿城市人口规模及用地规模的增长速度，划定城市增长边界，防止蔓延发展。建设中因势利导，充分利用地形地貌，空间上尽量按照组团形式进行布局，通过河岸两侧及沟壑的生态绿地将城市空间进行自然切分，防止中绿城市蔓延发展，解决或改善城市热岛、内涝等环境问题；组团内部适当提高建设密度，紧凑发展；城市内部交通充分考虑城市形态，采用BRT（bus rapid transit，快速公交系统）模式进行建设，将因地形条件限制引起的带形城市交通低效问题减至最小。运用海绵城市理念，在城市沿山区域及城市连片建设区内部建设郊野公园、生态公园等海绵体，充分收集雨水，减小地面径流。产业在全域层面进行协调分工，在城区层面按照园区化、集群化、集约化的要求进行建设，建设循环工业园区、循环农业园区及循环物流园区等。

基础设施建设上采用绿色循环供水策略：按照集约高效、优水优用、分质供水的原则，以科技进步为依靠、安全供水为宗旨、提高水质为目标、降低供水成本为核心，不断完善供水设施，提高服务水平和应急保障能力。除了节约用水外，更重要的是优化水资源的利用，让分质供水逐渐成为城市供水系统的重要组成部分。为了保护环境，实现能源、环境、经济的协调发展，应加速能源结构调整，大力发展绿色能源。

4. 浅绿居民点

适用于秦巴山脉区域范围内人口相对较多、规模较大、对生态环境干扰较大的区域中心型大城市（图1-3-12）。

合理确定城镇人口规模与城市用地规模，划定生态红线，确定城市增长边界。充分考虑城镇建设与山水环境的空间关系，按照生态城市、有机疏散理论建设城市，利用沟壑、河谷、水系等自然要素划分城市组团，避免城市单中心蔓延拓展，利用快捷交通方式按照多中心、组团式的布局模式组织城市空间。

功能上突出金融商贸、信息服务、科技研发等高端服务功能，产业上限制高耗能、高污染、产能过剩的低端产业，通过产业升级改造大力发展新能源、新材料及高端装备制造等先进制造业，同时整合、梳理现有产业空间分布，产业向园区集中，向城郊转移，部分城市商务办公职能向城市外围疏解，最终形成多个以金融、商贸服务中心为核心，城市居住及公共服务围绕商业中心的城市组团，同时与城市外围的循环型工业园区、循环型农业园区、SOHO商务办公组团相互联系的多中心生态型城市空间结构。各片区功能分布上充分考虑产业联系，按照产业集群的方式建设循环型园区，同时将产业上有联系、生产工艺上有关系的工业园区、农业园区邻近布置，充分考虑原材料、储运地、生产地、市场及交通条件的关系，减少货流交通运输距离。交通上大力发展快速轨道交通及公交系统，建立各组团之间的快速联系，缩短通勤时间与距离。

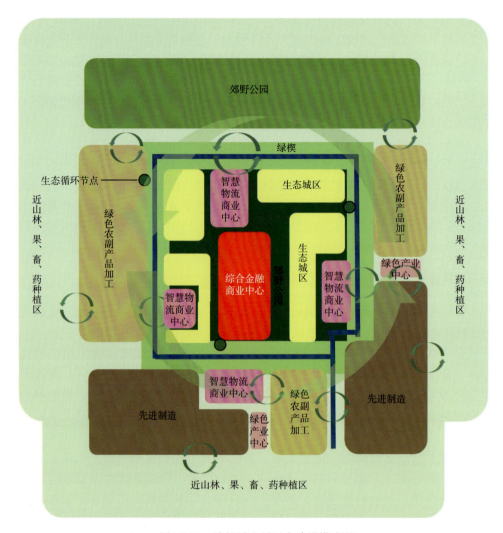

图1-3-12 浅绿城乡居民点建设模式图

大力推广海绵城市建设，促进雨水资源化利用。在保证城市排水、防汛安全的前提下，因地制宜建立城市降雨"弃、渗、蓄、用、排"动态协调体系，采用就地利用和调蓄利用相结合的方式，减少城市径流污染，削减径流峰值流量，保障水环境的安全，实现雨水无害化和资源化。大力推广基础设施综合管廊建设，协调各种工程管线矛盾。加速能源结构调整，大力发展水能、风能、生物能、太阳能等绿色能源。

第四章　城乡空间发展总体目标与战略

一、指导思想

围绕党的十九大精神，以美丽中国和生态文明建设为根本，以"绿水青山就是金山银山"为指导，协调秦巴山脉区域关系，构建秦巴山脉区域空间协同发展机制；协调生态保护保育与城乡居民点空间分布，引导建设秦巴绿色人居体系；以挖掘绿色生产力为目标，优化梳理秦巴山脉城乡产业空间布局；结合山区自身特色，构建山区适宜的城乡绿色基础设施体系；彰显秦巴山脉山、水、林、田、城的自然人文底蕴，体现山地特色的城乡风貌特征。将秦巴山脉打造为山地特色突出、生态高效保护、人地和谐共处的绿色城乡发展示范高地。从城乡建设层面，构筑大美秦巴、和谐秦巴、共荣秦巴，支持美丽中国建设和乡村振兴建设。

二、发展目标

（一）总体目标

构建秦巴绿色城乡建设指导体系，围绕国家建设美丽中国的总体战略目标，争取将秦巴山脉建设成为我国山地地区融合生态文明建设的绿色城乡建设标杆，为我国广大山区的城乡人居建设模式、空间组织模式、基础设施建设模式提供示范路径。

近期（2020年）　　　秦巴山脉区域实现全面小康，建立区域生态补偿机制，文化旅游业和绿色农林畜药业逐步成长为地区支撑产业。建设西武高铁、西渝高铁、西成高铁，打通兰州—成都高速公路，形成环秦巴周边城市间完善的骨干路网体系。促进秦巴山脉区域城乡协调发展的"共识"平台建设，启动秦巴绿色发展政府联席会议。

中期（2035年）　　　秦巴山脉区域生态经济效应显现，生态红线内居民点全部迁出，人口城镇化率维持在55%左右。地区突出的生态问题得到改良修复，建立秦巴国家公园体系，生态空间格局基本形成。腹地内部国道、省道一级断头路全部打通，环秦巴地区形成通用航空网络。地区信息互联网络体系基本建成。

远期（2050年）   国家生态文明示范区示范效应得到全面体现，秦巴山脉区域内生态、产业、人居协调发展格局全面形成，绿色城乡空间体系全面建成。

（二）分项目标

生态保护目标：生态红线内居民点全部迁出，解决城乡建设与生态敏感区建设的冲突问题；工业布局逐步迁至秦巴山脉外围地区，解决城乡产业发展与生态资源的开发冲突；"三区—两级—多类"的生态管控体系和基于自然地保护体系的生态保护修复体系基本形成。

区域协调目标：基本形成环秦巴的绿心空间组织模式，秦巴山脉周边城市地区形成良好的区域协同机制；秦巴山脉腹地与生态不相符的生产活动实现全部迁出，秦巴山脉内核的生态职能得到强化，内外明确的职能结构基本形成；外部城市对腹地区域的补给、带动机制基本形成。

城乡整体目标：人地矛盾问题得到疏解，山区人口密度控制在90人/千米²以内；形成"一链三极多点"的城乡一体空间结构；结合小流域实现乡村聚落的有序迁并整理。

风貌优化目标：形成交融风貌区、秦陇风貌区、川蜀风貌区、巴渝风貌区、荆楚风貌区、中原风貌区六大地域特色突出的风貌表征区，形成山地特色的城乡建设风貌。

表1-4-1从社会、经济、环境、生态、资源多方面提出了秦巴山脉绿色城乡空间建设目标。

表1-4-1　秦巴山脉绿色城乡空间建设目标体系

类型	指标	2014年	2020年	2035年	2050年
社会	常住人口/万人	4 021	3 800	3 500	2 800~3 000
	城镇化率	39.39%	45%	55%	维持在55%左右
	大专以上学历人口所占比例	—	20%	25%	>30%
	居民人均可支配收入/万元	—	4	6	>12
	乡村居民人均纯收入/万元	—	1	2	>4
经济	GDP增速	—	6.5%	7.0%	6.5%~7.0%
	人均GDP/万元	—	5	9	15~25
	旅游收入占GDP比重	—	8%	15%	>20%
环境	农村垃圾处理率	—	50%	80%	100%
	农村污水处理率	—	50%	80%	100%

续表

类型	指标	2014年	2020年	2035年	2050年
环境	城镇垃圾无公害处理率	—	80%	90%	100%
环境	城镇污水集中处理率	—	80%	90%	100%
生态	森林覆盖率	57.3%	60%	65%	70%
生态	受保护地区占国土面积比例		15%	27%	30%
生态	空气环境质量	—	达到功能区标准		
生态	水环境质量	—	达到功能区标准，且过境河流水质达到国家要求		
资源	单位GDP能耗降低		15%	20%	25%
资源	农村宅基地复垦率	—	80%	90%	100%

三、总体思路

结合秦巴山脉山地地貌地形、山水关系、城乡空间特征、产业基础等自身特色，建构以绿色驱动为机制、教育创新为基础、空间整理为导向、文化彰显为形象的山地特色城镇化路径。

1. 绿色驱动

充分挖掘秦巴山脉山地生态资源的经济效应，释放生态生产力，在生态保护的前提下，发展生态绿色经济。构建以绿色农林、绿色制造、文化旅游、信息教育等为支撑的秦巴绿色产业体系，以绿色产业驱动地区城乡建设发展。围绕"生态、旅游、文化、资源"四大主题，重点发展绿色农林产业、文化旅游产业、健康产业、教育产业等特色产业，提升整合矿产采掘业，积极扶持教育、科研、总部经济、电子商务等第三产业。形成依托秦巴山脉生态资源和自身特色产业资源的环境友好、生态低碳的绿色产业体系。

2. 教育创新

受教育程度较低是秦巴山脉区域人口致贫、缺乏生态保护的重要因素，开展秦巴山脉区域的教育体系创新改革不仅是促进山区生态环境保障的重要方面，更是解决山区社会贫困问题的重要支撑。应以"扶智"推动"扶贫"，推广山区职业教育，均衡基础教育资源，提升山区人口素质。应结合国际经验，大力发展中等、高等职业技术教育，培养地区绿色产业发展需要的技能型人才，增强贫困地区、贫困人口自力更生、自我救助、自我发展能力。促进基础教育资源均等化，让贫困家庭子女都能接受到公平有质量的教育，阻断贫困状态的代际传递。最终以山区教育体系的发展，赢得山区贫困问题的改善（图1-4-1）。

图1-4-1　秦巴山脉区域教育创新计划

3. 空间整理

秦巴山脉地形复杂，生态肌理错综，城乡分布多变，针对生态保护与城乡建设冲突、人居及产业空间建设无序、城乡交通联系不畅等现状问题，以空间整理为主线，通过功能整合、人口疏解、用地整理、交通梳理等，重点对区域的城乡建设、人居布局、土地功能、交通设施等进行整理优化，构建秦巴绿心空间发展模式，形成管控、疏解、整理、优化四大空间整理路径，协调秦巴山脉区域的人地关系。实现地区城乡建设与生态保护的和谐发展，构建绿色循环的城乡人居环境和空间建设模式，实现秦巴山脉空间发展的绿色、集约、合理发展。

4. 文化彰显

挖掘秦巴山脉丰富厚重的文化资源，通过限制开发、维护修复等方式，保护丰富的历史及地域文化遗存；通过活化展示、外溢拓展等方式，传承展示地区特色文化。结合现代服务业需求，依托文化资源，积极发展文化产业，打造地区文化产品。通过保护传承和拓展弘扬两大路径，实现秦巴山脉文化资源的保护与传承，提高秦巴山脉在世界层面的文化感知度。

四、发展战略

（一）生态保护战略

以秦巴山脉生态安全格局为基础，严格划定生态红线，红线范围内实行严格的生态保护制度；合理划定重要生态功能区、生态环境敏感区、生态系统脆弱区三类生态空间，形成"三核—多点—双廊"的生态空间结构，并通过"三区—两级—多类"体系进行分级管控；建立泛秦巴自然保护地体系，加强生态修复；形成秦巴国家公园体系，在保护中挖掘生态经济价值，释放生态生产活力（图1-4-2）。

图1-4-2　秦巴山脉区域生态保护措施

（二）区域协同战略

坚持秦巴山脉区域协同发展，重点加强秦巴山脉区域同"一带一路"的发展协同、秦巴山脉周边城市地区与秦巴核心区的协同、秦巴核心区内部协同。秦巴山脉区域与"一带一路"的发展协同重点在于促进秦巴从规划、建设、管理等方面践行共建共享、联动决策的发展模式，实现制度、产业、设施、信息等方面的区域对接。秦巴山脉周边城市地区与秦巴核心区协同重点在于加强秦巴山脉周边中心城市与秦巴核心区的保护与发展、前沿与腹地、补给与支撑、疏解与承接的关系，形成明确分工协作、明确区域功能和明确设施选线的区域协同。秦巴核心区内部协同主要是处理好绿心圈层、拓展圈层之间的关系。

（三）空间引导战略

以"空间整理"为核心思路，以生态本底为根本，构建绿色城乡空间体系。明确秦巴产业发展定位，构建秦巴绿色产业体系。以巴山南麓、秦岭东部区域为建设重点，推进汉江流域城乡点轴式发展。加快以快速交通、航空、铁路、公路、水运和生态防护为骨架的秦巴城乡绿色交通体系建设，加快以绿色循环城乡供水系统、雨水资源化利用和绿色能源利用为主的城乡基础设施建设，加快以医疗卫生、文化教育、就业培训为主的城乡公共服务设施建设（图1-4-3）。

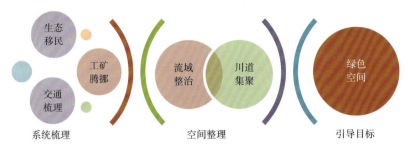

图1-4-3　秦巴山脉区域空间整理引导思路

（四）特色风貌战略

依托秦巴山脉特殊的山地地形特征与山水关系，彰显地域特色，体现山地特色的城乡建设风貌（图1-4-4）。为保护秦巴自然与人文风貌，彰显秦巴特色，按照风貌分区、风貌节点、风貌轴线对地域风貌特色进行展示与控制。以"两山五水五盆地"①的自然风貌格局和"华夏始祖文化，道教、佛教宗教文化，三国文化，红色文化"组成的人文风貌格局为基础，构建秦巴六大风貌区。

图1-4-4　秦巴山脉特色风貌战略导向

---

① 两山指秦岭和巴山；五水指长江、汉江、嘉陵江、渭河和丹江；五盆地指四川盆地、汉中盆地、安康盆地、商丹盆地、洛南盆地。

第五章 生态环境保护战略研究

一、生态安全格局分析与管控

（一）生态安全格局分析的目标与意义

生态安全格局是维护国土生态安全和生态环境体系的刚性格局。

秦巴山脉核心区是中国的"中央绿心"，科学构建秦巴山脉区域生态安全格局，是实现秦巴山脉绿色可持续发展、对接和落实《全国主体功能区规划》与《全国生态功能区划（修编版）》，并从宏观层面统筹城乡建设和三产布局的必由途径。在秦巴山脉核心区开展生态安全格局分析主要有两方面目的：其一，判别对区域生态保护具有重要战略意义的"底线"空间，优化土地利用和城乡规划的空间布局；其二，在生态安全格局判别与分析的基础上，通过优化空间结构，有助于进一步完善区域绿色基础设施网络，保障自然、人文过程的连续与完整，强化区域生态系统的服务功能。

（二）生态安全格局的判别过程

秦巴山脉核心区生态安全格局主要分析的内容包括：重点生态功能区、生态环境敏感与脆弱区、禁止开发区（具体包括国家级自然保护区、森林公园、风景名胜区、世界自然文化遗产、地质公园、具有水源涵养功能的林地等）及其他不适宜开发的区域（如地质断裂带两侧、坡度大于25°的区域等）。通过对以上区域的分析和叠加，得到区域综合生态安全格局。

1. 重点生态功能区

重点生态功能区主要包括《全国主体功能区规划》和《全国生态功能区划（修编版）》确定的各类重点生态功能区，具体包括水源涵养区、水土保持区、生物多样性维护区等类型。

针对秦巴山脉核心区生态系统提供的主要生态功能，可以采取以下几点措施：首先，开展生态系统服务重要性评价，评价的内容包括水源涵养、生物多样性保护、水土保持三类；其次，按其重要性由低到高依次划分为三个级别，即一般重要、重要和极重要；最后，将评价结果进行叠加，得到生态系统服务总值并进行分级。

1）水源涵养

秦巴山脉核心区是国土水源涵养重要功能区之一。从评价结果来看，秦巴山脉核心区水源涵养重要和极重要区域占全区总面积的44%，约占全国水源涵养功能区面积的11%。其中，极重要水源涵养区约占全国水源涵养极重要区域的10%；重要水源涵养区约占全国的19%。

2）生物多样性保护

秦巴山脉区域是《全国主体功能区规划》中所确定的重要生物多样性生态功能区。秦巴山脉核心区分布有世界级全球生物圈保护区4个（全国共计32个），此外，分布有35个国家级自然保护区（占全国保护区总数的10.4%），以及多个国家级森林公园、湿地公园（表1-5-1）。从生物多样性评价结果来看，生物多样性重要、极重要区域主要集中在甘肃的陇南、甘南，四川绵阳，陕西的汉中、安康、商洛和湖北神农架等地。

表1-5-1　秦巴山脉核心区保护区类型与数量

分级	类型	中国	秦巴山脉区域
		总数量/处	总数量/处
世界级	全球生物圈保护区	32	4
	世界自然和混合遗产及文化景观	17	1
	世界地质公园	31	3
国家级	国家级自然保护区	335	35
	国家公园（试点）	9	1
	国家级风景名胜区	225	22
	国家森林公园	779	43
	国家地质公园	240	12
	国家湿地公园（试点）	251	11
	国家水利风景区	658	5

3）水土保持

水土保持是生态系统的重要功能，受植被构成、地形地貌、降雨侵蚀力和人为管理等因子的综合影响。从评价结果来看，处于水土保持一般重要级别的区域分布较广，重要和极重要级别的面积较少，主要分布在甘肃的天水、定西、陇南，四川的绵阳、广元，陕西的商洛、汉中及重庆北部山区等地。

4）生态功能区综合分析

将水源涵养、生物多样性保护和水土保持三类重要性评价结果进行叠加、分级，按其重要性由低到高依次划分为三个级别，即一般重要、重要和极重要。

从评价结果来看，秦巴山脉核心区范围内重要生态功能区的分布呈相对集中且不均匀分布格局。总体而言，以甘肃、陕西、重庆、湖北为主。其中，极重要区域主要分布于甘肃的天水、陇南，陕西的宝鸡、汉中、安康、商洛，四川的绵阳、广元，湖北神农架一带，以及重庆市北部区域。

2. 生态环境敏感与脆弱区

生态环境敏感与脆弱区主要包括生态系统结构稳定性较差、对环境变化反应相对敏感和容易受到外界干扰而发生退化、自然灾害多发的地区。

生态敏感与脆弱区主要包括《全国生态功能区划（修编版）》、《全国主体功能区规划》及《全国生态脆弱区保护规划纲要》确定的各类生态敏感与脆弱区，具体包括水土流失敏感区和石漠化敏感区等。

1）水土流失敏感区

水土流失敏感性主要受植被覆盖、地形坡度、降雨侵蚀和土壤质地等因子综合影响。从评价结果来看，区域整体水土流失敏感等级较低，处于水土流失敏感和极敏感等级的区域多集中在甘肃的天水、定西、陇南，四川的绵阳、广元，陕西的商洛、汉中及重庆北部山区等地。敏感和极敏感区域与前述重要生态功能区重叠。

2）石漠化敏感区

石漠化敏感性主要取决于是否为喀斯特地貌，以及坡度、植被覆盖度等因子。从评价结果来看，区域整体土壤侵蚀敏感等级较低，处于石漠化敏感和极敏感等级的区域主要集中在重庆北部山区和四川的绵阳、广元一带。

3）生态敏感区综合分析

将水土流失敏感性与石漠化敏感性评价结果进行叠加与分级，可以看出秦巴山脉核心区范围内生态相对敏感的区域整体比例较低，但局部地区呈集中分布的特征。敏感区域主要分布于甘肃的天水、陇南，陕西的商洛，四川的绵阳、广元及重庆市。其中极敏感区分布在重庆北部山区和四川广元、绵阳北部区域。

3. 禁止开发区及其他不适宜开发的区域

禁止开发区主要是我国当前相关法律规定必须严格保护的国土空间，如自然保护区、饮用水源保护区、基本农田保护区、国家地质公园、国家森林公园等。

秦巴山脉核心区内的禁止开发区域主要包括国家级自然保护区35处、世界自然和混合遗产及文化景观1处、国家级风景名胜区22处、国家森林公园43处、国家地质公园12处。

除法定禁止开发区外，还有多方面因素应予以考虑。首先，高覆盖度林地具有水源涵养和生物多样性保护的潜在功能，可在条件允许的情况下尽量予以保护；其次，地质断裂带两侧不宜建设，因为该地带易导致地面沉降或受地震影响的潜在威胁较大，宜通过建立30~100米的缓冲区进行防护；再次，坡度大于25°的区域不宜进行建设及产业布局，因为该地带不仅较易发生泥石流、滑坡等自然灾害，还容易导致水土流失等问题。

4.综合生态安全格局分析

将前述分析所得的重点生态功能区、生态环境敏感与脆弱区、禁止开发区等分析结果进行叠加并重新分级，按其重要性由低到高依次划分为三个级别，即生态协调区、生态重要区和生态极重要区，可以得到秦巴山脉核心区综合生态安全格局。其中，极重要区与重要区为生态保护区，是区域发展的生态底线，其他区域可作为潜在发展空间。通过估算可知，就区域整体而言，约有八成用地需要保护，约四成用地为生态极重要区（表1-5-2），对国土生态安全起到重要保障作用。

表1-5-2　综合生态安全格局中极重要区、重要区、协调区占秦巴山脉区域的面积比例

分类	面积/千米²	比例
极重要区	124 110	44%
重要区	101 081	36%
协调区	54 987	20%
总计	280 178	100%

（三）生态安全格局的分区管控建议

秦巴山脉核心区生态安全格局是区域自然生命支持系统的关键性格局，是实现区域绿色循环发展的刚性基础，是区域发展和城乡规划与布局不可突破的空间底线，因此，须要从区域层面对三区①进行全面管控。

生态极重要区。生态极重要区是区域生态核心，应实行最严格的管控措施，严禁一切形式的开发建设活动；逐步进行人口疏解，针对现有的产业活动制订搬迁方案，逐步实施搬迁。生态极重要区占市域面积较大的城市主要分布在甘肃、陕西和重庆，如天水、陇南、商洛、汉中、定西、绵阳和宝鸡等。对于这些区域，可以采取以下措施：一方面，区域内影响生态环境安全的土地应调整为适宜的用途，使各种土地利用方式向有利于生态系统稳定和生态系统服务功能保持的

---

① "三区"：是指生态极重要区、生态重要区和生态协调区。

生态用地类型转变；另一方面，禁止任何改变现有生态基质和生态安全格局的开发建设活动，逐渐降低区域内自然生境的破碎度，通过设立自然保护小区等方式严格管理，保护生物多样性。

生态重要区。该区域以生态保护为重点，实行差别化的管控措施，整合各管理部门的相关规划与国家政策法规，针对各管控区制订具体的管控方案，严禁有损主导生态功能的开发建设活动，严格控制生产活动和开发利用水平，尽量保留自然和半自然生态系统现状。生态重要区占市域面积较大的城市主要分布在甘肃、湖北、陕西和四川，如甘南藏族自治州、神农架林区、十堰、渭南、安康、宝鸡、商洛、绵阳等。对于这些区域，应加强环境监管，对采石取土等受损生态系统进行复绿，加强水土流失防治，加强造林绿化，大力开展封山育林和荒山荒地造林；加强矿山生态环境的重建工作，水土流失严重的地区要采取生态移民的措施；生态廊道控制区内加强生态绿地、灌草地和湿地的保护，保持生态系统现状，控制对生态廊道内生态用地的挤占挪用。

生态协调区。该区域可以容纳一定人口规模和开发活动，但须重点维护其生态服务功能，合理引导人口分布，坚持多元化的本地城镇化发展道路，注重污染控制，维持低水平的开发强度，维持生态系统平衡。生态协调区比例相对较大的城市主要集中在四川、湖北和河南，如南充、平顶山、襄阳、南阳、三门峡、洛阳、巴中和广元等。对于这些区域，应在生态安全格局的基础上，做好城市功能布局规划，对区域内生态资源进行优化利用，限制城镇建设和产业开发的无序扩张；优化调整产业结构和产业布局，转变产业发展方式，不断提高环境保护要求，提高环境资源利用效率；把开发建设与生态缓冲带建设相结合，注意保护和恢复分散的小型山林、生态斑块、小型廊道，维护区域生态网络连通，加强生态修复和环境监测。

二、秦巴山脉区域保护地体系构建

（一）启用最高级别生态保护力度，构筑秦巴保护地体系

基于秦巴山脉区域突出的生态战略地位及巨大的国际感召潜力，建议对接国际标准，启动最高级别生态保护力度，构筑秦巴保护地体系。划定地区生态功能区，由五省一市共同构建最严格的生态保护体系，并在此基础上构建秦巴山脉区域的保护地体系，加强生态资源的保护与生态环境修复。

秦巴山脉区域是《全国主体功能区规划》中所确定的重要生物多样性生态功能区，《全国生态功能区划（修编版）》将其主体功能定位为水文涵养和生物多样性保护。作为我国的中央绿心、水脉之源、生物基因库和文化摇篮，秦巴山脉区域应启用最高级别的生态保护力度，对接国际标准，通过划定生态保护红线，

系统整合现有各级别保护地系统，形成维护区域生态安全格局的绿色基础设施，将生态作为推动区域绿色发展的动力与引擎。

依托秦巴山脉的生态功能区划，借鉴IUCN（International Union for Conservation of Nature，世界自然保护联盟）的保护地体系划定标准，秦巴保护地体系可分为三个层级。

第一层级为国家层级，包括国家级风景区、自然保护区、森林公园、地质公园等，秦巴山脉区域的国家公园应从这一层级择优选取；第二层级为区域层级，包括省级自然保护区、森林公园、地质公园、湿地公园等；第三层级包括市级与县级自然保护区、森林公园、湿地公园等。

泛秦巴保护地体系应设立统一的管理和协同机构，以对接国家和地方的管理与运营。例如，建立泛秦巴生态系统协调委员会联席会议制度管理系统，形成现阶段较为现实的管理模式。联席会议制度管理系统以现阶段的风景名胜区总体规划审批部际联席会议为基础，在现在八部委的基础上，适当吸收相关部门组成保护地系列部际联席会议制度管理系统，对保护地系列实行统一管理，对系列内任何专类保护地重大事项实行统一审批，包括相关的审批与监管，政策、法规及相关文件的制定，保护地的总体规划审批等。

为提高工作效率，保护地系列部际联席会议制度管理系统实行专业化分置管理，系统下设资源保护与监管，政策、法规制定与管理，规划审批与管理，特许经营与管理，信息智能化管理五个子系统，分别由相关的管理部门牵头。

（二）加强与国际体系对接，分阶段完善泛秦巴保护地体系

第一阶段：组合。将秦巴山脉区域现有各等级网络按照层级关系重新梳理，并通过统一的管理机构进行管理。

第二阶段：融合。重点关注试点区域交叉重叠、多头管理的碎片化问题的解决措施，对现有各类保护地的管理体制机制进行整合，同时，以国家公园体制试点为抓手，分阶段调整，逐步加强与国际保护地体系的对接。世界自然保护联盟按照人类对资源的利用程度将保护地划分为六类，即Ⅰ类（严格的自然保护区）、Ⅱ类（国家公园）、Ⅲ类（天然纪念物保护地）、Ⅳ类（栖息地、种群管理区）、Ⅴ类（陆地景观和海洋景观保护区）、Ⅵ类（受管理的资源保护区）。世界自然保护联盟保护地管理分类是以管理为导向的分类体系，可操作性强，自1969年出台以来得到大量实践应用，秦巴山脉区域应积极探索现有保护地分类与国际分类之间的对接关系，进一步明确不同层级与类型的保护地对应的保护管控内容。

第三阶段：网络化。现在保护地系统多为点、面状保护，基于秦巴山脉区域生态红线，构建串联不同层级保护地的生态廊道系统，最终形成不同尺度层级的

生态网络。

（三）构建秦巴山脉区域国家公园体系

国家公园是我国自然保护地最重要类型之一，属于全国主体功能区规划中的禁止开发区域，纳入全国生态保护红线区域管控范围，实行最严格的保护。国家公园的首要功能是重要自然生态系统的原真性、完整性保护，同时兼具科研、教育、游憩等综合功能。国家公园既具有极其重要的自然生态系统，又拥有独特的自然景观和丰富的科学内涵；既能够提升生态系统服务功能，又能够开展自然环境教育，为公众提供亲近自然、体验自然、了解自然及作为国民福利的游憩机会。因此，构建秦巴山脉区域国家公园体系是落实秦巴山脉区域保护地体系的关键一步。

在自然保护地体系基础上，依托既有文化旅游资源，构建由多个风景名胜区、自然保护区组成的国家公园体系。形成以"神农架、华山、终南山、太白山、武当山、光雾山—诺水河、伏牛山、麦积山、白马—王朗、白水江、剑门蜀道、佛坪、宝天曼、古隆中"等多个保护地为备选试点的国家公园体系（图1-5-1）。

图1-5-1　秦巴国家公园群备选试点示意图

以"保护为先、重点培育、片区联动、分类引导"为建设思路，分自然型、文化型和文化景观型三种类型进行发展引导，创立秦巴国家公园品牌，提升秦巴山脉国际知名度。构建史前遗迹、宗教文化、地域民俗、自然景观、生物资源五大主题的生态旅游线路。将重庆、成都、西安、武汉、兰州、郑州打造为国家公园的旅游集散枢纽和综合服务中心，依托秦巴山脉内部的达州、广元、汉中、天水、安康、十堰等城市，形成国家公园的内部旅游服务次中心和集散节点，构建内外联动、要素互通的生态旅游服务网络。

建议国家立法部门尽快出台《国家公园法》协调五省一市，在国家级管理机构下组建职权清晰、利于协同的秦巴国家公园管理协同机构，从而在国家级管理职能下，强化秦巴山脉地区各个类型国家公园的建设指导和行业协同，实现保护、规划、建设、运营、旅游、推广等多方面的协调统一，同时解决管理机构重叠、管理区域交叉和管理法规矛盾等众多弊端。

（四）积极推进国家公园体制试点示范项目

国家公园的核心内涵是自然生态资源的全民共享与世代传承。国家公园体制试点项目的建设核心并非国家公园实体，而是管理体制的创新。国家公园试点示范项目应注重以下内容。

第一，树立正确保护理念，强调生态系统保护。坚持生态保护第一，将自然生态系统和文化自然遗产的保护放在首位，认真落实生态保护红线制度和全国主体功能区的定位要求，在对生态环境和资源状况进行认真评估的基础上科学编制保护规划，要对国家公园体系实行统一且严格的准入标准和监督检查机制，科学制定国家公园发展技术标准、规程和规范，严格落实国家环境影响评价、承载力指标体系、最佳容量控制等要求，合理进行游客容量测算和游客流量动态监测。将国家公园区域内不符合保护和规划要求的各类设施、工矿企业等逐步搬离，建立已设矿业权逐步退出机制。未来国家公园的规划应警惕增量规划，逐步实现从粗放型向集约型、从外延型向内涵型的转变。

第二，统一规范管理机制，强调立法保障制度。合理划分中央和地方事权，构建主体明确、责任清晰、相互配合的国家公园中央和地方协同管理机制，探索跨行政区管理的有效途径，实行统一有效的保护和管理。改革要使每个保护地范围适宜、边界清晰。建立比较完善的法律体系和管理制度，加强立法，确保国家公园的有序运作与管理。制定《秦巴山脉国家公园和保护区体系法》及《公园与保护区特许经营法》，针对每一个国家公园独立立法，做到"一区一法"，设立专门机构，组织有关专家研究立法内容及执法监督问题。

第三，建立资金保障制度，健全生态补偿制度。加大政府投入力度，推动国家公园回归公益属性。在确保国家公园生态保护和公益属性的前提下，探索多渠道多元化的投融资模式。构建高效的资金使用管理机制。国家公园实行收支两条线管理，建立财务公开制度，确保国家公园各类资金使用公开透明。建立健全森林、草原、湿地、水流、耕地等领域生态保护补偿机制，加大重点生态功能区转移支付力度，健全国家公园生态保护补偿政策。鼓励受益地区与国家公园所在地区通过资金补偿等方式建立横向补偿关系。加强生态保护补偿效益评估，完善生态保护成效与资金分配挂钩的激励约束机制，加强对生态保护补偿资金使用的监督管理。

第四，建立健全监管机制，完善责任追究制度。健全国家公园监管制度，加强国家公园空间用途管制，完善监测指标体系和技术体系，构建国家公园自然资源基础数据库及统计分析平台，建立第三方评估制度，对国家公园建设和管理进行科学评估；建立健全社会监督机制，建立举报制度和权益保障机制。强化国家公园管理机构的自然生态系统保护主体责任，明确当地政府和相关部门的相应责任；严格落实考核问责制度，全面实行环境保护"党政同责、一岗双责"，对领导干部实行自然资源资产离任审计和生态环境损害责任追究制；对违背国家公园保护管理要求，造成生态系统和资源环境严重破坏的要记录在案，依法严肃问责、终身追责。

第五，明晰自然资源权属，创新经营管理机制。按照《自然资源统一确权登记办法（试行）》，国家公园可作为独立自然资源登记单元，依法对区域内水流、森林、山岭、荒地、滩涂等所有自然生态空间统一进行确权登记；划清全民所有和集体所有之间的边界，划清不同集体所有者的边界，实现归属清晰、权责明确。积极探索管理权和经营权分立，经营项目要实施特许经营，严格实行公开招标竞价，鼓励当地居民或其举办的企业参与国家公园内特许经营项目；实行收支两条线管理，门票收入、特许经营收入等要上缴省级财政，各项支出由省级财政统筹安排；要建立多渠道、多形式的资金投入机制，吸引民间团体、企业、个人等不同来源的社会资金支持试点。建立保护资金监督管理机制。

第六，建立社区共管机制，完善社会参与机制。根据国家公园功能定位，明确国家公园区域内居民的生产生活边界，相关配套设施建设要符合国家公园总体规划和管理要求，并征得国家公园管理机构同意；周边社区建设要与国家公园整体保护目标相协调，可引导当地政府在国家公园周边合理规划建设入口社区和特色小镇。管理机构要优先保障本地居民就业，妥善处理好试点区与当地居民生产生活的关系；吸引社区居民参与决策，鼓励社会组织和志愿者参与保护和管理，注重对本地居民的生态教育与专业培训；建立社区协调发展机制，鼓励居民参与国家公园的规划、经营、管理和监督等共建过程。

第六章　区域协同战略研究

秦巴山脉区域地处我国地理中心，作为我国的中央水库和国家绿肺，以及联系"一带一路"的枢纽平台，秦巴山脉的绿色发展关系着国家生态安全命脉。

秦巴山脉的保护与发展不可就秦巴论秦巴，须要将秦巴山脉与周边区域作为整体进行综合认知和研判。秦巴山脉区域的生态保护、扶贫发展、移民承接、工业疏解、城乡整理等问题的解决离不开周边城市的支撑；同时，只有秦巴周边城市形成很好的协同发展平台，才能共同带动秦巴山脉区域的保护与发展。此外，随着"一带一路"倡议的实施，我国的国土空间格局正在悄然发生变化，秦巴山脉周边城市地区由于涉及成渝城市群、关中城市群、武汉城市群和中原城市群等多个中西部优势核心要素，秦巴山脉及周边城市地区在我国未来的战略地位也将面临更多未知与可能，这些变化与秦巴山脉区域保护与发展紧密相关。

一、秦巴山脉区域与"一带一路"的协同

秦巴山脉区域是"一带一路"沿线上的重要枢纽，是国家"路带转换"的重要平台，抓住国家这一机遇，实现区域协调发展意义十分深远。按照"绿色循环发展先行区、'一带一路'建设支撑区"的总体要求，落实以秦巴山脉周边城市地区为依托的区域协同联动战略，使区域资源从规划、建设到管理、经营均主动对接"一带一路"，采取适应国际共建共享规则的区域管理、区域决策模式，以保障区域资源的整合利用和合理开发，并从顶层设计、产业对接、设施配套、信息互动等方面制定协同联动路径。

（一）明确顶层设计，通过内部协同治理促进对外协作

1. "顶层设计"协同"区域规划"

提升对秦巴山脉区域"生态安全、人类文明、世界名山"等方面国际价值的

认知，准确把控其发展方向与重点。按照"一带一路"绿色建设示范区与新亮点的总体要求，处理好区域内生态建设与扶贫开发、环境保护与资源开采、文化传承与产业开创关系的同时，积极参与国际分工协作，着力拓展与"一带一路"沿线国家或地区的合作空间，协同推进"生态主导、扶贫为基、适度发展"的区域一体化规划编制。

2. "顶层设计"推进"区域治理"

为适应"一带一路"倡议，拟通过构建秦巴山脉区域共创的整体优势，实现化零为整、内聚外联。对秦巴山脉区域政府间实现协同治理、融合创新，其重点在行政协议机制、区域公共产品的产权交易机制及效果评价指标体系建设三个方面。在行政协议机制方面，探索通过主要领导定期磋商、相关部门不定期互动等方式，建立区域政府协同治理的法治化路径；在区域公共产品的产权交易机制方面，探索通过激励机制、产业转移机制、利益分享机制、生态补偿机制等，建立区域政府协同治理的市场化路径；在效果评价指标体系建设方面，探索通过建立城市发展转型评价指标体系、城乡协调发展指标体系、山地持续发展指标体系等，建立秦巴山脉区域政府协同治理的效果评价模型。基于区域内协同，促进对外合作，整体融入"一带一路"。

（二）明确区域功能，通过区域内错位发展促进对外分工

要实现秦巴山脉区域整体融入"一带一路"，拓展外部合作空间，首先宜明确区域内部功能定位，避免区内同质化发展。一方面，强化秦巴山脉核心区与拓展区、绿心区与外围环带的职能分工与功能协同问题，形成生态功能核心区、生态保护发展区、生态功能拓展区等互动发展的三层分区；另一方面，应综合考虑人口、资源、环境、经济、社会等因素，按照适度开发、提升开发、限制开发和禁止开发的不同要求，明确不同区域的发展导向和功能定位，并制定相应的政策和评价指标，形成各具特色的区域发展格局。通过区域功能协调发展，提升秦巴山脉区域的整体竞争力，更好地参与"一带一路"的分工协作。

（三）明确分工协作，通过区内产业协同促进对外合作

梳理秦巴山脉区域的产业特色与优势，结合"一带一路"国家或地区的资源本底与发展诉求，促进资源、产业等要素的高效流通，逐步实现互通有无、优势互补。因此，"秦三角"地区宜按照"生态秦巴、人文秦巴、富裕秦巴"的发展要求，突破以往松散的经济协作区的协作模式，打破行政分割，进行资源整合，构筑统一市场，实现互通有无，做到各有特色，组建联系相对紧密的经济组织——秦巴经济联合体，推动区域经济协调和可持续发展。同时，通过划分发展

圈层，推进区域内外各圈层间的分工协作、圈层内部的分工协作等，逐步摸索区域绿色产业发展新模式，并向丝路沿线地区推广。

（四）明确设施布局，通过区内设施协同促进对外衔接

跨国跨区域基础设施建设是关系到"一带一路"沿线国家经济社会发展的基础性工程，必须谋求长远、持续发展。秦巴山脉区域重大基础设施宜纳入"一带一路"整体框架，须通过加强沿路国家政府间的沟通与协作，加大相关国家和民间银行对该区域的投资支持力度，形成跨国性的重大基础设施发展规划及建设安排，并与国内重大设施、重大口岸形成无缝衔接。

（五）明确生态任务，通过区域内环境协同促进跨境合作

作为"一带一路"环境建设的核心区域，秦巴山脉区域的发展须要重视资源刚性约束、生态系统失衡、环境日益恶化等现实生态问题，根据区域"生态—环境—经济—社会"巨系统的各要素间的耦合关系、耦合原则、耦合效应和耦合模式，推进区域生态环境专项规划或者相关规划的研究及编制工作，如大气环境治理规划、重点流域水污染防治规划、环秦巴经济圈地下水污染防治规划等。除了统一设定治理目标、提出治理措施外，在生态环境管控的体制机制上寻求创新或者突破。探索构建秦巴山脉区域或流域环境保护管理机构，统筹协调跨区域的大气污染联合联控和流域污染综合治理的相关事宜；同时，组织跨部门的专家组成专家咨询委员会，对该区域即将出台的各类法规、规划及行动方案进行认真的独立评估；此外，建立公众参与机制，促进信息公开，避免决策的失误并提高效率。

（六）明确配套需求，通过区域内公共服务协同促进跨境服务

树立秦巴山脉区域生态型公共服务的特色品牌，并促进服务贸易。信息设施、卫生设施和社会保障建设水平对区域竞争力提升具有决定性影响。科学预测公共服务设施配套需求，包括总量、结构、布局等，并在此基础上整合区域资源，推进秦巴山脉区域医疗、教育、文化等重大公共服务设施的共建共享，对区域内部重大公共服务设施空间进行整体调适，构建结构清晰、配套均等、服务高效的区域性公共服务设施体系。

在健全区域内公共服务体系的基础上，开展公共服务领域的国际合作。

二、秦巴山脉周边城市地区的协同

（一）秦巴山脉周边城市地区发展概况

1. 涉及区域

秦巴山脉周边城市地区是指以秦岭—巴山山脉作为共同的生态资源重要基础的城市，在地理上这些城市分布于秦巴山脉周边。由于共同与秦巴山脉的生态保护和扶贫发展密切相关，有必要将这些城市作为整体进行关联研究。同时，这些城市也是"一带一路"背景下中、西部核心城市要素，对中、西部崛起和东、西部平衡发展至关重要，这些城市的协同发展，对于秦巴山脉的保护与发展影响巨大，意义深远。秦巴山脉周边城市具体涉及重庆、成都、绵阳、西安、宝鸡、渭南、武汉、宜昌、郑州、洛阳、平顶山、兰州、天水、陇南等多个城市。

2. 规模体量

2015年，秦巴山脉周边城市地区共涉及人口1.97亿人，地区生产总值达到79 881.69亿元，土地面积为57.7万平方千米。

秦巴山脉周边城市地区由于包括秦巴山脉部分山体区域，涉及土地面积较大，占全国国土总面积的比重约6%；人口规模方面，秦巴山脉周边城市地区总人口占全国比重约为14.5%；地区生产总值方面，秦巴山脉周边城市地区经济总量占全国比重达到14%。综上所述，可以看出秦巴山脉周边城市地区的国土空间尺度及人口经济规模均较大，是我国国土空间发展中的重要组成部分。

3. 区位关系

秦巴山脉周边城市地区地处我国地理中心。从自身发展支撑看，其北括关中城市群，东连中原城市群，西达成渝城市群，南倚长江中游城市群，区域内分布有两江新区、西咸新区、天府新区、兰州新区四大国家级新区，集聚了我国中、西部核心优势要素。

从空间区位关系看，北接丝绸之路经济带的枢纽区西安，向西联系丝绸之路经济带核心门户区——新疆；南通贵阳、重庆，联系昆明、南宁两大海上丝绸之路桥头堡，具备联结丝绸之路经济带、长江经济带、海上丝绸之路的区位条件。因此，秦巴山脉周边城市地区区位条件特殊，发展基础雄厚，是中、西部地区具有代表性的优势发展区。

（二）现状协同水平

秦巴山脉自古以来以"蜀道难"为标志，成为周边地区人类聚居环境的天然阻隔。改革开放以来，由于交通状况的改善，周边城市地区的联系度显著提升，但由于空间距离问题，城市之间的联系度依然薄弱。

采用传统的空间经济联系强度指标对秦巴山脉周边城市地区的内部联系强度进行评价，并从交通流量、公共服务设施吸引力等角度进行补充分析。空间经济联系强度计算公式是基于空间相互作用原理形成的，具体公式如下：

$$R_{ij} = \frac{\sqrt{P_i \times G_i} \times \sqrt{P_j \times G_j}}{D_{ij}^{\ 2}}$$

式中：R_{ij}为两城市之间的空间经济联系强度（亿元·万人/千米²）；P_i、P_j为两个城市的常住人口数；G_i、G_j为两个城市的地区生产总值；D_{ij}为两城市之间空间联系的公路里程。以秦巴山脉周边城市地区的561个城市对为样本进行计算，从计算结果可以看出，秦巴山脉周边城市地区内部各城市之间的空间经济联系相对较弱，其中空间经济联系强度小于10的城市对占到80%，仅有12个城市对之间联系强度大于100（图1-6-1）。究其原因，一方面是城市之间空间距离较远；另一方面是区域内各城市的经济及人口规模体量相对较弱。

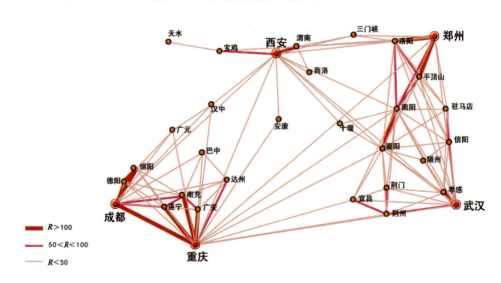

图1-6-1　秦巴山脉周边城市地区内部空间经济联系强度示意图

秦巴山脉周边各城市相互间联系相对薄弱，尚处于各自独立发展的初期阶段。地区协同发展中目前面临的主要问题集中在以下两方面。

一是各核心城市群之间空间距离过远，协同发展的时间成本和运输成本较大。例如，关中城市群到成渝城市群的直线距离为600余千米，成渝城市群到武汉城市群的直线距离为760千米，武汉城市群到中原城市群的直线距离为450千米，中原城市群到关中城市群的直线距离为400余千米，关中城市群到武汉城市群的直线距离为650千米，中原城市群到成渝城市群的直线距离为880千米，整个秦巴山脉周边城市地区环线长达2 500千米。而美国波士华希大都市带东北—西南轴线总长仅966千米，日本东京—大阪大都市连绵区总长仅400千米，荷兰兰斯塔德城市群环绿心总长不足200千米。大跨度的物流距离是秦巴山脉周边城市地区协同发展面临的客观难题。

二是各核心城市群的内在吸引力有待加强，城市职能仍以服务腹地为主，对外辐射职能不足。虽然重庆近年来金融服务、对外贸易、产业升级等内在核心竞争力不断增强，已逐步成长为中、西部的区域级中心，但除重庆之外，成都、西安、武汉、郑州等城市职能仍以服务城市腹地人口为主，科技创新、信息枢纽、物流集散等对外辐射职能有待进一步壮大。内部城市竞争力不足，无法形成外向影响效应，是当前秦巴山脉周边城市之间无法形成协同体系的重要原因。

（三）战略格局研判

任何一个国土大国在空间发展中，都因不同的时代背景和发展战略而造就不同的国土空间格局。中华人民共和国成立以来，我国国土格局基本经历了四个阶段：①"一五"时期——以156项重点工程为代表的初期发展阶段；②"三线"时期——重点建设转向大后方的特殊发展阶段；③改革开放初期沿海优先发展的非均衡阶段；④2000年后以沿海开放、西部开发、中部崛起、东北振兴为代表的多方位均衡战略转变阶段，并提出了"两横三纵"的国家总体空间格局战略导向。

多年来，我国国土空间总体上呈现出以东部沿海为对外开放前沿，以西部内陆为资源大后方的不均衡发展格局。在国际政治经济环境悄然变换的新形势下，"一带一路"不仅开拓了我国西向开放的新通道，而且也拉开了我国国土空间战略从"极化"走向"均衡"，或者说东西双向开放的序幕，使得我国西部地区成为内陆西向开放的新前沿。新的地缘政治、社会经济、科技文化等要素的关联性使得我国国土空间格局必然发生新的变化，尤其是中、西部地区。

国家"十三五"规划提出的城市群建设目标进一步强化了"两横三纵"总体格局的构想，新的发展态势必然要求西部地区出现能够承担西向开放核心职能的城市集群，从而呈现我国东西并重、多向开放、海陆统筹、南北贯通的发展格局，而这一格局中能够真正承担"一带一路"倡议的西部城镇集群如何形成、在何处形成，则成为关键所在。

在国土资源方面，胡焕庸线表明了我国数十年来基本稳定的人口分布格局，胡焕庸线以东是我国地理版图的中、东部地区，集聚了全国94%的人口。我国西部边陲的高原与荒漠地区总体而言只能形成散点状的城镇分布。作为承担"一带一路"倡议职能的国家级西部城市集群，应该出现在目前的成渝—关中一带。

成渝—关中城市集群是支撑中、西部地区西向开放的关键。具有人口、经济总量等多重价值要素汇聚的重庆—成都城市群无疑具有体量等综合优势，唯一的相对弱势是不及较为临近的关中城镇群在西向开放中的交通等区位优势。因此，成渝城镇群与关中城镇群相互吸引，强强联合，在成渝综合优势基础上加上西安地区更加有利的陆桥区位和同样凸显的科教文化等要素优势，将会推进成渝—关中城市集群的形成，而这一城市集群正是符合上述多种条件，能够承担"一带一路"相关职能的核心与枢纽地区。同时，这一城市集群的形成，也将进一步推动整个秦巴山脉周边城市地区的协同发展。

（四）环秦巴周边协同路径

1. 构建秦巴绿心模式

秦巴山脉是周边城市赖以生存的生态根基，周边城市的协同发展，必然以秦巴山脉的生态保护为前提。相较于我国其他大城市聚集地区，秦巴周边城市地区以秦岭—巴山山脉为中央绿核，形成了生态特色十分凸显的空间格局。从国外发展经验可知，理想的大都市发展区并非仅有连片的高密度城市区，还有山体、河流、农田等绿色生态空间间隔，形成城市与自然生态区域的融合体。因此，秦巴周边城市地区的协同发展应变不利为有利，充分发挥秦巴山脉这一生态绿心的天然优势，与秦巴山脉生态保护目标相统一，结合秦巴山脉特殊的生态环境，构建以山脉腹地为绿心、以外围串珠状分布的城镇与生态地区为外环的秦巴绿心空间组织模式（图1-6-2）。这一模式中包含两个重要方面：一是突出秦巴山脉腹地绿心的生态保护与建设，引导腹地绿心的工业、人口等要素的必要集中及向外围疏解；二是避免外围环带城市地区的集中连绵发展，形成周边城市群环绕秦巴山脉区域串珠状布局的整体形态。

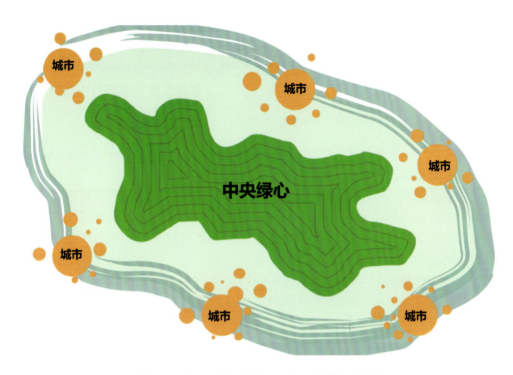

图1-6-2　秦巴山脉区域绿心空间组织模式示意图

因此，秦巴山脉外围城市特别是大城市在满足自身生态环境保护需求的前提下，应注重对山区城镇化人口的承接及对山区生态保护与城乡发展的辐射和带动作用，形成强大的核心城市功能优势；秦巴山脉内部城市发展规模应该强化控制与集聚，同时与外围核心城市职能形成协同，结合原有三线建设基础，积极发展科技类精密型产业和绿色产业，同时注重城市化人口的承接和服务业发展。

最终，将秦巴核心区打造成我国的中央生态主体功能区；将环秦巴外围城市地区打造成支撑我国东西双向开放的中部砥柱；将泛秦巴地区打造成全国生态文明示范区。

2.有序推进协同发展

首先，成渝—关中核心枢纽支撑区的形成。成渝城市群具有金融信息、制造产业、科教实力、人口资源、腹地市场等多重优势，作为胡焕庸线附近最大体量城市群，无论是腹地外溢需求还是西向开放通道联系需求，成渝城市群都将与相对临近的关中城市群关联协同，通过大西安地区的区位与要素优势叠加，构成核心枢纽城市集群，进而通过兰州与乌鲁木齐（陆上丝绸之路）相接、通过南宁与昆明（海上丝绸之路）相接，成为"一带一路"的转换平台。

其次，武汉—郑州城市群在国家交通骨干网络激发下也必然需要协同发展，形成秦巴山脉周边地区武汉—郑州与成渝—西安的"双纵"格局。最后，成渝—西安和武汉—郑州之间的联系不断加强，"两横三纵"中部城市群支撑格局逐渐形成，以秦巴山脉为中央绿心、外围城市地区串珠状集聚发展的协同网络格局逐步呈现。

3. 提高协同动力

应有侧重地引导各核心城市突出强化其对外优势职能，逐步分化自给、独立的职能结构。引导成渝都市区突出区域级金融中心的地位，引导武汉都市区形成区域级制造业中心和教育中心，引导中原都市区突出物流交通服务中心职能，引导关中都市区突出科研文化中心和国防军工基地的职能。同时积极加强各都市区在国防军工产业、电子信息产业、装备制造产业、新型能化产业四大领域的联动合作。结合互联网信息技术，加强各核心城市在知识创新、信息互通、物联统筹等方面的协同合作，形成互补联动、错位衔接的区域分工格局。

4. 加强交通联系

秦巴周边城市之间的协同发展须要着重加强快速交通通道的建设。强化"环秦巴"周边城市地区互联互通的现代交通、通信、旅游服务基础设施体系。在交通建设方面，注重快速交通（包括高铁、高速、通用航空）干线体系的完善与文化旅游慢行系统的搭建，形成国家干线体系领下的秦巴内部交通网络。

加快秦巴外部大环线建设，构建各中心城市及主要功能单元间快速交通体系。在现有陇海、长江北岸东西交通廊道的基础上，通过郑州至武汉、兰州至重庆等线路形成环秦巴山脉的交通廊道，并在环线内部强化现有多条国家快速交通干线，如成渝城市群与关中等城市群之间的快速轨道交通网络建设，在西成高铁的基础上，加快渝西高铁、西武高铁、西成高铁的建成通车。这一格局相当于把尺度巨大的串珠状城市地区环绕秦巴山脉绿心首尾相接，并在绿心内布局快速直线交通，包括轨道交通与通用航空等技术措施，对相关城市进行连接，从而形成"直线+环线"的交通骨干网络。

三、秦巴周边城市地区与核心区的协同

（一）环秦巴经济带中心城市与秦巴核心区近域的协同

拓展圈层与核心圈层间的内外跨层协同。重点通过处理以下几对关系，实现

跨层协同。

一是发展与保护。探索拓展区城市圈的发展与秦巴山脉核心区生态环境保护之间的关系，力求通过拓展区的发展来疏解核心区的生态压力、降解核心区的环境污染；同时，通过核心区的生态涵养，为拓展区的发展提供生态保障和休闲后花园。

二是前沿与腹地。拓展区作为中西部地区的发展前沿和经济重心，承担国家层面重要的经济功能；而核心区作为我国的中央山脉，亦是中西部地区最为重要的生态屏障，承担国家层面重要的生态功能。两者协力构成中西部地区跨越发展的前沿与腹地。

（二）环秦巴经济带中心城市与秦巴核心区纵深的协同

重点通过处理以下几对关系，实现外围圈层与绿心圈层间的内部跨层协同。

一是补给与支撑。外围圈层作为适度发展区域，是支撑整个秦巴山脉经济持续发展和城镇集约发展的重点区域。而绿心圈层作为禁止发展区域，是补给整个秦巴山脉生态服务、生态供养的重点区域。二者相互协同，不可分割。

二是疏解与承接。外围环作为产业和人口承接区域，是秦巴山脉绿心圈层人口疏解、产业外迁的主要承载地，是保障绿心圈层生态安全建设的重要地带，两者协同推动秦巴山脉的绿色循环发展。

（三）环秦巴经济带中心城市与秦巴核心区产业、功能、交通的协同

1. 环秦巴经济带中心城市与秦巴核心区产业协同

明确分工协作，促进产业协同。在绿心圈层内，以疏解非生态功能为重点，推动生态农林全产业链发展、健康科技全产业链发展，并通过这两大产业链接支撑圈内主要居民点的发展，同时通过建设若干各具主题的"国家特色小镇"，促进该圈层内人口、产业及功能要素的适度集中发展。

此外，引导绿心圈层的现有工矿企业外迁，着力构建"高绿纯"生态经济结构。在外围圈层，以"积极疏解非生态功能，适度培育新型生态经济"为重点，按照"有所为有所不为"的要求，有选择地承接绿心圈层外迁企业，较好地承载绿心圈层外迁人口，适度保留若干产业园区并进行循环化改造。在拓展区内，以"强化创新驱动，推进结构调整，培育新的增长点"为重点，引导企业园区化、集群化发展，承接核心区迁入的企业、人口，并通过壮大外围城市的经济实力，支撑秦巴山脉区域的整体发展。

2. 环秦巴经济带中心城市与秦巴核心区功能协同

明确区域功能，促进发展协同。明确区域功能定位，避免同质化发展。一方面，秦巴山脉核心区与拓展区、绿心圈层与外围圈层的职能分工与功能协同，形成生态功能核心区、生态保护发展区、生态功能拓展区等三层分区；另一方面，相关六省市宜根据资源环境承载能力和发展潜力，综合考虑人口、资源、环境、经济、社会等因素，按照适度开发、提升开发、限制开发和禁止开发的不同要求，明确不同区域的功能定位，并制定相应的政策和评价指标，逐步形成各具特色的区域发展格局。

3. 环秦巴经济带中心城市与秦巴核心区交通协同

优化交通网络，促进交通协同。构建"一优三高"的生态型、便捷型的交通网络体系，在泛秦巴地区打造"三小时高速交通圈"。

一优：优化现有道路交通设施，实现秦巴山脉核心区有限制提升疏通、拓展区最大化扩能提级，探索内外交通差异化协同发展模式。

三高：以高速铁路、高速公路、航空运输为主体构建"铁公机"一体化的高效率快速网，以国、省道，普通铁路为主体构建"互联互通"便捷化的高质量内部网，以生态文化、古道驿道、景观水系、旅游专用铁路、旅游公路为载体构建"体验升级"多元化的高品质游憩网。创新构建泛秦巴大交通协同发展的体制机制，消除行政壁垒，构建泛秦巴地区新时代的交通协同新格局。

第七章 城乡空间引导战略研究

秦巴山脉区域城乡居民点分散无序、产业园区粗放增长、矿区分布混乱及山区总体人口密度过高是造成这一地区城乡人居环境与生态环境保护矛盾冲突的核心原因。交通条件有限、公共设施不均及绿色基础设施的推广应用不足进一步阻碍了城乡人居环境的绿色循环发展。因此，以生态本底保护为根本，围绕生态和谐、绿色建设、人地和谐的要求，有效进行空间引导成为实现城乡空间绿色可持续发展的重要路径。战略重点主要包括疏解山区人口密度，梳理人口与城乡居民点空间分布，加强国土空间功能管控，整理产业空间布局，完善绿色交通、基础设施等方面。

一、秦巴山脉区域城乡建设与生态格局关系

（一）生态空间与行政单元分布关系

1. 省域层面

将前文生态安全格局与省域、市域边界叠加，可以判断不同省市范围内生态空间的分布特征。

对于区域生态安全有重要意义的空间在五省一市均有分布，其中，有极重要生态区的空间主要分布在甘肃的天水、陇南，陕西的宝鸡、汉中、商洛、安康，四川的绵阳，湖北的十堰，河南的南阳及重庆市。生态重要区占市域面积较大的城市主要分布在甘肃、陕西和重庆，如天水、陇南、商洛、汉中、定西、绵阳和宝鸡等。协调区比例相对较大的城市主要集中在四川、湖北和河南，如襄阳、南阳、洛阳、三门峡、巴中、广元、南充等地区。

2. 市域层面

将区域生态安全格局与县（区）域叠加，可以判断不同县域当前面临的生态保护的需求。

进入极重要生态保护区的县（区）有：甘肃的渭源县、卓尼县、岷县、礼

县、秦州区、武都区、康县、文县等，陕西的太白县、留坝县、洋县、佛坪县、宁陕县、镇安县、石泉县、南郑县、平利县、镇坪县等，四川的青川县、北川羌族自治县、开江县等，重庆的城口县、开县、巫溪县、巫山县、云阳县等。这些县（区）的山区部分原则上应禁止开发，未来逐步进行人口迁出等工作。

3. 乡镇、村落层面

就数量而言，秦巴山脉核心区有37.4%的乡镇进入生态保护极重要区域，有26.4%的乡镇进入生态保护重要区域，有36.2%的乡镇在生态协调区内。从村落与生态区的关系来看，进入生态保护极重要区域的村落占总体的39.1%，进入生态保护重要区域的村落占总体的36.5%，仅有24.4%的村落位于协调区内。从空间分布而言，进入生态极重要区域内的乡镇主要分布在甘肃、陕西、重庆等地，进入协调区的乡镇则较多地集中于四川、河南等地。

由此可知，位于不同生态保护分区的乡镇和村落在未来发展方面，应制定符合自身环境条件限制的差异化绿色发展道路。

4. 小结

综上可知，秦巴山脉核心区生态保护重要与极重要区域占整体面积的比例较大，空间分布不均，因而导致不同省市、区县、乡镇及村庄在未来发展中所面临的生态空间保护范围与力度存在明显差别。对于生态极重要区域原则上以严格保护、禁止开发为主，区域内的人口和产业应逐步迁出；对于生态重要区域应以保护其主导功能为重点，充分协调与生态环境的关系；对于生态协调区可以考虑适度发展，但也应控制规模，减缓对生态环境的影响。

因而，秦巴山脉核心区未来可持续发展应充分考虑不同区域的生态环境特征，通过城乡空间统筹及产业合理布局等途径，构建区域联动、生态协调的绿色发展模式。

（二）生态空间与人口空间分布关系

1. 生态功能重要区域与人口密度的空间分布关系

人口密度是单位面积土地上居住的人口数，是反映各地人口密集程度的指标。将秦巴山脉核心区各区县人口密度数据与生态安全格局进行叠加，可以初步判断人口分布给区域生态保护带来的压力。

秦巴山脉核心区范围内的平均人口密度为199.7人/千米²，总体而言，现状人口密度的分布与生态空间的分布存在一定的对应关系，生态极重要区的人口密度相对较低，现状冲突不明显，但局部也存在对生态环境产生较大压力的区域，如陇南山区、秦岭南麓、渝东北和丹江口水库周边等地。

2. 生态功能重要区域与城镇化的空间分布关系

根据"纳瑟姆曲线"对城镇化过程的表述，当城镇化水平在30%以下，意味着城镇进入经济发展势头较为缓慢的准备阶段，以农业生产为主；当城镇化水平在30%~50%时，意味着城镇进入经济发展迅猛的高速阶段；而50%~70%的城镇化水平意味着城镇进入经济极速发展阶段，以工业生产为主；当城镇化水平继续提高到超过70%之后，表明经济发展再次趋于平缓的成熟阶段，基本进入后工业社会。

将秦巴山脉核心区各区县城镇化率与生态安全格局进行叠加，可以大致判断各区县潜在发展趋势与生态保护之间的关系。

秦巴山脉核心区城镇化水平以低于30%和在30%~50%最为常见。其中，城镇化率在30%~70%的区县，其未来的经济发展与生态极重要区域自身的保护需求产生了较大冲突，如甘肃、陕西、重庆等地的多个区县，均面临协调生态严格保护与城镇高速发展的严峻课题。

因而，转变传统经济模式、协调城镇发展与保障生态安全是这些地区未来发展应考虑的核心问题。

（三）秦巴山脉区域人口与空间分布关系评价

1. 总体人口密度过大，超出生态承载力范围

秦巴山脉区域户籍总人口6 164万人，土地总面积30.86万平方千米，平均人口密度为199.7人/千米^2。人口密度为全国平均水平的1.4倍，每平方千米高出57.2人，远超阿尔卑斯山脉及落基山脉地区的人口密度，同时也大大超过山区人口承载的理论水平。

2. 部分区域城乡居民点分布与生态格局存在冲突，局部生态敏感区城乡空间有呈蔓延式发展的趋势，人地矛盾突出

秦巴山脉仍然存在大量生态极重要区域人口密度过大的问题，如陇南山区、秦岭南麓及渝东北三峡库区等区域还分布有大量县城与乡镇等城乡居民点，人口众多，分布范围较广；因地势相对较为平坦，汉江沿线、丹江水库等生态较为敏感的区域城乡空间呈蔓延连片发展的趋势。

3. 总体城镇化水平较低，部分高海拔、高灾害发生率的山地区域城乡居民点不适宜人居

秦巴山脉区域常住人口城镇化水平为39.39%，远低于我国53.35%的平均城

镇化率，同时与秦巴山脉区域外围大中城市城镇化发展水平差距明显。同时，因地形地貌的限制，部分海拔较高且坡度较大的山地区域，地震、泥石流等自然灾害频发，道路通行难度大，不适宜人居，亟待生态移民搬迁。

二、山区人口疏解

（一）疏解山区人口密度

秦巴山脉区域是国家主体功能区划定的生态多样性功能区中涉及人口最多的区域，较高的人口密度导致人地矛盾较为突出。实施人口迁出战略，保障合理的生态承载力，是化解人地矛盾、规避生态保护与建设开发之间矛盾的根本路径。

应结合秦巴山脉区域内汉江河谷、丹江河谷、徽成盆地、巴山南麓、秦岭北麓和小秦岭区域等城镇承载力相对较高的区域，积极实施人口疏解策略，开展城乡居民点体系的重构整理。

2015年，秦巴山脉区域共有人口6 164万人，其中常住人口4 021万人。本书课题组运用土地资源承载力分析法、生态足迹法及适宜发展区域合理人口密度等方法综合估算，建议用5~10年时间，争取实现2 143万已经在外务工人员的就地城镇化，争取实现300万~500万人的生态移民，力争腹地人口控制在3 500万人左右，山区人口密度控制在90人/千米²的合理生态承载范围之内，整个区域城镇化水平维持在55%左右。

（二）合理引导人口分布

保持人口与资源环境平衡是秦巴山脉区域人口空间分布的基本原则。通过加快城市化、工业化进程，全面促进人口向人居环境适宜、资源环境承载力有余的地区集聚。按照资源环境状况，将秦巴山脉区域划分为三大区域，即人口疏解区、人口限制区和人口集聚区，采取生态补偿、移民搬迁、异地城镇化等方式调控人口，开展合理的空间转移和区外迁出（图1-7-1）。

1.秦巴山脉人口疏解区

人口疏解区为秦巴山脉区域内资源环境承载力超载、生态脆弱、城市化水平不高且人口密度相对较大、人口与资源环境相对失衡的地区，同时也包括自然环境不适宜人类常年生活和居住的生态敏感区（自然保护区、国家森林公园、国家地质公园、风景名胜区及海拔1 000米以上的高海拔区域），主要包括秦岭南麓、陇南山区、巴山北麓以及丹江口水库和神农架林区周边县市。

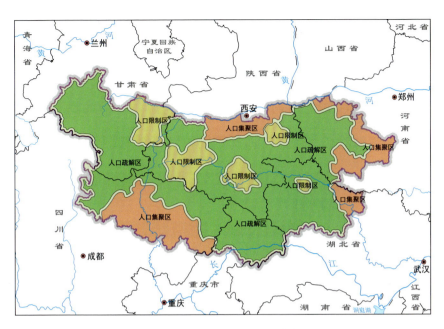

图1-7-1　秦巴山脉区域人口空间分布引导图

该区域应降低人口密度，引导山区人口逐渐迁出，鼓励人口在区域外或发展条件较好的平原区域集聚。最终保证生态敏感区内人口总量大幅度降低，山区部分人口密度降至90人/千米²。

2. 秦巴山脉人口限制区

人口限制区为秦巴山脉腹地内资源环境承载力临界超载，特别是土地资源和水资源临界超载，且继续增加人口将对生态环境造成持续影响的地区，主要包括秦岭西部的徽成盆地，汉江河谷的汉中盆地、安康盆地及丹江河谷地区的县市。

该区域内以保持人口基本稳定、限制人口规模增加为发展导向，通过强化生态保护、限制区域产业用地的扩张、优化产业结构、完善公共服务设施等措施，保持区域内持续发展。

3. 秦巴山脉人口集聚区

人口集聚区为秦巴山脉区域内人居环境相对较为适宜、资源环境承载力平衡有余的地区，主要为区域内平原区、缓坡丘陵地区或建设用地条件较好的大中城市周边。主要包括巴山南麓的广元、达州、巴中及秦岭北麓、小秦岭区域的县市。

该区域内应该积极推进产业集聚，增强人口承载能力，积极吸纳秦巴山脉生态敏感区域内人口集聚。该区域也是秦巴山脉区域内人口城镇化的主要承载区，应通过政策制度改革加快非本地居民的市民化进程。

三、城乡空间整理

（一）国土空间管控

秦巴山脉区域国土空间区划，按发展方式可分为优先发展区域、提升发展区域、限制开发区域和禁止开发区域四类（图1-7-2），是基于不同区域的资源环境承载能力、现有开发强度和未来发展潜力，以及是否适宜进行大规模高强度工业化城镇化开发为基准划分的。

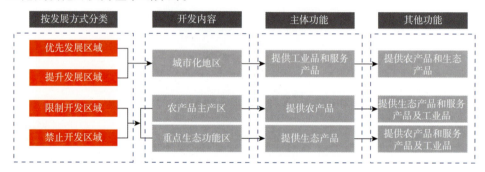

图1-7-2　秦巴山脉区域国土空间分类管控图

优先发展区域主要为位于秦巴山区外围边缘用地条件相对较好、有利于集聚人口、资源环境承载能力较强、经济基础较好、发展潜力较大的城市化地区，未来优先进行大规模高强度工业化、城镇化开发，引导人口集聚。

提升发展区域主要为秦巴山脉腹地内建设条件相对较好，产业经济基础良好且城市生产建设对生态破坏相对较小的平原、盆地区域，未来主要坚持在保障城乡建设与生态保护平衡的基础上适度点状工业化、城镇化开发，坚守生态红线，提升绿色发展水平，支撑地区产业经济发展。

限制开发区域主要为生态较为脆弱、资源环境承载力较低、山地所占比例较高的地区。这一地区必须把保障生态安全、增强农业及生态产品生产能力作为首要任务，限制大规模高强度工业化、城镇化开发。

禁止开发区域是依法设立的各级各类自然文化资源保护区域（包括国家级自然保护区、国家森林公园、国家级风景名胜区、国家级地质公园和世界文化遗产），以及其他需要特殊保护的地区（水源保护地、生态敏感区）等，该区域以最严格的生态保护为核心要务，禁止进行工业化城镇化开发和矿产资源开采。

秦巴山脉区域国土空间区划如下（图1-7-3）。

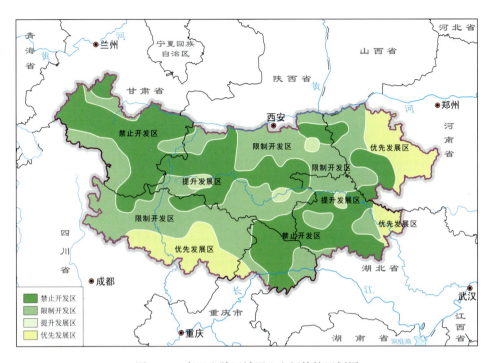

图1-7-3　秦巴山脉区域国土空间管控区划图

　　优先发展区域　　与秦巴周边地区联系密切、交通便捷、生态限制较小的地区，包括巴山南麓的广元市、巴中市、达州市和小秦岭区域的县市，区域内的产业向该地区集中。

　　提升发展区域　　主要指汉江流域的城市地区，包括汉中市、安康市、十堰市、商洛市和襄阳市。该区域应在生态保护的基础上，将工业园区向城市集中，控制县域工业园建设，适度推行特色农业园建设，提倡"飞地共建"模式。地区总人口应适当减少，中心城市人口可合理提升，优化大城市结构。

　　限制开发区域　　主要目的是充分保护秦巴生态环境，主要包括秦岭北麓、巴山南麓及汉江流域的部分区域。该区域应限制大规模高强度的工业化、城镇化开发，为人口衰减区。

　　禁止开发区域　　是生态极为重要的区域，包括自然保护区、风景名胜区、森林公园、地质公园、水源保护区、重要湿地、湖泊、河流与明渠、重要渔业水域、生态公益林、洪水调蓄区等，实行最严格的管控措施，严禁一切形式的开发建设活动，现有的产业活动要制订搬迁方案，逐步实施搬迁，为人口迁出区。

　　（二）城乡空间结构梳理

　　以生态安全格局保护为基础，合理引导人口流动和产业集聚，积极促进环秦巴山脉区域协同发展，构建"一链三极多点"的城乡一体空间结构（图1-7-4）。

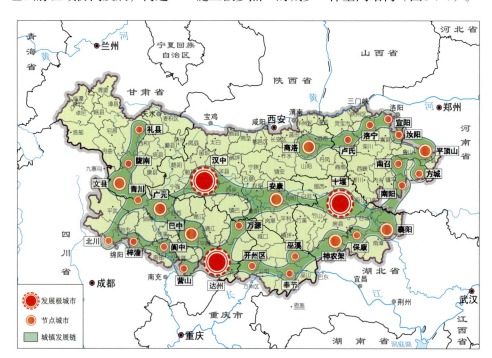

图1-7-4　秦巴山脉区域城乡空间体系图

"一链"　　以生态保护为前提，引导城乡人口和绿色循环产业向巴山南麓、秦岭东部区域聚集。依托军工科技、矿产资源、土地资源优势，重点发展新能源、矿产品精深加工、新材料、电子信息、轻纺、食品加工，建成巴山南麓与小秦岭区域的城镇重点发展区。

"三极"　　以汉中、十堰、达州为重点的区域发展增长极。该区域重点拓展城市空间，优化城市形态，完善提升城市功能，促进人口与产业集聚，壮大特色优势产业，发挥辐射带动作用。

"多点"　　是指陇南、商洛、安康、巴中、广元、襄阳等节点城市。按照集约开发、集中建设的原则，重点依托现有资源完善城市功能，引导周边生态脆弱、生产生活条件较差地区的人口向其集中。

（三）城乡分类引导

按照前文绿色循环模式研究，依据生态安全格局，对秦巴山脉区域范围内的县级以上城乡居民点进行分类引导，明确人口密度控制、绿色人居环境模式及其产业方向等方面的相关要求（图1-7-5），用以指导未来这一地区的城乡绿色发展（表1-7-1）。

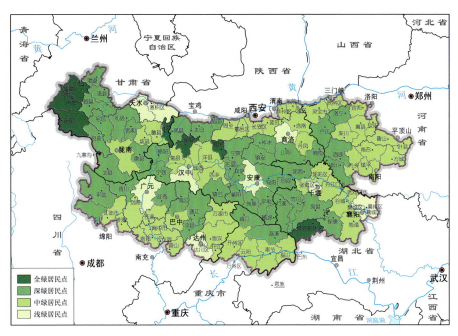

图1-7-5　秦巴山脉区域县级以上城乡居民点人居环境模式引导

表1-7-1　秦巴山脉区域城乡居民点产业分类引导表

省（直辖市）	设区市（自治州、林区）	区（县）	绿色循环模式	特色产业
陕西省	西安市	长安区	中绿居民点	种植业、旅游业、制造业、物流业、科教业、服务业
		蓝田县	中绿居民点	制造业、食品加工业、材料业、化工业、服务业
		周至县	中绿居民点	种植业、农产品加工业、旅游业
		户县	中绿居民点	种植业、制造业、服务业、科教业、化工业、旅游业
	宝鸡市	太白县	中绿居民点	种植业、畜牧业、旅游业、林业、材料业
		眉县	中绿居民点	种植业、旅游业、纺织业
		凤县	中绿居民点	能源业、旅游业、种植业、材料业
	渭南市	华阴市	中绿居民点	旅游业、能源业、服务业
		潼关县	中绿居民点	材料业、旅游业、农产品加工业
		华县	中绿居民点	材料业、农产品加工业、旅游产业
	商洛市	商州区	浅绿居民点	农产品加工业、旅游业、服务业、制造业、种植业
		洛南县	中绿居民点	旅游业、种植业、畜牧业、农产品加工业
		丹凤县	中绿居民点	农产品加工业、服务业、旅游业
		柞水县	深绿居民点	农产品加工业、花卉业、旅游业

续表

省（直辖市）	设区市（自治州、林区）	区县	绿色循环模式	特色产业
陕西省	商洛市	镇安县	深绿居民点	种植业、畜牧业
		山阳县	深绿居民点	种植业、材料业、制造业、化工业、旅游业
		商南县	深绿居民点	种植业、农产品加工业、畜牧业
	汉中市	汉台区	浅绿居民点	种植业、畜牧业、制造业、农产品加工业、服务业、旅游业
		镇巴县	深绿居民点	种植业、畜牧业、服务业、旅游业
		留坝县	全绿居民点	农产品加工业、畜牧业、旅游业
		勉县	中绿居民点	种植业、材料业、化工业、食品加工业、旅游业
		西乡县	中绿居民点	农产品加工业、畜牧业、食品加工业、材料业、旅游业
		南郑县	中绿居民点	制造业、化工业、材料业、农产品加工业、旅游业
		城固县	中绿居民点	制造业、化工业、材料业、种植业、旅游业、物流业
		宁强县	深绿居民点	畜牧业、种植业、制造业、农产品加工业、旅游业
		洋县	中绿居民点	种植业、食品加工业、材料业、旅游业、服务业
		佛坪县	全绿居民点	旅游业、畜牧业、林业、农产品加工业
		略阳县	深绿居民点	畜牧业、农产品加工业、材料业、化工业、旅游业
	安康市	汉滨区	浅绿居民点	能源业、化工业、材料业、食品加工业、制造业、物流业、服务业、旅游业
		旬阳县	深绿居民点	种植业、畜牧业，食品加工业、能源业、材料业、化工业
		石泉县	中绿居民点	能源业、旅游业、食品加工业、制造业
		汉阴县	深绿居民点	食品加工业、种植业、材料业、物流业、餐饮业、旅游业
		平利县	深绿居民点	食品加工业、畜牧业、农产品加工业、服务业
	安康市	白河县	深绿居民点	汽车制造业、农产品加工业、化工业、材料业、种植业
		紫阳县	深绿居民点	畜牧业、食品加工业、材料业、能源业
		岚皋县	深绿居民点	材料业、食品加工业、林业、手工业、能源业、旅游业
		宁陕县	深绿居民点	种植业、农产品加工业、餐饮业、服务业、旅游业、物流业
		镇坪县	中绿居民点	畜牧业、种植业、林业、食品加工业、化工业、材料业、能源业
河南省	洛阳市	洛宁县	深绿居民点	种植业、材料业、农产品加工业、化工业、旅游业
		宜阳县	中绿居民点	种植业、畜牧业、材料业、化工业、旅游业
		嵩县	中绿居民点	种植业、旅游业、生物化工业、制造业、化工业
		汝阳县	中绿居民点	制造业、材料业、种植业
		栾川县	中绿居民点	种植业、制造业、化工业、食品加工业、旅游业
	平顶山市	鲁山县	中绿居民点	种植业、制造业、服务业、材料业、旅游业
		叶县	中绿居民点	种植业、化工业、制造业、旅游业

省（直辖市）	设区市（自治州、林区）	区县	绿色循环模式	特色产业
河南省	南阳市	卧龙区	中绿居民点	种植业、服务业、旅游业、制造业、材料业
		南召县	中绿居民点	种植业、花卉业、畜牧业、材料业、能源业、农产品加工业、旅游业
		镇平县	深绿居民点	农产品加工业、食品加工业、材料业、化工业、制造业
		方城县	中绿居民点	种植业、制造业、材料业、农产品加工业、能源业、旅游业
		内乡县	中绿居民点	种植业、农产品加工业、食品加工业、材料业、化工业、制造业
		淅川县	深绿居民点	种植业、材料业、制造业
		西峡县	深绿居民点	种植业、化工业
	三门峡市	灵宝市	中绿居民点	种植业、食品加工业、旅游业、材料业、农产品加工业
		陕州区	中绿居民点	种植业、畜牧业、物流业、化工业
		卢氏县	深绿居民点	种植业、畜牧业、农产品加工业、旅游业
湖北省	十堰市	丹江口市	中绿居民点	种植业、畜牧业、花卉业、制造业、化工业、农产品加工业、旅游业
		茅箭区	浅绿居民点	制造业、种植业、食品加工业、旅游业、服务业
		张湾区	浅绿居民点	制造业、材料业、化工业、现代服务业、旅游业
		郧阳区	中绿居民点	农产品加工业、制造业、材料业、化工业、物流业、旅游业
		郧西县	深绿居民点	畜牧业、种植业、制造业
		竹山县	深绿居民点	种植业、能源业、化工业、材料业、旅游业
		竹溪县	深绿居民点	种植业、物流业、农产品加工业、能源业、化工业、材料业、旅游业
		房县	深绿居民点	食品加工业、化工业、制造业、物流业、服务业
湖北省	襄阳市	老河口市	中绿居民点	制造业、农产品加工业、材料业
		襄州区	浅绿居民点	制造业、农产品加工业、物流业、服务业、旅游业
		襄城区	浅绿居民点	旅游业、服务业、能源业、化工业、制造业、农产品加工业、材料业
		樊城区	浅绿居民点	服务业、物流业、旅游业，科教业、制造业
		保康县	深绿居民点	种植业、农产品加工业、旅游业、服务业、制造业、能源业、材料业、化工业
		南漳县	中绿居民点	种植业、农产品加工业、化工业、材料业、制造业、旅游业
		谷城县	中绿居民点	种植业、畜牧业、材料业、制造业、旅游业
	神农架林区		全绿居民点	农产品加工业、种植业、化工业、能源业、旅游业
甘肃省	陇南市	武都区	中绿居民点	种植业、农产品加工业、林业
		成县	中绿居民点	种植业、服务业、旅游业

续表

省（直辖市）	设区市（自治州、林区）	区县	绿色循环模式	特色产业
甘肃省	陇南市	徽县	中绿居民点	林业、畜牧业、材料业、制造业、化工业、农产品加工业、旅游业
		两当县	全绿居民点	种植业、林业、旅游业
		宕昌县	深绿居民点	种植业、旅游业
		文县	深绿居民点	种植业、畜牧业、农产品加工业、制造业
		西和县	深绿居民点	种植业、林业、材料业、食品加工业
		礼县	深绿居民点	种植业、制造业、材料业、旅游业
		康县	深绿居民点	种植业、畜牧业、食品加工业、旅游业
	天水市	秦州区	浅绿居民点	种植业、林业、服务业、畜牧业、食品加工业、物流业
		麦积区	浅绿居民点	种植业、制造业、服务业、化工业、食品加工业、材料业
	定西市	岷县	深绿居民点	林业、畜牧业、食品加工业、化工业
		漳县	深绿居民点	种植业、林业、农产品加工业、建材工业、盐业、石材加工业
		渭源县	深绿居民点	种植业、畜牧业、旅游业
	甘南藏族自治州	迭部县	全绿居民点	旅游业、畜牧业、种植业、林业、中药材业
		卓尼县	全绿居民点	旅游业、畜牧业、农产品加工业、种植业、手工业
		临潭县	中绿居民点	种植业、食品加工业、畜牧业
		舟曲县	深绿居民点	种植业、林业、畜牧业、农产品加工业、旅游业
四川省	达州市	万源市	中绿居民点	畜牧业、种植业、农产品加工业、服务业、旅游业
		通川区	浅绿居民点	种植业、食品加工业、服务业、物流业、制造业
		达川区	浅绿居民点	食品加工业、材料业、物流业、旅游业、服务业
		宣汉县	中绿居民点	种植业、林业、畜牧业、材料业、旅游业
		开江县	中绿居民点	种植业、畜牧业、食品加工业、旅游业
	巴中市	巴州区	中绿居民点	种植业、食品加工业、制造业、服务业、旅游业
		恩阳区	中绿居民点	农产品加工业、种植业、畜牧业、食品加工业、制造业、林业、物流业、旅游业
		平昌县	深绿居民点	种植业、畜牧业、农产品加工业
		南江县	深绿居民点	种植业、林业、畜牧业、旅游业
		通江县	深绿居民点	种植业、食品加工业、旅游业
	广元市	利州区	浅绿居民点	食品加工业、物流业、服务业、农产品加工业、能源业、制造业、旅游业
		昭化区	浅绿居民点	食品加工业、制造业、种植业、畜牧业、旅游业、服务业
		朝天区	浅绿居民点	种植业、农产品加工业、畜牧业、能源业、材料业、服务业、旅游业

续表

省（直辖市）	设区市（自治州、林区）	区县	绿色循环模式	特色产业
四川省	广元市	旺苍县	深绿居民点	种植业、化工业、材料业、服务业、旅游业
		青川县	深绿居民点	种植业、农产品加工业、畜牧业、林业、食品加工业、材料业
		剑阁县	中绿居民点	种植业、畜牧业、材料业、制造业、化工业
		苍溪县	中绿居民点	种植业、农产品加工业、制造业、林业、旅游业
	绵阳市	江油市	中绿居民点	食品加工业、制造业、材料业、服务业、能源业、化工业、旅游业
		平武县	深绿居民点	种植业、农产品加工业、能源业、旅游业
		北川羌族自治县	深绿居民点	种植业、食品加工业、能源业、制造业、化工业、材料业、旅游业
		梓潼县	中绿居民点	农产品加工业、食品加工业、化工业、材料业、制造业、旅游业
	南充市	阆中市	中绿居民点	种植业、畜牧业、农产品加工业、食品加工业、化工业、手工业
		仪陇县	中绿居民点	畜牧业、种植业、食品加工业、制造业、旅游业
		南部县	中绿居民点	种植业、化工业、旅游业
		营山县	中绿居民点	制造业、能源业、农产品加工
重庆市		云阳县	中绿居民点	种植业、材料业、轻化工业、食品加工业、制造业、旅游业
		开县	中绿居民点	种植业、畜牧业、食品加工业、手工业、服装加工业、材料业
		奉节县	中绿居民点	种植业、工矿业、制造业、服务业、物流业、旅游业
		巫山县	中绿居民点	畜牧业、农产品加工业、食品加工业、物流业、材料业
		巫溪县	深绿居民点	农产品加工业、种植业、材料业、水泥产业、旅游业
		城口县	深绿居民点	种植业、畜牧业、材料业、服务业、旅游业

（四）乡村聚落的流域化整合

1. 乡村聚落分布特征

秦岭山区乡村聚落分布较为分散，主要位于海拔较低、地势平缓的河流附近，在自然条件较好的河谷地带，用地相对宽阔、交通方便，聚落相对密集；随着河流的深入，交通和辅助设施都变得越来越不方便，密度相对偏低，总体呈南高北低、东高西低的格局。

将聚落空间分布图与河流等级分布图进行叠加，可以发现其空间分布与河流等级存在明显对应关系，即河流等级越高，乡村聚落的分布就越密集。

任何一条河流都不是孤立存在的，而是都有自己的集水区域，这一集水区域，也叫流域。聚落依托河流存在，但更是依托流域存在，流域的规模有大有小，基底也是千差万别，但又有一定的规律与特征，按照尺度规模，可以划分为大流域、中流域、小流域，由于焦点不同，一般村镇规模聚落主要集中于小流域尺度上，按照2013年我国《小流域划分及编码规范》，主要涉及"小流域作业单元""小流域""微流域"三个层面。

流域依据对外联系程度又分为末梢型（离主河道和交通干道较远，封闭性较强，对外联系较弱）和主河道型（交通、区位性较好，往往与周边地区整合发展）两种。

各流域内部的乡村聚落根据依托河流体系的形态，又可划分为"Y"状、羽状、平行状等类型。其中前二者内部的聚落一般分布较为均匀，自组织性较强，受外界干扰较小。平行状流域内聚落主要分布于沟口附近，由于受主河道影响，自组织性较弱，受外界干扰明显。

2. 乡村聚落的流域化整治

乡村聚落作为城乡空间体系的基本存在形式，既是最稳固的，也是最脆弱的，故在满足现代营建需求的同时，更须注意不同层级、区域、层面的协调与统筹谋划，而流域正好提供了这一具有可持续观念的嵌套空间发展条件。为此，秦巴山脉区域各聚落应充分考虑这一特征，以多元、多维、多系统分析为基础，进行有效的组织与设计，从而建构起生产、生活、生态"三位一体"的合理发展路径与模式。

1）以现代山地农业发展模式建构小流域基本单元（生产、游憩、生活）

乡村聚落所处的小流域在秦巴山脉区域中大量存在；流域区位越差，面积越小，级别越低，封闭度越强，自身生产生活决定的规律性越强（图1-7-6）。流域区位越好、面积越大、级别越高、开放度越高，自身生产生活受干扰越大，但仍具有流域自身的某些特征。

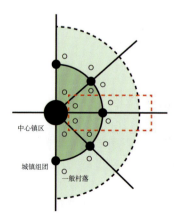

图1-7-6　小流域作业单元整合模式图

围绕现代山地农业发展的特性，结合适宜的人居环境尺度，在充分考虑流域线性特征的基础上，在适度社区规模、适度生产半径及与生态单元吻合的要求下，确定中心社区并划分社区服务范围。

2）以流域统筹为导向设计小流域调节单元与发展单元

以小流域基本单元为基础，加强各基本单元的居住、生产、景观的联动引导，充分论证山地区"中心—边缘"流域特性对行为的影响，充分考虑当前社会发展所带来的村民心理影响，借助不同的公共交通工具、不同的生产工具，调整耕作、服务半径，对基本单元进行调整，设计出合理的调节单元与发展单元，共同构建其能够良好互动的小流域区划单元（图1-7-7）。

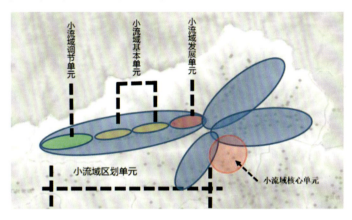

图1-7-7　小流域作业单元与区划单元模块建构

3）以区域协同为原则进行小流域作业单元梳理

每一个小流域以优化、互联后的聚落为基础，通过游憩、生产、居住等主导因子的耦合，形成一个联动紧密的统一体，并依托聚落间的绿廊、绿道，借助狭窄的线性地形，形成具有不同特色、不同诉求的小流域区划单元，以此单元为整体，建构起有机的交通、有序的空间、有品质的生活。同时进一步在小流域作业单元层面，予以反馈，建构主旨明确的区域共同体，并据此对镇域的镇村体系整合与安排提出建议。

四、绿色人居模式的典型区研究

陕西省商洛市"一体两翼"地区地处秦岭山区腹地，是秦巴山脉区域具有典型代表性的建设区域。故本书选取陕西省商洛市"一体两翼"地区作为典型区域进行绿色人居模式的研究。

（一）现状格局：山水相融、城乡点缀

1. 山水环境

"一体两翼"地区有丹江、县河、板桥河、南秦河、会峪河和武官河等6条主要河流，有龟山、熊耳山、东龙山、金凤山、松道山、静泉山、馒头山、凤冠山、五峰山、阳王山、西大山、刘秀山等12个山体。

2. 城镇现状

该区域包括商州城区、洛南县和丹凤县三个城区，永丰镇、腰市镇、大荆镇、板桥镇、北宽坪镇、夜村镇、棣花镇、商镇8个镇区。

3. 用地布局

该区域包括城市建设用地50平方千米和非建设用地1 241平方千米，总计1 291平方千米。整体用地布局以蟒岭为中心，蟒岭以生态用地为主，包括水源地保护区、自然风景保护区、生态林地保护区、基本农田保护区和浅山发展区。外围包括三个主要城区和两个城镇连接带。

（二）空间策略：以山为本、建构绿心、空间整理

1. 以山为本——守护生态绿色本底

生态是人类进行生产与生活活动的基础及介质，为人类的各种经济活动提供场所及相应的基础服务，是生活品质的决定者。商洛"一体两翼"绿色城乡空间格局应首先以绿色自然生态为基底，强化整体地区的空间管制，采取底线思维，实行刚性管控，形成地区绿色发展的基本保障。

1）生态敏感性评价

选取高程、坡度、坡向、水体和土地利用为评价因子，利用ArcGIS将五个要素叠加分析，得出高敏感区、中敏感区和低敏感区的分布情况。高敏感区位于蟒岭核心区和外围山区，占总用地面积的54%，中敏感区多分布于浅山地带，占总用地面积的36%，低敏感区分布于河谷和盆地，占总用地面积的10%。

2）生态空间管制

根据生态适宜性分析，对1 291平方千米区域进行空间管制（表1-7-2）：将689平方千米的水源地保护区、自然风景保护区、生态林地保护区、基本农田保护区等划定为禁建区，占整个管制区的53.37%；生态敏感度最高，是主要的生物栖息地，应严格保护生态，可适度发展生态观光、科普旅游等。

表1-7-2　空间管制一栏表

生态空间管制分区	面积/千米²	占总面积比重	位置
禁建区	689	53.37%	水源地保护区、自然风景保护区、生态林地保护区、基本农田保护区
限建区	274	21.23%	部分浅山发展区、部分蟒岭山体
已建区	89	6.89%	商州城区、丹凤城区、洛南城区、其他村镇
适建区	239	18.51%	部分浅山发展区、部分商丹连接带
总计	1 291	100%	商洛"一体两翼"地区

　　将274平方千米的部分浅山发展区和蟒岭山体的部分用地划定为限建区，占整个管制区的21.23%；中山生态林海区海拔适中，生态敏感度较高，是生物迁徙的过渡地带和栖息地，应以生态保育和生态涵养功能为主，可适度发展特色林业种植；浅山发展区海拔较低，人工干预较多，生态敏感度低，是生态保护缓冲区，可发展农林业生产，也可发展休闲旅游、疗养度假等。

　　将89平方千米的商州、丹凤、洛南等3个城区和其他村镇划定为已建区，占整个管制区的6.89%，按照目前城镇分布和布局状况，利用其自身特点形成游客服务中心或乡村旅游目的地。

　　将239平方千米的部分浅山发展和商丹连接带部分用地划定为适建区，占整个管制区的18.51%，该区域地势平缓，可用于发展规模较大的农产品种植基地和工业园区，但要严格控制园区产生的工业排放，避免对生态环境造成干扰。

　　2. 建构绿心——蟒岭生态绿心格局

　　依托商洛"一体两翼"地区现有自然生态及城乡空间格局，构建具有"生态绿心、环形分散、绿楔贯穿、绿道串联"特征的城市绿心格局（图1-7-8）。

　　（1）生态绿心：以中部的蟒岭生态绿色空间作为整个地区的空间核心，防止城镇集中连片发展，绿心内主要以生态保护为主，向外疏解内部乡镇与村落的人口。

　　（2）环形分散：不同大小的城镇分布在绿心外围，呈环形分散式布局，强化产业绿色循环发展与人口空间承载力。

　　（3）绿楔贯穿：依托现有城镇成组、成片的空间特征，强化城镇间的生态

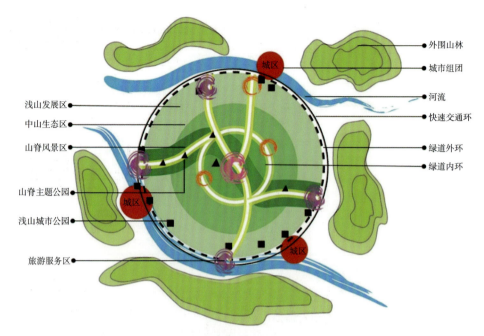

外围山林

城市组团

河流

快速交通环

绿道外环

绿道内环

浅山发展区

中山生态区

山脊风景区

山脊主题公园

浅山城市公园

旅游服务区

图1-7-8　商洛"一体两翼"城市地区生态绿心模式图

保护，以此形成生态绿楔，作为城镇建成区的填充带。

（4）绿道串联：重要的城镇通过绿道串联，增强城镇间的交通联系，提供生态休闲廊道。

3. 空间整理——整合产业空间、整理城乡用地

1）借山为用：激活生产发展动力，整合产业空间

第一，践行循环理论，优化产业体系。

以绿色循环理论为纲领，对接国家产业调整政策要求，挖掘商洛市资源优势和区位优势，构建大秦岭绿色产业，突出绿色林业、绿色农业、绿色服务业和绿色工业四大领域（图1-7-9）。着重培育以珍稀植物观赏为主的绿色林业，以飞地园区合作为路径吸引产业转移，刺激新型工业发展，针对周边大中城市拓展文化旅游及科技服务等特色服务业。加快既有产业的生态化转型，构建符合"一体两翼"地区发展条件特质的产业结构体系，通过延伸产业链条，强化三产融合，构建生态经济体系，将该地区打造成为秦岭绿色产业高地、关天特色产业新城、西安都市功能拓展区和商洛飞地经济先行区。

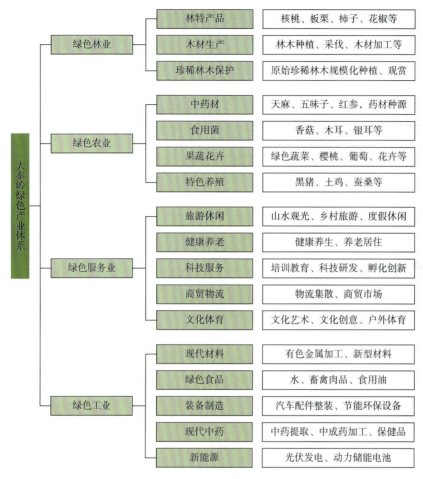

图1-7-9 商洛"一体两翼"地区绿色产业体系图

第二，结合近山区域，提升农林特色。

借助区域山水资源，变"消极保护"空间为"积极生产"空间，实现生态与经济的双赢。依据水土资源组合和农业发展基础的地域性分异特征，把主要农业生产向资源条件好的优势区域集中，以"河川粮经畜、丘陵果桑药、城郊花卉菜、山地林木草"为规划思路，优化农业生产空间布局，促进农业生产向规模化和产业化发展。

以绿色林业和绿色农业为主培育特色化农林业。绿色林业建议重点发展林木种植，培育可观赏树种、珍稀植物，如红豆杉、紫斑牡丹种植基地。绿色农业建议重点发展中药材、果蔬和花卉等特色经济作物种植：①结合河道流域附近种植天麻、五味子等特色中药材；②结合城市近郊区域种植成规模的观赏型花卉；③结合都市近郊大面积种植葡萄、樱桃和蔬菜等绿色果蔬。

第三，利用川道空间，整合绿色工业。

凭借地区的生物资源优势，结合川道平整的用地空间，建议发展以绿色食品加工和现代中药加工为主的产业。绿色食品加工依托川道内的农产品基地，对其进行深加工，以提升农特产的市场竞争力。现代中药加工产业依托地区丰富的植物资源，引导现有企业以生物科技研发为核心，发展中成药品和中药保健品等。绿色工业为境内丰富的生态资源提供新的发展思路。其分布沿川道形成两大园区，即商丹循环工业区和洛河新型工业区。

第四，借助沟域空间，带动休闲养生。

借助山体沟域的空间，带动健康养生、休闲养老产业的发展。其一，健康养生服务：依托良好的生态基础，重点发展中医保健、运动保健、生态养生等服务；其二，休闲养老服务：依托峪道河谷用地，拓展养老社区、颐养服务等。使"休闲旅游+生态农业"模式成为商洛"一体两翼"地区绿色产业发展的亮点。

第三产业分布广泛，受地形限制小，因此规划形成围绕中央山体的点、线、面相交织的分布格局，即"两区、两带、四基地、十景点"的格局。"两区"，即蟒岭中央生态体验区和荆河农业休闲体验区；"两带"，即丹江旅游带、洛河旅游带；"四基地"，即商州区综合服务中心、华山南旅游服务基地、商丹旅游服务基地和对接西安的大荆特色旅游服务中心；"十景点"，即仙娥湖景区、老君山景区、杨峪河养生区、商棣文化旅游区等。

2）环山而居：搭建生活游憩体系，建构"山—水—城"空间格局

山地城市建设在特殊的山地环境上，脆弱的生态系统与源远流长的文化传统决定了山地城市的空间布局必须适应山地特征。依托自然山水，将城镇主要建在山体腹地，沿河谷呈带状分布。为减少城镇发展对生态环境的干扰，应梳理现有生活空间，形成三城环绕、绿廊镶嵌、水脉贯城的整体意蕴，展示秦岭山水城市的宜人景象。

第一，三城联动，小镇点缀。

形成以蟒岭中央郊野公园为核心，以商州区、丹凤县城和洛南县城为三极的空间格局。三个城区均坐落于山水之间，但自然山水未能融入城市，现状城区缺乏对自然山水的利用与打造，难以传递山水城市的形象特色。商州区应重视"山水相映，组团布局，绿道贯穿，峪道生长"的城市格局，协调"山—水—城"相交融的格局。

丹凤县城和洛南县城应依托蟒岭与秦岭山体、丹江和洛河资源，梳理"山—水—城"的层次关系和"带状组团式"的发展格局，传承"仓颉文化、河图洛书"等特色文化，塑造鲜明的城市风貌。位于三大城区之外的小镇，可以通过发展休闲农庄、体验民宿的方式，形成旅游风情目的地。通过城镇与

山水空间关系的建构，形成"三城联动，小镇点缀"的整体格局。

第二，快行慢旅，绿廊镶嵌。

工业的零散影响第二产业的集约高效，而且增加居民通勤交通成本。应通过规划和相关政策吸引企业向园区集聚，减少城市不必要的基础设施建设和能源消耗。目前商洛"一体两翼"地区主要有商丹循环工业区和洛河新型工业区。在产业空间布局中，尽量将企业向园区集聚。同时考虑工业聚集区与城区的隔离关系，避免工业污染对城市环境品质造成干扰。例如，商州城区应在西部老城与东部产业区之间设置绿带隔离。又如，洛南县城内绿色廊道的处理，应疏通外围山体与城区的关系，通过绿化廊道将优美的山体景观引入城市，形成城区舒适的景观体验和宜居的生活环境。

第三，水脉穿城，微绿营城。

城市空间结构受到"自然力"和"人工力"的双重作用，而在山地城市发展建设过程中，地形地貌、河流水系等"自然力"作为主要因素塑造了山地城市的空间结构。商洛"一体两翼"地区大多数城镇河流穿城而过，城镇的游憩体系也多围绕滨水空间逐层展开。因此，提出以下建议：首先，建议该区域城镇要营造良好的滨水环境，采用自然驳岸形式，创造丰富的滨江界面；其次，增加城市公园绿地与滨水空间的联系，保留城市广场与自然山水的通廊关系，使自然山水与人工景观相融合；最后，利用街头微绿地和社区小景观，疏通城市景观体系的末端，形成"水脉贯城，微绿营城"的城市生活体验。

（三）模式引导

商洛"一体两翼"地区城乡建设类型多样，城乡规模、生态基础、产业条件与地形地貌差异较大，该地区的城乡建设应遵循绿色为本、因地制宜、突出特征、强化循环的原则，以多元化、差异化的绿色人居环境模式进行引导，力求实现绿色、循环、可持续发展。

根据前文理论模式研究，按照全绿、深绿、中绿、浅绿四种模式对商洛"一体两翼"地区的城乡建设进行引导。

1. 全绿居民点——地处蟒岭绿心的北宽坪镇及大部分农村居民点，如洛源河湾谷地乡村聚落

现状特征：生态资源突出，农村聚落分散无序，产业经济单一，基础设施落后。

洛源河湾谷地的农村居民点普遍规模较小，空间较为分散，中部丹江穿过，周边存在农田、沟域、林地资源和上洛古城、洛源驿站等众多古迹，但产业经济形式相对单一，基础设施薄弱，污水、垃圾处理能力较低。

引导要点：整理农村宅基地；整合林业、农业、乡村旅游业，发展生态经

济；引导基础设施生态化。

洛源河湾谷地的居民点可按照多村联营、建设用地增减挂钩的方式进行宅基地整理，挖掘临近居民点周边的生态资源，建立农业观赏园、大地艺术谷、林地采摘园，结合乡村旅游发展生态经济。在几个村之间平坦处建立综合性的服务（包括旅游服务、电子商务网点、农副产品销售等功能）中心，作为蟒岭的南门户；利用周边山地种植林、果、畜、药等经济作物，将生产出的生态产品与农业产品通过电子商务网点及农村合作社对外进行销售，鼓励村民从事小规模、无污染的农副产品、艺术品加工产业；建设小型生态污水、垃圾处理设施，加强农林产品废料的资源化再利用，做到"三废"零排放。

处于生态极其敏感、自然灾害频发地区，建议对生态干扰较大的居民点进行生态移民；北宽坪镇规模较小，产业单一，但因地处蟒岭绿心正中，其地位显要，其发展模式对生态环境影响较大，因此，也应按照全绿模式参照上述引导要点进行建设。

2. 深绿居民点——大荆镇

现状特征：产业发展粗放，周边资源利用不足，基础设施建设薄弱。

大荆镇位于蟒岭西北方向的荆河流域农业及旅游休闲板块，生态条件相对较好，尚未开展大规模建设，其绿色崛起意义重大。现状产业以传统农业及商贸服务业为主，外向型、高端化不足，工业产业对生态影响较大；对河流、农业、林业资源利用不足；基础设施建设薄弱，且存在污水偷排等现象。

引导要点：合理布局现代农业、林果业；促进三产融合，引导产业绿色化转型；提升绿色基础设施水平。

依托周边农业资源与大荆河发展现代农业种植，以玉米、水稻等作物为主开展机械化种植，局部地区开展温室大棚试验田等。在集镇区与农业种植区之间引导建立农副产品仓储物流区，配备冷链物流，结合互联网建设智慧物流配送中心，促进第一、第三产业融合。引导现有工矿产业向农副产品加工业转型，建立农副产品制造研发中心和产业循环孵化中心，以促进产业高端化，限制对环境影响较大、用地需求较大的机械、建材等加工制造业，完善绿色基础设施，有效促进城乡建设绿色化。

3. 中绿居民点——洛南城区

现状特征：山水资源利用不足，城市形态与空间布局单一，空间效率较低。

洛南县中心城区地处洛南县境内燕子山下，海拔高程930米，坐落于自然山水之间，拥有九龙山、馒头山、仓颉园、文庙、药王庙等自然人文旅游景点。中心城区相较于其他秦巴山脉腹地城市用地较为开阔，多条河流穿过，城乡空间沿河道呈带状分散式分布。中心城区拥有良好的山水资源及山水格局，但山、水、塬等外部环境未能更好地融合到城区中。

引导要点：控制城市规模，改善城市空间形态，强化功能混合，依托周边生态资源形成绿色城市空间格局。

依托现有地形与山水格局，划定城市增长边界，控制人口规模；利用现有河流、山体将未来城市空间由现在的带形蔓延式布局自然划分成组团式布局，通过快速交通联系改善交通效率。除现状连片的公共服务片区之外，在外围形成多个分散式综合型绿色产居片区，每个产居片区包括生态城区、循环园区与绿色产居中心等功能，强化城区内部功能混合，降低通勤时间，提高空间效率。绿色产居中心间由山体等生态绿地、农田板块构成多个郊野公园、田园综合体；外围结合周边景区景点形成综合型休闲度假组团；结合交通干线形成智慧物流中心；最终形成生态打底、绿脉贯穿、组团分布、效率优先的绿色城市空间格局。

4. 浅绿居民点——商州城区

现状特征：城市功能多元，空间需求旺盛，产业结构亟待优化提升，资源利用率低。

商州城区位于秦巴山脉区域中部的商丹盆地区域，紧临丹江，是秦巴腹地内部重要的中心城市。商州城区现有人口17.92万人，城市建设用地面积16.63平方千米，主要集中在丹江北岸，城市公共服务设施集中在工农路和北新街两侧，未来城市拓展方向主要在丹江南岸、南秦河周边及蒲峪、紫荆峪、小龙峪的周边峪道，作为商洛"一体两翼"地区的综合服务中心和重要的产业承载地，探索合理的空间模式对于该地区的绿色发展至关重要。

引导要点：引导传统产业智能化、绿色化转型，支持绿色环保健康产业发展；合理确定城市规模，推进循环产业园区建设和空间环境、风貌提升；提升资源利用效率和基础设施效率。

作为综合性的区域中心城市，商州城区应重点强化产业的高端化与绿色化，通过高新技术改造传统装备制造、能源建材等低附加值、高耗能的产业，引导产业向智能制造、环保节能、新能源等方向转型，尤其利用周边较高产量的中药材、核桃、板栗、食用菌和清洁的水资源重点发展生物科技、中药材加工及绿色食品加工等绿色环保的健康产业；严格限制矿产资源开发品类、规模，加强校企合作，培育科技教育产业。合理确定城市规模，整合空间结构，推进产业入园和循环发展，着力扶持农副产品加工园区建设。强化雨水资源利用效率，管制污染物排放。通过城市绿楔、郊野公园建设、城市风貌改善、历史文化传承等措施促进"山水相映，组团布局，峪道生长，绿道贯穿"城市空间形态与结构的形成，支撑秦巴山脉区域绿色崛起。

五、产业布局梳理

（一）产业发展思路

围绕"培育绿色循环产业，释放生态生产力"的核心主线，秉持"低碳、绿色、循环"的产业发展理念，针对秦巴山脉当前产业发展问题，从传统产业转型和绿色产业体系培育两方面着手，探索"产城融合""三产融合""区域融合"的产业发展模式，建成"生态引领、服务主导、制造链动、基地示范"的绿色循环产业体系，为最终实现"生态秦巴、休闲秦巴、富裕秦巴"的发展目标提供产业支撑。

坚持"保护生态环境就是保护生产力、改善生态环境就是发展生产力"的理念，构建绿色产业体系。围绕"生态、旅游、文化、资源"四大主题，重点发展绿色农林产业、文化旅游产业两大主导产业，着力培育健康产业、教育产业两大特色产业，提升整合矿产采掘业，积极扶持教育、科研、总部经济、电子商务等第三产业，形成依托秦巴山脉生态资源和自身特色产业资源的环境友好、生态低碳的绿色产业体系。

（二）产业梳理目标

转型发展先行区　　面对"新常态"，判别"新机遇"，创造"新业绩"。积极探索融合发展新模式、统筹建设新方式，率先探索经济发展方式转变、城乡区域协调发展、和谐社会建设的新途径、新举措，走出一条生产发展、生活富裕、生态良好的文明发展道路，为其他区域的转型发展、融合发展提供示范。

生态经济创新区　　围绕新型城镇化、新型工业化、农业现代化、区域信息化"山体四化"建设，进一步完善规划，加快基础设施建设，打破项目建设发展瓶颈，打造一个"四化"高度融合发展的山地生态经济创新示范区。

山地经济示范区　　探索山地人地关系协调共生的新模式、新路径，在"山地农业、山地林果业、山地生态旅游业、山地工业"等方面进行探索试验，打造世界山地经济示范区。

区域合作试验区　　紧抓中部崛起和西部大开发战略及沿海产业转移的战略机遇，构筑中西部地区合作共建平台，共同承接东部地区产业转移，共同引领"一带一路"建设，建成具有国际化水平的"欧亚合作试验区"。

（三）产业布局引导

按照"内疏外延、出山发展"的布局思路，对秦巴山脉的产业进行系统梳理，重新定位，调整布局，内部绿心区重点发展文化旅游、健康科技、生态农林等产业，外围环则承接发展工矿业、制造业等。

总体采用圈层布局，划分为七大板块。绿心区以农林类、服务类产业发展为主，外围环以生产类、流通类产业发展为主（表1-7-3）。

表1-7-3 秦巴山脉区域空间整理方向一览表

分区		功能
绿心区	谷地板块	现代材料、现代医药、绿色食品、文化旅游
	山地板块	文化旅游、特色种养、健康疗养、碳汇产业
外围环	陇东南板块	绿色食品、绿色建材、医药化工、现代牧业
	川东北板块	机械制造、能源化工、智慧物流、食品药品
	鄂西北板块	汽车及零部件、食品药品、能源化工、农产品精深加工
	豫西南板块	能源化工、装备制造、绿色原材料、农产品精深加工
	秦岭北麓板块	文化旅游、食品药品、绿色原材料

1. 工矿业空间疏解

通过"整合、优化、转型"，对秦巴山脉内既有工矿产业体系进行优化调整，逐步引导传统工矿产业体系转向环境友好、资源节约的新型工矿产业体系，构建工业循环经济产业链；引导工矿产业向边缘现有园区迁移，有序关停、腾退工矿生产点；引导山区腹地工矿企业向腹地边缘迁移；通过转型绿色工矿产业，促进秦巴山脉生态环境保护和资源集约利用。

制定污染类工业淘汰机制和生态敏感区域的矿山关停方案和转移方案。形成分片区、分强度的合理矿产开采方案。划定矿产资源的战略储备区、限制开采区、适宜开采区，整合工矿产业空间布局，强化园区发展，减少小规模生产下的散点污染。整合陕西、河南的钨、钼、黄金集中矿产区，形成跨地区矿产整合开采区。

引导工业园区化发展。整理形成陇南农副产品加工板块、陇南有色金属加工板块、广元电子信息板块、川北油气化工集群、绵阳高新产业板块、渝北盐气化板块、渝东北轻纺制药板块、十堰汽车装备制造板块、襄西食品加工板块、伏牛山钼矿开采板块、汉中航空产业板块、安康生物医药板块、商洛新能源产业板块等多个工矿生产集聚区，最终形成以围绕在秦巴山脉腹地周边呈环状布局的工矿生产板块集聚环为主、以十天高速沿线绿色新型工业生产板块集聚带为辅的"一环一带"的生产空间格局。

2. 文化旅游空间整理

构建六大旅游圈，分别为秦岭巴山生态文化旅游圈、豫西文化生态休闲旅游圈、长江三峡文化山水旅游圈、川陕红色旅游圈、大九寨国际黄金旅游圈、三国历史文化旅游圈，同时建设三个中心、四大板块、五条区域旅游联动带、四条秦巴精品带、六个支撑城市、三个重点项目（表1-7-4）。

表1-7-4　秦巴文化旅游空间整理一览表

分类	建设重点
三个中心	汉中、十堰、达州
四大板块	陕甘川旅游板块、中部秦巴生态旅游板块、南部成渝旅游板块、东部豫鄂旅游板块
五条区域旅游联动带	鄂豫宗教与生态文化旅游带、陕川三国蜀汉文化旅游带、甘川历史文化生态旅游带、豫陕甘汉江流域生态旅游带、陕鄂历史生态文化旅游带
四条秦巴精品带	陇南川东自然旅游带、陕渝秦巴山水旅游带、丹江山水生态旅游带、二广高速历史文化名城旅游带
六个支撑城市	陇南、广元、巴中、安康、商洛、襄阳
三个重点项目	依托西安国际性旅游大城市，建设秦巴博物馆；依托秦巴三大旅游中心，策划国际旅游会议、国际旅游节等；打造华山、伏牛山、武当山、终南山、神农、剑门蜀道、光雾山—诺水河、白马王朗八大国际知名型国家公园

3. 生态农业空间整理

建设国际生态农林产业高地、国际中医中药产业基地、现代花卉产业集聚区，集中力量抓好无公害蔬菜、山地牧业、林果业、淡水渔业、制种、中药材、休闲农业等特色农林业的发展。

确立"一心五区、圈层发展"的空间模式。"一心"是指秦巴绿心区，重点发展特色农林种养业，适度发展农副产品加工业，提升发展农林服务业。"五区"为陇东南板块发展林产化工、现代牧业；秦岭北麓板块发展林下产业、农林服务业；川东北板块发展农副产品加工、茶产业、药材种植业；鄂西北板块发展林产化工、农产品精深加工；豫西南板块发展农产品精深加工、包装印刷产业、花卉产业。

4. 矿业空间整理

保障秦巴山脉区域核心区环境，工矿的主要开采在绿心地区迁出，呈圈层分布（表1-7-5）。

表1-7-5　工矿产业板块布局

产业板块	现状产业	规划产业	产业策略
秦岭北麓	装备制造、冶金建材、食品加工、医药化工和军工、生物医药	绿色原材料	主要将产业疏解至外围发展，产业向绿色、生态、低碳方向转变
陇东南	农副食品加工业、医药制造业、煤炭冶金、建筑建材、能源化工	绿色建材	
川东北	建材、电子机械、食品饮料、金属和能源化工、医药、纺织服装	机械制造、能源化工	
鄂西北	汽车及零部件产业、现代装备制造、新能源汽车、新能源新材料、电子信息、医药化工、农产品深加工	汽车及零部件、能源化工	
豫西南	能源化工、装备制造、特种钢材、新型建材、农产品加工和现代服务业	能源化工、装备制造、绿色原材料	

5. 教育空间整理

按照"教育优先、人才强区"的发展理念，加强新型产业人才、地域特色人才、基础技术人才的培养。新型产业人才培养包括现代健康产业人才培养、现代物流产业人才培养。地域特色人才培养包括民族文艺人才培养、文化旅游人才培养。基础技术人才培养包括农林科技人才培养、高级技工人才培养。在汉中创建秦巴大学，在地级市及县级中心城市建立职教网络。

6. 物流空间整理

物流产业分为绿心区服务业主导型智慧物流区和外环区工矿业主导型智慧物流区。建立四条物流发展通道，即丹江通道、汉江通道、兰万通道、西成通道，同时形成三级物流中心体系。

六、基础设施完善

（一）交通设施改善

秦巴山脉区域涉及渝新欧、蓉新欧、郑新欧大通道，西成高铁、包茂高速、京昆高速、沪陕高速、兰渝铁路等多条交通干线，是东西、南北交通联系的汇聚区。经过多年发展，秦巴山脉区域综合交通体系已经初具雏形。

以国家生态主体功能区战略为导向，将外围拓展区交通体系与内部核心区交通区别对待，外围拓展区以快速集散为主，内部核心区以慢行休闲为主，以"外围快速、内部休闲、内外通达、快慢结合"为目标，建构秦巴山脉区域以航空、高铁、高速公路等快速交通为引领，以普通公路、铁路为主体，以特色旅游公路、慢行绿道、水运交通体系为补充的综合交通运输体系。协调周边区域，共享秦巴资源，发展绿色交通。

1.快速交通通道

秦巴外围拓展区形成"一环、三横、六纵"的运输主通道格局。

形成以秦巴核心区为核心、纵贯关中—天水经济区、横接中原经济区和武汉城市圈、通江达海的交通运输主通道。

"一环"：外围拓展区六大主要城市之间的高铁、高速线路形成的外环线路，以陇海新线、成兰高铁、成都—重庆—武汉高铁、郑州至武汉的高铁以及外围连霍高速公路、G212等国道为骨架共同构成，形成一条跨五省一市的大循环旅游线。

"三横"：从北、中、南三个方向联通秦巴山脉区域东西方向的主要通道，北线是指西安—商洛—南阳通道，中线是指襄阳—十堰—安康—汉中—九寨沟通道，南线为巴中—广元通道。

"六纵"：分别为洛阳—南召—襄阳通道；三门峡—十堰—恩施通道；西安—安康—重庆通道；西安—汉中—成渝通道；兰州—广元—成渝通道；兰州—九寨沟—成都通道。

2.航空

秦巴山脉区域形成"枢纽机场、支线机场、停机坪"三级机场体系，增强航空服务功能，增加支线机场与枢纽机场之间的航线联系，开通秦巴核心区低空旅游线路。

枢纽机场主要位于外围拓展区的六大主要城市，内部核心区汉中、安康、十堰、神农架、广元、达州、南阳、陇南、武当山等主要城市完善支线机场。

健全和完善机场布局，着眼于建设1小时航空圈的"秦巴旅游航空枢纽体系"，强化航空服务、航空与其他交通方式的便捷换乘体系。

积极推进陇南、武当山等机场建设，完成汉中城固机场军民合用改扩建工程、安康机场迁建工程。积极推进三峡库区巫山旅游支线机场、黔江支线机场等建设步伐，促进库区交通条件的改善和旅游事业发展，增加枢纽机场与支线机场之间的航线，形成核心区与拓展区1小时航空圈，主要国家公园、旅游景点设置飞机起降点，打造低空旅游、航空救援服务。对整个航空运输的发展进行通盘考虑，确立总体发展战略。

3. 铁路

强化高铁换乘枢纽建设，开通经过高铁站至核心区重点城市及重要旅游区的旅游线路。

加快已经规划高速铁路的建设，主要包括兰州至重庆高速铁路、兰州至成都高速铁路、郑州至重庆高速铁路、西安至武汉陕西段高速铁路的建设。

以轨道、高速公路为重点，加快畅通对外运输通道，消除交通限制性运输状况，支持和促进秦巴国家公园的形成与发展；通过新建高标准快速铁路和既有线增建二线，建设城际轨道，加快构建与周边省会城市的快捷通道，发挥秦巴国家公园的辐射作用；加快专支线铁路及主通道联络线规划建设。

4. 公路

1）高速公路

完善拓展区六大城市间的国家高速公路网，进一步优化秦巴山脉区域对外通道布局。以国家高速公路网和区域重点高速公路项目为重点，优先启动具有明显通道功能的地方高速公路建设，实现区域对外快速对接。

重点须要打通的瓶颈路段包括G75川甘—南充等。重要的通道有：兰州—广元—成都高速公路（为了生态保护，避开九寨沟区域），兰州—广元—重庆高速公路。

先期开工建设巫溪—镇坪、奉节—建始、桃园—巴中、巴中—广安—重庆、安康—平利高速公路。远期规划湖北丹江口—河南洛阳内乡高速公路、洛南—卢氏高速公路、兰州—成都高速公路连接线、丹凤—宁陕高速公路。

2）以普通国省道为主的公路

基本消灭国省道网中的"断头路"，国道达到二级公路标准，省道达到三级公路标准。

打通省际、县际"断头路"，有重点地建设一批连接重要资源开发地与旅游景区、对经济发展有突出作用的公路，增强区域自我发展能力。提高普通国省干线中二级及以上公路比例，加强通县二级公路建设，加强制约贫困地区经济发展的瓶颈路段建设。

内部旅游区之间提升国省道干线，建设生态旅游线路、文化旅游线路，提升道路路面条件，优化周边旅游景观，形成旅游交通网络。

实现所有具备条件的乡镇通水泥（沥青）路、建制村通公路，力争50%以上的建制村通水泥（沥青）路。

3）低等级公路——改善农村交通条件

结合扶贫整体推进、异地搬迁、生态移民等政策，重点提高具备条件的乡镇和建制村通水泥（沥青）路的比例，继续以通乡油路和通村公路建设为重点，适时启动建制村的"通畅"工程。

以加强县乡联通、促进资源和旅游开发为重点，加快推进一批对贫困地区经济社会发展有重要作用的县乡公路改造工程，为提高片区自我发展能力提供交通保障。重点连接重要产业园区、旅游景区、矿产资源开发基地等主要节点的县乡公路，逐步消除"断头路"。

5. 水运

形成"水上旅游+公路旅游+其他交通方式旅游"的综合旅游运输体系。

以长江黄金水道为依托，优先发展绿色低碳环保交通运输方式，以现有的航道、港口、湖面旅游为依托，打造水运旅游特色线路。打造水运文化旅游线路，依托嘉陵江、汉江旅游，提升航道等级，推行普及LNG（liquified natural gas，液化天然气）燃料船舶。

加强汉江、嘉陵江、岷江、渠江等干支流航道整治，完善通航设施，建设广元、安康等港口。

突出骨架航道的建设，增加四级以上航道里程，充分发挥水运的规模效益；治理三峡库尾碍航滩险，全面提高库区航道通过能力；渠化、整治主要支流航道，逐步实现干支线直达。

加强集装箱、汽车滚装、危险化学品等专业化货运码头和主要景区旅游客运码头建设；加强主要港区的快速疏港通道建设及其与跨区域铁路、公路主骨架的衔接，增强港口的对外辐射能力。

6. 交通设施

1）基础设施：集约低碳

将绿色循环理念贯彻到基础设施设计、施工、运营、养护和管理全过程。推广应用节能型建筑养护装备、材料及工艺。扩大绿色照明技术及新能源、可再生能源在交通运输中的应用。

集约利用土地和岸线资源。对建设项目用地严格审查，合理确定项目建设规模。避让基本农田和自然保护区。集约利用交通通道资源，节约用地。

坚持资源循环利用原则。严格遵循"减量化、再利用、资源化"原则，积极探索资源回收和废弃物综合利用的有效途径。提倡生态环保设计，严格落实环境保护、水土保持措施。

2）推广节能环保型运输装备

优化交通运输装备结构。推广应用高能效、低排放的交通运输装备、机械设备，加快淘汰高能耗、高排放的老旧交通运输装备、机械设备。

大力推广节能与清洁能源装备。推进以天然气等清洁能源为燃料的运输装备和机械设备的应用，加强加气、供电等配套设施建设。

严格控制交通运输装备排放标准。落实交通运输装备废气净化、噪声消减、污水处理、垃圾回收等装置的安装要求，有效控制排放和污染。严格执行交通运输装备排放标准和检测维护制度，加快淘汰超标排放交通运输装备。鼓励选用高品质燃料。

3）利用智能化管理手段提高绿色高效的运输组织

利用智能化的管理手段，建构绿色货运和现代物流运输服务体系。发展多式联运、专业化运输和第三方物流，提高货运实载率。加强城市物流配送体系建设，完善邮政和快递服务网络。

优化城镇体系交通。在城镇化发展的过程中，大力发展公共交通，大幅提高公共交通出行分担比例，引导城镇居民出行尽量选择绿色交通出行方式。提升公交服务水平，优化城市公共交通线路和站点设置，逐步提高站点覆盖率、车辆准点率和乘客换乘效率，增强公交吸引力。引导公众绿色出行，采用公共交通、自行车和步行等绿色出行方式。

（二）绿色基础设施

1. 绿色循环城乡供水系统

秦巴山脉区域地形高差较大，区域范围内城区内各部分之间、城区与农村、城区与水源地之间地形高差明显，县域内城乡供水系统建设不均衡，集中供水设施多位于城区、重点城镇，山区城镇供水多以水库、河流等地表水为主，水源地一般距市区较远，且可供水量季节性变化很大。

城乡供水策略：采用分区供水的方式，城区、集镇主要以城市水厂集中供水，保证水质与水量，满足供水范围需求；山区的集镇与农村或因地势较高，或距离平原城镇较远，可设置一体化制水设备。根据山区高差较大的特点，适当减小源水输送管道管径，消耗水流的高位势能，从而达到减压、保障输水管安全的目的。山区管网受地形限制，各用水区之间常常难以形成环状网。因此，山区可采用枝状网，充分利用高低水池等加强构筑物对流量及压力的调节能力，加强山区城乡配水管网的联合调度，保障山地区域用水安全。

2. 雨水资源化

通过雨水的储蓄利用，综合管理，控制雨水径流水质，削减径流峰值流量，涵养雨水资源，减少径流污染，减少洪涝灾害的威胁，保证城市排水系统安全运行，提高城市防汛能力，科学合理利用雨水资源。保障水环境的安全，维护水循环的健康。

雨水资源化策略。平原城镇因地制宜，建立城市降雨"弃、渗、蓄、用、排"动态协调体系，采用就地利用和调蓄利用相结合，减少城市径流污染，削减径流峰值流量，保障水环境的安全，实现雨水无害化和资源化。山地区域主要通过局部改造地形，使雨水径流就地拦蓄入渗，增加蓄水能力；增加植树造林面积，保护自然植被，逐步调整南部山区农业生产结构，进行小流域治理等，以达到保护土壤表层、涵养水源的目的。同时因地制宜，采用坡面集水、沟道工程、河道水库拦蓄等工程调蓄措施来加强雨水的资源化利用。

3. 绿色能源利用

完善能源供应体系。调整优化能源生产和消费结构，保障区域发展能源需求。积极开发利用水能、生物质能、太阳能、风能等清洁能源和可再生能源。携手推进绿色能源网络建设。加强秦巴山脉区域合作，打破边界限制，推进区域融合，积极建设连接省际的电力输送网、天然气输送网等，携手打造互通互用的能源输送网，破解新能源输送瓶颈。

加强农村能源建设。大力实施农村电网改造升级，实现"户户通电"。积极开展水电新农村电气化建设，大力实施农村小水电代燃料工程，切实抓好农村水电增效扩容改造及配套电网改造。推进绿色能源示范县项目建设，进一步有序开展农村沼气建设，积极推广太阳能，开展省煤、节煤炉灶升级换代。

（三）城乡公共设施体系建设重点

1. 医疗卫生体系

完善公共卫生服务体系。加强疾病预防控制，建立分工明确、信息互通、资源共享、协调互动的公共卫生服务体系，增强突发公共卫生事件应急处置能力，促进城乡居民逐步享有均等化的基本公共卫生服务。加强妇幼保健机构、疾病预防控制和县级卫生监督机构、健康教育机构、中心血库（储血点）、急救机构建设，提高突发公共卫生事件防控和应急处置能力。提高县乡两级医疗机构管理水平和服务能力，推进乡镇卫生院和村卫生室一体化管理制度建设。

优化秦巴山脉区域医疗资源配置。整合现有医疗资源，调整结构布局，在汉中、十堰、达州新城区增设医院布点，在安康、商洛、广元、巴中、陇南等地按三级综合医院标准大力建设地市级医院。加大以全科医生为重点的基层医疗卫生人才培养力度，鼓励和引导秦巴山脉区域外围城市卫生机构技术人员到秦巴山脉区域基层医疗卫生机构服务，建立环秦巴城市对口支援秦巴山脉区域县乡级医疗机构制度。加强高层次医学人才和面向基层的实用卫生人才的培养与引进。充分发挥中医药在预防保健医疗服务中的独特优势，建立健全中医预防保健服务网络。

探索秦巴山脉区域协同与内外协同管理机制。探索实施异地就医结算和"医保直通车"制度，推动社会保障卡在秦巴山脉区域内外城市内通用，实现异地就医即时结算。建立秦巴山脉区域内医保基金跨省结算机制，实现跨地区参保人员信息资源互联共享、定点医疗机构互认和跨区域实时监管，建立参保患者异地就诊协同管理机制。

2. 职业教育体系

针对秦巴山脉区域教育现状，建议重点实施三大计划和两大策略。三大计划分别为技工培训计划、引智援建计划、十年树人计划；两大策略分别为山区职业教育推广策略和基础教育资源均衡策略。

1）三大计划

技工培训计划。针对当前山区劳动力职业技能匮乏的现状问题，全面开展多层次的职业教育，培育与秦巴山脉绿色农林、旅游服务、新型工业、信息物流、电子商务等不同行业紧密相关的职业技术工人，引导人口劳务输出。

引智援建计划。针对当前山区教育人才缺失的问题，建议结合南水北调供水区等沿海发达地区，开展对口教育人才援建，吸引高级职业教育人才、基础教育人才从事山区教育等以支援地区教育发展。

十年树人计划。针对秦巴山脉当前山区人口基础教育水平较低、人口素质有待提升的问题，计划用十年时间开展基础教育，从根本上提高山区人口的受教育水平，引导其走出大山，实现异地城镇化。

2）两大策略

山区职业教育推广策略。具体包括以下三方面。一是以秦巴山脉腹地的大中型企业为对象，鼓励试行推广"学徒制"职业教育模式。鼓励腹地大中企业与山区职业教育机构联合开展职业教育。为接受职业教育者提供实习岗位和学徒工机会。二是对山区的初、高中教育体系实行职业教育双规并行试点，即在山区的初、高中教育课程设置中加入职业教育相关课程，比例不少于40%。三是结合山区突出的生态绿色产业就业需求，开展针对性较强、贴合山区实际的职业教育门类，具体包括装备制造、医药制造、农产品加工、农村金融、电子商务、旅游服务、康养护理等领域。

基础教育资源均衡策略。具体包括以下两方面。一是与山区外围城市联动的退休教师支援政策。鼓励秦巴山脉周边大中城市的退休教师支持山区教育，到山区任教任岗，并提供相应的鼓励优惠计划和退休延迟政策支持。二是着眼于秦巴腹地的城乡教师轮岗政策。鼓励秦巴山脉腹地中小城市实行城乡教师三年轮岗制度，将秦巴偏远山区纳入秦巴腹地大中小城镇的学区划定范围内，实行一个学区内定期轮岗制度，保障偏远山区的基础教育资源公平性。

第八章　风貌特色战略研究

一、研究目标

（一）彰显地域文化，建设秦巴新风貌

展示地域特色风貌是承载历史信息、记录历史沧桑、留住文化根脉的必然选择。展现城乡风貌资源特色，提升文化软实力，彰显秦巴山脉区域独特的人文内涵。

（二）注重生态保护，优化空间形态

城乡空间发展要体现顺应自然、天人合一的理念。依托现有山水脉络等自然条件，科学构建每个城市特别是大城市的空间骨架，保护生态环境，让城市融入大自然，让居民"望得见山，看得见水，记得住乡愁"。

（三）增强可操作性，加强规划引导

增强可操作性，提升城乡风貌建设与管理水平。注重对地域自然资源和传统文化习俗的研究，挖掘城乡传统空间肌理、格局、形态等特色资源，注重不同层次风貌研究和城市设计的相互协同，加强规划管理的引导与控制职能，使城乡风貌特色建设得到落实。

二、研究思路

本章研究是针对秦巴山区全域开展的工作，其研究尺度突破了一般城市设计理论与实践的范畴。一方面，融汇我国象天法地、天人合一的传统整体思想，将城乡风貌置于宏观自然环境框架中进行整体思考；另一方面，借鉴西方现代城市设计先驱凯文·林奇的城市意象理论，以及知名学者培根关于将城市设计扩展到国土区域的思想方法，最终提出统筹宏观—中观—微观三个层次的区域设计方法

体系，即以中国传统哲学观、文化观、空间观为前提，以区域自然地理要素、山水生态环境为基础，以地域文化底蕴为脉络，建立具有风貌特色意义的宏观自然生态景观格局和城乡聚落节点网络体系，并选取典型区域进行风貌引导示意。强调区域风貌的整体性、系统性、生态性、结构性和意向性，探索自然环境与人工环境相融合的区域人居环境风貌特色营建途径。

（一）宏观表意——营造宏观意象

以山水地貌等宏观自然格局为图底，按照生态和文化特征进行分区控制，综合分析风貌资源特征，通过将交通线路、河流廊道等线性要素抽象为轴线，将城、镇、乡抽象为节点等城市设计手法，把区域内最具标志意义的景观资源要素进行整合提炼，自然环境、人工环境、文化环境浑然一体，构建充分表达外在景观与内在精神品质特征的宏观尺度风貌框架，定位和营造秦巴总体景观意象和六大区域风貌特色。

（二）中观塑景——塑造中观景象

以城市、小城镇、乡村体系为研究对象，分析城乡风貌特色资源，提炼城乡风貌特色元素，进行重点城乡风貌特色定位，确定城乡风貌特色重点控制要素，构建城乡风貌特色总体结构，研究城乡风貌特色的表征方式和体现途径，从而在中观层面指引城乡景观风貌建设，形成鲜明的中观风貌景象。

（三）微观造型——打造微观形象

根据城乡风貌特色定位，指引建筑风貌特色构建，从传统建筑风貌、现代建筑风貌、地域气质建筑风貌三个类型入手，从空间、形态、肌理、色彩、材质、装饰、意韵、理念等方面加以引导，以满足现代建筑功能需要为前提，将具有代表性的物质空间"视觉符号"和文化品质"感知意韵"运用到建筑设计之中，构建具有秦巴地域文化意韵和特色的建筑风貌体系，从而引导城乡风貌微观形象打造。

三、秦巴山区风貌构建框架

（一）风貌分区

根据秦巴山区内的自然、人文风貌特色，对秦巴山区进行分区划分。

自然风貌格局：两山五水五盆地。两山指秦岭和巴山；五水指长江、汉江、嘉陵江、渭河和丹江；五盆地指四川盆地、汉中盆地、安康盆地、商丹盆地、洛南盆地。

　　人文风貌格局：秦巴山区人文风貌分区分别为中原文化区、三秦文化区、荆楚文化区、巴蜀文化区、陇南文化区和羌藏彝文化区。

　　综合各方面分析，将秦巴山区分为六大风貌分区，即交融风貌区、秦陇风貌区、川蜀风貌区、巴渝风貌区、荆楚风貌区、中原风貌区，如图1-8-1所示。

图1-8-1　秦巴山区风貌分区

（二）风貌节点

　　各风貌分区以一级城市风貌节点作为引领核心，以二级区县风貌节点作为支撑核心，以三级镇村风貌节点作为特色节点，分等级、分层次，构建六大分区风貌。

（三）风貌轴线

　　区域内风貌轴线主要分为山体景观廊道、水系景观廊道及交通景观廊道。

1.山体景观廊道

　　在秦岭山脉、大巴山脉的庇护下，建设山体景观廊道，重点突出两大山脉生态安全格局。

2.水系景观廊道

　　在长江、汉江、嘉陵江、渭河、丹江五大水系的滋养下，建设景色宜人、生态优美的滨水景观廊道，孕育出六个各具特色的风貌分区，各分区应重点突出水系生态保护及滨水地段的环境塑造。

3.交通景观廊道

交通景观廊道是指通过秦巴山脉区域的高铁线路、铁路、高速公路及国道等重要的交通线路。

四、秦巴山区风貌特色引导

（一）交融风貌区

交融风貌区共涉及陕西省6个地级市，38个县级市、区、县。其中的一级节点包括西安、宝鸡、渭南、商洛、汉中、安康6个城市。重要的风貌轴线包括古蜀道、汉江、丹江等生态景观廊道。风貌特色体系如表1-8-1和图1-8-2所示。

表1-8-1   秦巴山区交融风貌区风貌特色体系表

风貌特色体系		内容
节点	地级市	西安市、宝鸡市、渭南市、商洛市、汉中市、安康市
	县级市、区、县	长安区、蓝田县、周至县、户县、太白县、眉县、凤县、华阴市、潼关县、华县、商州区、洛南县、丹凤县、柞水县、镇安县、山阳县、商南县、汉台区、镇巴县、留坝县、勉县、西乡县、南郑县、城固县、宁强县、洋县、佛坪县、略阳县、汉滨区、旬阳县、石泉县、汉阴县、平利县、白河县、紫阳县、岚皋县、宁陕县、镇坪县
	镇、村	青木川镇、凤凰镇、熨斗镇、蜀河镇
	景点	太平国家森林公园、朱雀森林公园、王顺山景区、牛背梁国家森林公园、老君山旅游风景区、金丝峡大峡谷、山阳天竺兰国家森林公园、龙潭河景区、南宫山景区、汉江燕翔洞生态旅游景区、武侯墓
轴线	历史文化轴线	金牛道、古蜀道、子午道、傥骆道、褒斜道、洋巴道、武关道
	生态景观廊道	秦岭景观廊道、汉江生态景观廊道、丹江生态景观廊道
	交通轴线	西汉高速、包茂高速、沪陕高速

图1-8-2 交融风貌区意向图

（二）秦陇风貌区

秦陇风貌区共涉及甘肃省3个地级市和1个自治州，18个县级市、区、县。其中的一级节点包括陇南、天水、定西、甘南4个城市。重要的风貌轴线包括古丝绸之路、古蜀道—祁山道、秦岭景观廊道。该区的风貌特色体系如表1-8-2和图1-8-3所示。

表1-8-2 秦巴山区秦陇风貌区风貌特色体系表

风貌特色体系		内容
节点	地级市、自治州	陇南市、天水市、定西市、甘南藏族自治州
	县级市、区、县	武都区、成县、徽县、两当县、宕昌县、文县、西和县、礼县、康县、秦州区、麦积区、岷县、漳县、渭源县、迭部县、卓尼县、临潭县、舟曲县
	镇、村	麦积镇、街亭村、新阳镇、胡家大庄村、新城镇、哈达铺镇
	景点	大像山大佛、玉泉观景区、伏羲庙、南郭寺景区、麦积山风景区、官鹅沟自然风景区、武都万象洞风景区、九寨沟风景区
轴线	历史文化轴线	古丝绸之路、古蜀道—祁山道
	生态景观廊道	秦岭景观廊道、白龙江生态景观廊道、西汉水生态景观廊道
	交通轴线	十天高速、212国道

图1-8-3　秦陇风貌区意向图

（三）川蜀风貌区

川蜀风貌区共涉及四川省5个地级市，25个县级市、区、县。其中的一级节点包括达州、巴中、广元、绵阳、南充5个城市。重要的风貌轴线包括古丝绸之路、古蜀道—金牛道，大巴景观廊道、嘉陵江生态景观廊道、培江景观廊道。该区风貌特色体系如表1-8-3和图1-8-4所示。

表1-8-3　秦巴山区川蜀风貌区风貌特色体系表

风貌特色体系		内容
节点	地级市	达州市、巴中市、广元市、绵阳市、南充市
	县级市、区、县	万源市、江油市、阆中市、达川区、通川区、巴州区、恩阳区、利州区、昭化区、朝天区、宣汉县、开江县、平昌县、南江县、通江县、旺苍县、青川县、剑阁县、苍溪县、平武县、北川羌族自治县、梓潼县、仪陇县、南部县、营山县
	镇、村	老观镇、昭化镇、恩阳镇、白衣镇
	景点	唐家河国家级自然保护区、青川地震博物馆、报恩寺、西羌九皇山景区、大禹故里、药王谷景区、北川老县城地震遗址、七曲山风景区大庙景区、明月峡谷栈道、广元曾家山景区、昭化古城景区、广元剑门关景区、翠云廊景区、阆中古城景区、升中湖风景区、朱德故里琳琅山景区、嘉陵第一桑梓、真佛山景区、通江诺水河溶洞奇观、国色天香嘉年华
轴线	历史文化轴线	古丝绸之路、古蜀道—金牛道、米仓道、荔枝道
	生态景观廊道	大巴景观廊道、嘉陵江生态景观廊道、培江景观廊道
	交通轴线	十天高速、张南高速、成巴高速

图1-8-4　川蜀风貌区意向图

（四）巴渝风貌区

巴渝风貌区共涉及重庆市6个县级市、区、县。重要的风貌轴线包括长江生态景观廊道、大巴景观廊道。该区的风貌特色体系如表1-8-4和图1-8-5所示。

表1-8-4　秦巴山区巴渝风貌区风貌特色体系表

风貌特色体系		内容
节点	地级市	—
	县级市、区、县	云阳县、开县、奉节县、巫山县、巫溪县、城口县
	镇、村	宁广镇、温泉镇
	景点	刘伯承故居、张飞庙景区、三峡梯城、龙缸景区、天坑地缝国家重点风景名胜区、巫山小三峡、大宁河风景区、白帝城—瞿塘峡景区
轴线	历史文化轴线	—
	生态景观廊道	长江生态景观廊道、大巴景观廊道
	交通轴线	沪蓉高速、恩广高速

图1-8-5　巴渝风貌区意向图

（五）荆楚风貌区

荆楚风貌区共涉及湖北省两个地级市，16个县级市、区、县。该区的一级节点为十堰市、襄阳市。重要的风貌轴线包括大巴景观廊道、巫山景观廊道、汉江生态景观廊道。该区风貌特色体系如表1-8-5和图1-8-6所示。

表1-8-5　秦巴山区荆楚风貌区特色体系表

风貌特色体系		内容
节点	地级市	十堰市、襄阳市
	县级市、区、县	丹江口市、茅箭区、张湾区、郧阳区、郧西县、竹山县、竹溪县、房县、老河口市、襄州区、襄城区、樊城区、保康县、南漳县、谷城县、神农架林区
	镇、村	上津镇
	景点	神农架国家地质公园、武当山风景区、九龙瀑景区、郧西天河景区、龙潭河景区、五龙河景区、太极峡景区
轴线	历史文化轴线	—
	生态景观廊道	大巴景观廊道、巫山景观廊道、汉江生态景观廊道
	交通轴线	福银高速、十天高速、呼北高速

图1-8-6　荆楚风貌区意向图

（六）中原风貌区

中原风貌区共涉及河南省4个地级市，17个县级市、区、县。该区中一级节点有洛阳市、平顶山市、南阳市、三门峡市4个地级市。重要的风貌轴线包括古丝绸之路、秦岭景观廊道、丹江生态景观廊道。该区风貌特色体系构建如表1-8-6和图1-8-7所示。

表1-8-6　秦巴山区中原风貌区风貌特色体系表

风貌特色体系		内容
节点	地级市	洛阳市、平顶山市、南阳市、三门峡市
	县级市、区、县	洛宁县、宜阳县、嵩县、汝阳县、栾川县、鲁山县、叶县、卧龙区、南召县、镇平县、方城县、内乡县、淅川县、西峡县、灵宝市、陕州区、卢氏县
	镇、村	荆紫关镇
	景点	河南丹江大观苑、南阳内乡县衙博物馆、宝天曼景区、恐龙遗址公园、五朵山景区、鹳河漂流风景区、老界岭景区、龙峪湾景区、养子沟景区、中原大佛景区、画眉谷景区、木扎岭景区、重渡沟景区、天池山景区、神灵寨景区、白马潭景区、机关洞景区、抱犊寨、豫西大峡谷风景区、三门峡虢国博物馆、天鹅湖景区、函谷关文化旅游区
轴线	历史文化轴线	古丝绸之路
	生态景观廊道	秦岭景观廊道、丹江生态景观廊道
	交通轴线	连霍高速、沪陕高速、洛栾高速

图1-8-7　　中原风貌区意向图

五、典型实证风貌研究

城乡风貌典型实证以交融风貌区中的陕南地区为例。该区域地处陕西省陕南地区，北依秦岭，南屏巴山，位于秦巴腹地区域，包括汉中、安康、商洛三市，西接甘肃，南连四川、重庆、湖北，东与河南毗邻，土地总面积69 930平方千米。

（一）风貌特色提炼

1.地形地貌特色——两山一川、三江千溪

交融风貌区根据地质地貌特征可划分为秦岭山地、河谷盆地、巴山低山丘陵三大区域。秦岭横亘于北部，海拔1 500~3 000米，宽谷与峡谷交替出现，并分布有许多规模不等的山间断陷盆地。地处秦岭东段南麓的商洛是以低山为主的土石山区，地势相对较低。河谷盆地最大的是汉中盆地、安康月河谷地和商洛丹江谷地。

巴山通常以流入汉江的任河为界分东、西两段，任河以西为米仓山，海拔1 500~2 000米，任河以东为巴山，海拔2 000~2 500米。平利、旬阳、白河一带为低于1 500米的低山丘陵区。

交融风貌区的水能资源藏量丰富，是长江最大的支流汉江的发源地。水系丰富，呈现"汉江统领、丹嘉补蓄、支脉充沛、枝状延伸"特点。

2. 文化资源特色——荆楚融巴蜀，商贸通衢汇

秦岭是我国"生道、融佛、立儒"之地，中华文明核心价值观的诞生地。以秦岭中段为主的交融风貌区是我国三秦文化、巴蜀文化、三国文化、中原文化、古道文化、民俗文化、移民文化等多元、多地域文化的集中交融地。

交融风貌区古道集汇，是三省交会的交通"咽喉"，更有"自昔关南春独早，清明已煮紫阳茶""蜀道之难，难于上青天""西当太白有鸟道，可以横绝峨眉巅"等著名诗句。

3. 人居环境特色——依山傍水，多元荟萃

陕南地区地貌复杂，多有山坳、河谷和平坝，陕南民居依山傍水，就地取材，结合不同地域移民带来的文化，形成多元荟萃的特色，兼具南北方建筑风格，有石头房、竹木房、吊脚楼、三合院及四合院等多种建筑形式。

独特的地形地貌、气候、历史文化造就了陕南地区独特的地域民俗文化，体现了陕南人清秀灵动的特点，铸就了人杰地灵、山清水秀的陕南生活。由于地形地貌条件限制，陕南城乡聚落整体呈现沿川道河流发展态势，河谷台地、山间平坝是陕南城乡居民点分布最为集中的区域。俯瞰陕南，山、川、盆地相间相融，城乡居民点与河流紧密关联，体现出"大河城镇，小河乡村"的分布关系，呈现出水系串接"鱼骨状"特色空间格局，"栖水而居，川道人家"是陕南人居空间与山水自然关系和谐的典型体现。

（二）风貌特色定位

通过以上对陕南所处外部环境及自身特色本底梳理，本书对陕南特色进行提取，确定陕南风貌特色定位。

1. 钟灵毓秀的山水之美

陕南地处秦巴腹地，北依秦岭，南接巴山，三江千溪逶迤穿行，区域城乡风貌建设应依托其大山、大水、大境的自然特色本底，顺应水系川道地貌，形成水天一色、山城一体的山水画卷。

2. 多元包容的人文魅力

依托汉水文化廊道，陕南人文空间应强化陕南文化与汉水的交融共生，穿越两汉三国的历史烟云，追忆荡气回肠的恢宏史诗，强化秦陇、巴蜀、荆楚兼容并蓄的多元地域风情，刚柔并济的人文魅力。

3. 山城一体的人居环境

秦巴山脉绵延数千里，是人居环境的基础，陕南城乡环境应以山城相融共生为特征，强调"大山小城"的空间尺度，灵雅俊秀的空间韵味，塑造"山城一体"的风貌特色。

4. 碧链串珠的城乡格局

陕南区域三江千溪的水系网络造就了陕南川道人居的特色城乡格局。陕南区域风貌特色建设应充分尊重大地肌理，山水营城，将山、水、田有机融合，形成见山望水、碧链串珠的城乡格局。

5. 古朴灵秀的田园屋舍

陕南居于秦巴山区腹地，文化多元、复合交融，形成兼容大气、内敛中正的民风特色与恬淡温馨的生活气息，陕南风貌建设应集中体现淡雅古朴的乡情诗意与宁静祥和的田园之美，营造诗意人居、诗境家园。

（三）风貌框架构建

通过对陕南地区地理、交通、经济的分析，对陕南地区自然资源、文化资源的认知与梳理，提出陕南"三轴两带、一核两心、多廊延展、三区多点"的城乡风貌特色框架，形成陕南宏观层面的风貌意象（表1-8-7）。

表1-8-7　交融风貌区风貌框架表

要素	类型	级别	
		特级	一级
风貌节点	风貌核心	汉中两汉三国文化展示核	安康荆楚文化展示中心
			商洛山水文化展示中心
	县镇	华阳镇、青木川镇、西乡县、云盖寺镇、凤凰镇、蜀河镇	武侯镇、城固县、后柳镇、石泉县、白河县、双河口镇、漫川关镇
	村	黄家沟村、中山村、太子坪村	花果村、狮子村、五一村、湛家湾村、凤凰街村、庙湾村
	景点	朱鹮保护区、金丝猴保护区、熊猫保护区、中坝大峡谷	
风貌廊道	生态山水人居类	汉江水韵人居风情展示带、丹江水韵人居风情展示带	
	历史文化感知体验类	陈仓道、褒斜道、傥骆道、子午道、库谷道、武关道、金牛道、米仓道和洋巴道古栈道文化与生态特色绿廊	
	交通景观展示类	西汉高速山水人居风情展示廊道、沪陕高速山水人居风情展示廊道、包茂高速山水人居风情展示廊道	
风貌特色分区		秦岭川道人居环境特色风貌区、汉江盆地人居环境特色风貌区、巴山山地人居环境特色风貌区	

"三轴"分别为沿西汉高速、沪陕高速及包茂高速形成的人居风情展示轴，重点展示陕南大山、大水、大生态的特色景观。"两带"为以汉江为载体的汉江水韵人居风情展示带及以丹江为载体的丹江水韵人居风情展示带，重点突出流域沿线的自然生态、文化风情及人居聚落特色。

"一核"为以汉中为中心的两汉三国文化展示核。"两心"为以安康为表征的荆楚文化展示中心、以商洛为表征的商洛山水文化展示中心。分段"多廊"为以古栈道为载体的历史文化感知体验廊。

"三区"为结合陕南自然地理环境形成的汉江盆地人居环境特色风貌区、秦岭川道人居环境特色风貌区、巴山山地人居环境特色风貌区。"多点"为体现陕南典型特色景观的自然景观点及众多特色村镇。

1. 风貌分区

依据山水环境、地形地貌及文化环境特征，将陕南分为秦岭川道人居环境特色风貌区、汉江盆地人居环境特色风貌区、巴山山地人居环境特色风貌区，并提出各区风貌塑造控制引导要求。

1）秦岭川道人居环境特色风貌区

以秦岭为依托，依据该风貌区"珍稀林果、生境祖源、温润清新，漫山叠翠、青山川流、碧链串珠，道教潜源、羌族故里、商道古驿，逶迤交通、川道聚落、溯源乡愁"的总体特征，确定该区重点体现"山水陕南生境源，川道悠悠乡愁地"的风貌特色。

该区重点从秦岭山水生态、山地人居环境、宗教民族文化、山地林果药材农业、商洛山水文化等层面打造陕南川道城乡空间特色风貌环境。

2）汉江盆地人居环境特色风貌区

以汉江盆地为依托，依据该风貌区"沃野林盘、田园花海、阡陌纵横，绿野穿插、水网纵横、清雅灵秀，两汉三国、巴蜀荆楚、文化交会，通衢集汇、望水见山、天人合一"的总体特征，确定该区的风貌特色为"沃野花海陕南韵，两汉三国汉水情"。

该区重点从盆地水网生态、花卉田园观光农业、两汉三国文化、古道商贸文化等层面打造陕南盆地区特色人居环境风貌。

3）巴山山地人居环境特色风貌区

以巴山为依托，依据该风貌区"丘陵原野、山地茶园、起伏舒缓，山珍野趣、群池缭绕、林田相映，古道门户、民俗大观、兼容并蓄，曲径通幽、山中小城、田村交融"的总体特征，确定该区的风貌特色为"陕南诗画梦幻谷，秦巴融通大观园"。

该区重点从巴山山地田园生态、山地人居、巴蜀荆楚文化等层面打造陕南山地城乡特色风貌。

2. 风貌廊道

塑造"两蓝、三紫、九绿"特色风貌廊道。结合陕南线性空间要素类型，将其划分为沿水、沿交通干线及沿古栈道的三类特色风貌廊道，共形成"两蓝、三紫、九绿"14条廊道，对其风貌特色进行控制引导。

"两蓝"为沿汉江与丹江形成的汉江水韵风情展示轴、丹江水韵风情展示轴。沿汉江城乡风貌、山水风光、田园花海共同构筑人居环境展示轴线，建设沿汉江滨江绿道，整合滨江自然景观类型，形成不同区段展示带，设置汉江水上游览观光线，建设河口湿地公园。沿丹江城乡风貌与山水景观展示，建设丹江滨江绿道，强化游憩与服务设施建设。

以"三紫"为依托形成的西汉高速风情展示轴、沪陕高速风情展示轴、包茂高速风情展示轴，重点展示沿路自然山水风光，串联各山水人居风貌节点，在结合服务区基础上，设置区段观景平台。

以"九绿"为依托形成的陈仓道、褒斜道、傥骆道、子午道、库谷道、武关道、金牛道、米仓道和洋巴道等古栈道文化与生态特色绿廊。沿栈道历史遗迹、自然风光共同构筑文化绿道，强化沿线休憩设施与服务设施的建设。

3. 风貌节点

打造"一主两次多支撑"的风貌特色感知节点体系。结合陕南优势及代表性人文与自然资源，提出打造"一主两次多支撑"的风貌特色感知节点作为集中展示陕南城乡风貌特色的感知与表征空间。

1）风貌核心

主要风貌核心为汉中两汉三国文化展示核，突出"山水大境、乡土融风，有机疏散、组团营造"的城市营建思想，塑造城市特色空间格局，构建汉中"城市系统"，将"自然环境"与"人工环境"融合，城区地域范围不单是城区建设用地所涵盖的区域，还应当包括周边优美小镇、美丽乡村与广袤的自然山水、田园以及森林，城市营建中应将这些要素看作整体。

2）风貌中心

安康荆楚文化展示中心以"水秀秦巴、自然安康"为形象定位，以"秦巴风情、汉水神韵、金州美食、绿色安康"为主题，塑造以青砖灰瓦、马头挑檐风貌为特色的秦巴山水园林城市。商洛山水文化展示中心顺应秦岭地形地貌，体现山城一体格局，以"商山丹水"为主题，塑造以灵秀古朴、灰瓦黄墙、阴阳房面、抬梁飞檐风貌为特色的灵秀山水旅游城市。

3）风貌支撑点

小城镇风貌建设以华阳镇、青木川镇、西乡县、云盖寺镇、凤凰镇、蜀河镇为重点，以武侯镇、城固县、后柳镇、石泉县、白河县、双河口镇、漫川关镇为补充，体现深厚文化内涵、优美生态环境，尊重地形地貌，强化原有的特质，突出其自身内涵与气质，提升其影响力，体现陕南山水秀美的小城镇人居风貌。

乡村风貌建设以黄家沟村、中山村、太子坪村为重点，以花果村、狮子村、五一村、湛家湾村、凤凰街村、庙湾村为补充，保护特色民居，维持原有村落形态，保护优美的生态环境，创建良好的村落生活环境，打造环境优美的新型社区，体现陕南山水园林和谐统一的现存人居风貌。

以朱鹮保护区、金丝猴保护区、熊猫保护区、中坝大峡谷为重点，保存完整的原始森林系统群落，保护生态环境，体现生态、大美的绿色气质，展示陕南自然生态风貌。

（四）城乡风貌特色引导

1.城市风貌特色塑造策略——以汉中市为例

1）引导思路

（1）依托自然禀赋，构建景观格局。在城市风貌特色构建中，应充分发挥城市所依托的山水自然环境优势，利用自然地形地貌，因地制宜，构建与自然环境相得益彰的城市生态景观格局。

（2）挖掘人文资源，彰显文化内涵。深度挖掘地域人文资源，凝练城市文化价值内涵，明晰城市文化建设的理念思路，形成有别于其他城市的文化精神特色，并以此塑造独特的城市名片。

（3）明确特色定位，构建总体框架。综合研究确立城市风貌特色定位，并构建总体风貌特色空间建设的结构框架，明确城市风貌特色建设与管理的目标方向。

（4）深化风貌体系，控制重点区域。以风貌总体框架为指引，进一步深化特色风貌构成体系，明确片区、轴线、节点、界面、廊道等特色风貌要素构成。对风貌重点区域的空间形态、建筑风格、开敞空间、道路交通等要素进行控制。

（5）塑造空间特质，展现城市精神。积极发挥环境对人的德化、教化作用，强化以人为本的思想，营造融不同功能与城市生活于一体的特色空间，强化城市场所精神，增强城市环境文化的作用。

2）城市特色

以将汉中建设为"陕甘川毗邻地区经济强市、特色鲜明文化名市、生态良好宜居富裕城市"的战略目标为导向，以秦岭、巴山、汉江美景为表现元素，体现山水之美的生态城市形象；以两汉三国文化元素的挖掘弘扬，体现人文魅力的历史文化名城形象；以汉中民风民情、民居民俗为元素，体现地域特色的古朴灵秀城市形象；以高品质时尚社区开发，体现时代气息的现代城市形象；以组团式的空间体系，体现山、水、田、城一体发展格局的田园城市形象。重点从生态、文化、格局、宜居、产业等方面提取出汉中五大城市特色内涵：①以两汉三国文化为魂的魅力人文城市；②以秀美山川生态为底的山水园林城市；③以"1+N"城镇布局为形的田园组团城市；④以健康幸福生活为韵的休闲宜居城市；⑤以低碳循环产业为本的绿色创新城市。

3）空间框架

"12345"特色空间艺术框架，即1带穿城、2轴连城、3环串城、4心缀城、5区融城。

1带—— 一江两岸特色风情带；

2轴——天汉大道汉中城市脉络展示轴、兴汉路商贸通衢文化展示轴；

3环——汉中历史文化特色感知环、汉中生态宜居特色体验环、汉中山水田园特色感知环；

4心——名城历史文化中心、新区现代综合服务中心、汉江商业休闲中心、兴元湖国际旅游城市TBD（tourism business district，游憩商业中心）；

5区——名城传统特色风貌区、传统特色风貌协调区、现代风尚特色风貌区、现代产业特色风貌区、田园与山水生态特色风貌区。

4）城市特色体系构建

重点从自然山水生态特色展示系统、地域文化特色展示系统及宜居生活特色展示系统三方面对城市特色进行塑造，并结合各系统具体内容进行特色支撑项目策划。一方面，对城市生态系统进行修复，对文化系统进行整合，对生活系统进行完善，为三大系统特色塑造提供基础支撑；另一方面，从生态景观、文化环境、生活场景等方面展示城市特色景观，提升城市形象品质，在此基础之上，结合城市总体规划的空间结构、功能布局及地形地貌，形成城市空间特色艺术框架（图1-8-8）。

此外，考虑汉中山水生态与历史人文的整体性及要素特性，结合目前国家公园的建设趋向，在山水生态特色展示系统塑造中进一步拓展至市域层面部分森林公园区域；在文化特色展示系统塑造中进一步拓展至秦岭古道沿线区域。

5）空间形态特色支撑要素控制引导

重点从风貌分区、轴线体系、节点体系、视线体系、高度体系、界面体系、

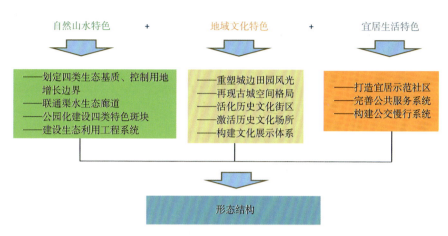

图1-8-8 汉中地域特色结构图

标志体系及开敞空间体系八大特色内容对城市空间艺术框架进行深化，分项塑造城市空间形态囊括的点、线、面各层次内容，进而形成完整详尽的城市空间形态特色支撑系统（表1-8-8）。具体内容如下。

表1-8-8 空间特色风貌分区概况一览表

3类（风貌构成）	5大区（特色塑造）	19亚区（控制管理）	分区范围
传统风貌类	各城传统特色风貌区（3亚区）	CT-1 东关、西汉三遗址历史文化街区（核心）	北至劳动路，南至汉江，东至东关正街，西至西关正街
		CT-2 南关、西关历史风貌街区	
		CT-3 老城历史风貌一般控制区	
	传统特色风貌协调区（2亚区）	XT-4 站前传统风貌重点协调区	北至北一环路，南至汉江，东至东一环路、团结路，西至西一环路
		XT-5 风貌一般协调控制区	
现代风貌类	现代风尚特色风貌区（5亚区）	XD-1 现代服务景观风貌区	北至紫柏路，南至汉江，东至东外环路，西至博望路
		XD-2 时代活力生活景观风貌区	北至紫柏路，南至汉江，东至博望路，西至东一环路、团结路
		XD-3 兴元湖汉文化休闲度假景观风貌区	北至北二环路，南至北一环路，西至翠屏路
		XD-4 生态与创意文化景观风貌区	北至翠屏路，南至汉江，东至西一环路
		XD-5 大河坎水岸风情风貌区	北至汉江，南至西汉高速，东至冷水河，西至濑水河
	现代产业特色风貌区（3亚区）	XD-6 褒河现代物流与电子商务产业景观风貌区	北至十天高速，南至108国道，东至翠屏路，西至褒河
		XD-7 铺镇传统商贸与现代工业景观风貌区	北至紫柏路，南至汉江，东至十天高速，西至东外环路
		XD-8 柳林航空科技产业景观风貌区	北至西成铁路，南至汉江，东至组团东边界，西至十天高速

续表

3类 （风貌构成）	5大区 （特色塑造）	19亚区（控制管理）	分区范围
田园风貌类	田园与山水生态特色风貌区（6亚区）	TY-1 城北田园花海特色景观风貌区	北至十天高速，南至北外环路，东至紫柏路，西至翠屏路
		TY-2 褒城山水人文特色景观风貌区	南至十天高速
		TY-3 龙江水系田园景观风貌区	北至十天高速，南至汉江，东至褒河、翠屏路，西至宝巴高速
		TY-4 梁山滨水人文景观风貌区	北至汉江，南至西汉高速，东至濂水河，西至宝巴高速
		TY-5 周家坪诗境人居景观风貌区	北至西汉高速，东至211省道，西至宝巴高速
		TY-6 圣水佛苑现代农业景观风貌区	北至汉江，东至十天高速，西至冷水河

（1）风貌分区。结合汉中城区由于景观要素、功能、格局与建筑形式的差异形成的整体风貌区单元，并明确其中心区、历史城区、历史文化街区、门户地段、重要景观路段、滨水地区、沿山地区等特色风貌区。

（2）轴线体系。依托汉江、交通道路等要素形成展现汉中城市风貌特色的线性空间廊道。

（3）节点体系。具有重要功能性与景观标志性的建筑及环境空间场所。

（4）视线体系。由视点、视线、视景构成的视觉景观引导系统，以拉近城市与山水、历史建筑的互视关系，进而传达城市文化思想与意境空间特色。

（5）高度体系。协调人工与自然环境关系，塑造优美的城市立体空间形态。

（6）界面体系。表征城市横向与竖向的空间轮廓形态要素，协调建筑与建筑、建筑与环境、建筑与天空的边界关系。

（7）标志体系。构建承载和表征汉中城市精神、文化、环境等空间标志物体系。

（8）开敞空间体系。汉中主城区水网渠系、主干道路林荫道、广场公园、森林湿地等体现汉中特色空间格局的"留白"空间体系。

6）建筑风貌特色支撑要素控制引导

建筑风貌特色支撑要素控制引导如图1-8-9所示。具体思路为：对汉中传统建筑进行分析研究，提取传统建筑特征符号，在城市风貌分区基础上，结合汉中建筑现状情况进行建筑特征符号转化利用，并从修缮、改建与新建方面提出各类建筑控制引导要求。

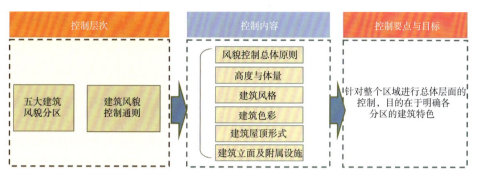

图1-8-9　建筑风貌特色支撑要素控制引导

7）环境景观特色支撑要素控制引导

结合汉中市城市总体风貌分区，筛选市级主要节点、重点片区、历史遗迹等要素，确定色彩控制类别和色彩控制范围，针对不同类别，确定其相应管控要求（表1-8-9）。

表1-8-9　汉中环境景观特色支撑要素控制引导一览表

控制类型	控制范围	控制要求	控制板块
名城传统特色色彩区	东关、西汉三遗址历史文化街区、南关、西关历史风貌街区、老城历史风貌一般控制区	该区域色彩控制重点是形成与历史文化区氛围相符合的色彩体系，以历史建筑色彩原真为主，严格控制家具小品风格、色彩对历史风貌的影响	A
传统特色协调色彩区	站前传统风貌重点协调区、风貌一般协调控制区	该区域色彩设计既要考虑到与历史城区的协调，也要体现自身的现代风貌气息	B
现代风尚特色色彩区	现代服务景观风貌区、时代活力生活景观风貌区、兴元湖国际休闲度假景观风貌区、生态与创意文化景观风貌区、大河坎水岸风情风貌区	该区域色彩应与传统特色协调色彩区色彩呈过渡的关系并有区分，且要呼应名城传统特色色彩区色彩，体现自身的现代感	C
现代产业景观色彩区	现代物流景观风貌区、现代低碳工业景观风貌区、铺镇现代装备制造景观风貌区、柳林航空科技产业景观风貌区	该区域的控制重点是形成与现代产业气息相符合的色彩体系，并与周边片区色彩形成过渡和区分的关系	D
田园与山水生态特色色彩区	田园花海特色景观风貌区、襄城山水生态景观风貌区、龙江水系田园景观风貌区、梁山山水田园景观风貌区、周家坪生态田园景观风貌区、圣水佛苑农业景观风貌区	该区域主要以自然色彩为主，建筑色彩为辅，所以该区域色彩以自然环境色彩为研究对象，凸显其他区域的层次性	E

2.小城镇风貌特色塑造策略

1）顺应自然环境，构建总体格局

充分依托小城镇地形地貌、水文气候等自然环境条件，构筑适合自身职能发展定位的总体空间格局。重点协调城镇建设与自然山体、河流水系、农田林地等的空间关系，合理控制开发强度。营造地域特征鲜明、尺度规模适宜并与自然环境和谐共生的小城镇风貌形象。

2）分析资源特征，突出文化内涵

充分挖掘小城镇地域文脉、民俗风情等文化基因，明确文化特色内涵，将鲜明地域文化特征融入小城镇空间与环境建设，营建富含文化气质的小城镇环境风貌。

3）营建特色节点，增强总体魅力

应对小城镇商业中心、公共活动中心等重点区域进行空间形态、开发强度、建筑形式（风格、尺度、色彩、材质）、环境设施等多方面的控制引导，形成小城镇风貌特色的标志区域，增强小城镇整体对外吸引力。

4）注重以人为本，实现永续发展

突出以人为本，将生活舒适性作为小城镇特色风貌建设的立足点，加大环境治理力度，注重人文关怀，控制小城镇建设规模与建筑尺度，力求人与自然环境的和谐共生，实现可持续发展。

3. 乡村风貌特色控制策略

1）严控建设用地，注重生态保育

在乡村风貌特色控制中，应严控建设用地，守护耕地红线。同时，注重乡村生态保育，强调乡村空间与大山水生态环境格局的融合，维护古村与周边环境相互依存的地域文化和空间格局，维护乡村山水格局和空间环境的完整性、原真性。

2）保留乡村遗产，传承乡村文化

对于现存的乡村历史文化遗存、历史建筑、古树名木进行维修保养和保护；对于已经毁损的重要古建筑，在精心设计和充分尊重历史的基础上进行复建。注重收集、研究、整理和恢复民间文化艺术活动，并为传统文化活动提供必需的公共空间载体，注重文化精髓的传承，形成文化优势与丰富多彩的文化景观风貌，提高社会和村民对传统村落保护意义的认识。

3）延承村落肌理，优化空间关系

保护与延承乡村传统肌理，合理规划村落空间，避免对乡村乡土景观、街巷空间、建筑遗产的破坏，维护乡村的整体性，通过公共空间、道路结构、建筑功能的整合，提高村民的生活质量与环境水平，达到历史与现实、保护与发展的和谐。

4）修缮老旧房屋，引导新建建筑

对现有的建筑进行慎重评价分类，对于需要保护的房屋进行保护，保护其传统风貌特质；对于老旧房屋进行修缮；对于危房进行拆除；对于新建类建筑，从色彩、材质、组合方式等方面加以引导，以形成和谐的乡村整体风貌。

（五）建筑风貌引导策略

1.城市建筑风貌引导

地域文化建筑风貌通过空间、形态、色彩、材质、装饰、自然、意韵等途径展现传统建筑风貌特色，可在历史建筑周边地段应用于标志性建筑或适宜的新建及改造建筑中。

传统建筑风貌区以传统建筑的保护与修缮为主，同时可以在历史地段与街区、重要历史文化节点周围适当营建具有传统风貌的建筑。

现代建筑风貌作为城市各种类型建筑广泛分布，建筑风貌依然应该符合城市综合气质特征。

2.小城镇建筑风貌引导

分析小城镇资源特征，按照地域文化建筑风貌、传统建筑风貌、现代建筑风貌三个类型，构建小城镇建筑风貌。

地域文化建筑风貌主要应用在小城镇重要空间节点，可结合文化、办公、旅游服务等功能，根据城镇职能定位进行布局。

传统建筑风貌以历史建筑的保护与修缮为主，应结合文物保护单位、历史街区等区域分布。

现代建筑风貌应注重与小城镇风貌特色定位相适应，并与小城镇生态环境相协调。

3.乡村建筑风貌引导

地域文化建筑风貌。应该深入挖掘传统民居精髓，采用简洁适宜的设计手法，以新建村落及改造民居为主，可以作为乡村建筑的主要风貌类型。

传统建筑风貌。以传统民居保护与修缮为主，结合传统村落保护、旅游服务型村落建设等需求进行布局。

现代建筑风貌。应用在个别乡村新建建筑，注重与环境相融合。

根据不同空间特征将乡村分为多个类型，制定类型化乡村空间发展引导策略。保护原有村庄肌理、尺度、标志及景观格局。村庄空间布局注重人与环境的关系，控制村庄空间布局模式，避免过度单调严整的布局形式。原则上杜绝高层建筑及大体量建筑，形成与自然相和谐的特色村落。

第九章 秦巴山脉城乡空间绿色发展政策建议

一、生态保护政策建议

（一）组织编制出台《秦巴保护地体系》

建议由环保部门牵头，借鉴世界自然保护联盟的保护地体系划定标准，组织编制出台《秦巴保护地体系》，并赋予其法律法规效力，制定不同保护级别的相应限制内容和保护措施，并在五省一市内联合执行发布，切实有效地保护地区重要生态资源。

（二）联同出台嘉陵江、汉江流域保护方案

建议由四川省、陕西省、甘肃省、重庆市联同出台嘉陵江流域保护方案，由陕西省和湖北省联同出台汉江流域保护方案，明确跨区域水质保护中的监测网点对接、水质分段保护等问题。打破五省一市的行政管辖界限，重点建立跨行政区划的水资源监测体制建设。由行政切割管理向流域整体管理转变，对丹江口水库及主要干支流等重点水域进行水质实时监控和预警，切实保障南水北调中线水源保护区水质安全。

（三）设置秦巴绿色生态产业扶植发展基金

建议由国家发展和改革委员会牵头，协同陕、川、渝、甘、鄂、豫五省一市，设置秦巴绿色生态产业扶植发展基金。建议采取积极的绿色生产转型引导政策，鼓励工矿企业开展绿色节能环保工艺升级，制定污染类工业淘汰机制和生态敏感区域的矿山关停方案和转移方案。建议国家和省级层面加强对绿色农林生产的补贴体制和促进秦巴山脉区域创新创业的扶持政策，积极推行大众创业、万众创新，引导返乡人员、农村有识之士，因地制宜围绕休闲农林产业、农林产品深

加工、乡村旅游、农村服务业等创业。

（四）组织编制秦巴山区生态移民搬迁规划和实施方案

建议由住房和城乡建设部、财政部、国务院扶贫开发领导小组办公室等牵头，组织编制秦巴山区生态移民搬迁规划和实施方案，由五省一市联合执行，通过人口迁出战略，降低区域人口密度，保障合理的生态承载力。

（五）制定优水优价制度和分水质补偿制度

建议由国家发展和改革委员会牵头，会同相关部门制定优水优价制度和分水质补偿制度。在国家生态补偿机制的基础上，建议制定丹江口水库及上游地区生态补偿政策法规和规范标准。进一步明确生态补偿的基本原则、主要领域、补偿范围、补偿对象、资金来源、补偿标准等。突破当前单一财政转移支付的生态补偿机制，率先在秦巴山区推行生态资源有偿使用机制，加强生态资源输出区和供给区之间点对点的产业扶植、技术支持、人才支援等多样化补偿体系。

二、区域协同政策建议

（一）搭建秦巴山脉区域城乡协调发展"共识"平台

为促进秦巴山脉区域城乡协调发展，参照国际、国内区域协调发展的经验，设立秦巴山脉区域省市协调发展联席会议制度，形成多方参与的制度化、常态化、规范化的"共识"平台。联席会议制度设置秘书处，由相关省市主要领导轮流担任执行主席，每年召开一次联席会议，对秦巴协调发展的重大问题进行讨论协商，重点协调涉及不同行政区域利益主体的发展利益冲突问题，包括协调区域性产业布局、区域性规划协作、区域性交通基础设施共建共享和区域性生态保护等问题。在秦巴联席会议秘书处下设秦巴山脉区域协调发展研究院，负责编制秦巴山脉区域协调发展规划。研究院可由秦巴山脉区域内省市的大专院校、科研单位、规划单位、政府部门等机构人员组成，采用各利益主体参与的协作式规划模式，编制秦巴山脉区域空间总体战略、综合交通系统、基础设施等相关协调规划。以协调规划为基础平台，编制各区县行动规划，以项目为主要抓手，促进秦巴山脉区域的协调发展。

（二）构建秦巴山脉区域合作利益分配机制

通过中央政府及秦巴山脉区域各相关政府出资、市场化融资、企业赞助等多种途径，设立多元化的秦巴山脉区域协调发展基金，用于区域发展规划、发展政策研究及区域性基础设施建设等。建立基于利益共享、成本共担的生态转移补偿制度，实现秦巴山脉区域之间的利益补偿。探索建立秦巴山脉区域内部与外部以及内部之间生态补偿重点区域、原则、方式等，形成具体可行的生态转移支付办法。

（三）出台秦巴山脉区域保护与协调发展法规体系

区域协调发展的协议与规划不具有法律的规范性与约束力，在推进跨行政区域协作中的作用有限。推动出台秦巴山脉区域保护与协调发展的相关法律法规是秦巴山脉区域保护与协调发展的重要保障，有利于营造良好的发展环境。通过探索制定和出台相关法律法规，形成秦巴山脉区域协调发展的制度安排，保证协调发展管理机构的权威性，协调合作的程序机制，协调规划执行的责任机制及实施效果的政策监督机制。

三、空间引导政策建议

（一）编制秦巴山脉区域"多规合一"规划

组织编制秦巴山脉区域"多规合一"规划。"多规合一"是解决秦巴山脉区域现有各类规划自成体系、内容冲突、缺乏衔接等问题的重要手段，按照高度共识的原则编制规划，明确划定生态空间、城乡建设空间、农林畜药产业发展空间、大型基础设施发展廊道空间，形成"一张管控蓝图"，搭建"一个协同管理平台"，确保各类功能互相协调共存，有助于秦巴山脉区域城乡绿色空间建设战略的构建和实施。

（二）建立秦巴山脉区域健康城镇化考核体系

秦巴山脉区域发展考核要改变偏重GDP指标的问题与倾向，应逐步建立起城镇化与生态建设、民生建设、经济建设相协调的健康城镇化考核体系。针对秦巴山脉区域的发展目标定位，在考核体系中应强化生态环境保护与保育、城镇化的绿色循环经济基础、城镇化的科技创新支撑、城镇的生态循环基础设施建设、城镇的公共服务设施建设、城镇化带动贫困人口转移等指标的权重；同时应在考核指标体系中设置相关基础设施协调、生态保护协调、产业协调等相关区域一体化的考核指标。在秦巴山脉区域协调发展考核指标体系的基础上，创建一批城镇协调发展示范区、绿色城镇建设示范镇，推进秦巴山脉区域整体持续发展。

（三）制定秦巴山脉区域产业园区管理办法

秦巴山脉区域是国家南水北调的水源地和重要的生态功能区，而产业园区对秦巴扶贫脱困和城镇化发展有重要作用，因此需要制定秦巴山脉区域产业园区发展管理办法，以有利于落实生态安全格局和环境保护前提下的绿色发展。产业园区管理办法重点明确产业园区选址要求、产业发展类型、产业发展模式、环境基础设施配套以及提供劳动就业岗位要求，以确保园区建设成绿色循环的生态科技产业园区，并对当地居民就业有带动作用。

四、风貌优化政策建议

（一）保护城乡文化景观遗产资源

城乡文化景观遗产资源是城乡特色风貌的重要载体和元素，在城镇化进程和产业发展的过程中，城乡文化景观资源不断受到破坏，城乡特色风貌建设要加强城乡文化景观遗产资源的保护。秦巴山脉区域是不同文化融合发展的区域，文化景观资源非常丰富。通过城乡文化景观资源的系统普查，针对不同类型的资源及存在问题，提出针对性的保护方案与措施。随着人口城镇化进程的快速推进，乡村地区传统的景观风貌资源因为自然及人为原因最容易遭到破坏，因此乡村文化景观资源的普查与保护应该尤为得到重视。城镇地区应该避免各种形式的对历史文化街区、历史性建筑等文化景观资源的开发性破坏。

（二）编制城乡特色风貌建设规划

在城乡文化景观资源普查与保护的基础上，尽快编制秦巴山脉区域城乡特色风貌建设规划。通过城乡特色风貌建设规划的编制，整合秦巴山脉区域文化景观资源，塑造城乡特色风貌，传承文化遗产，引导城乡建设，避免出现"千城一面、千村一面"。

本篇参考文献

蔡晓丰. 2005. 城市风貌解析与控制[D]. 同济大学博士学位论文.

陈东景，徐中民，程国栋，等. 2001. 中国西北地区的生态足迹[J]. 冰川冻土，23（2）：164-169.

陈颖. 2012. 创意产业集聚区环境优化设计及应用研究[M]. 杭州：浙江大学出版社.

陈宇琳. 2007. 阿尔卑斯山地区的政策演变及瑞士经验评述与启示[J]. 国际城市规划，22（6）：63-68.

陈宇琳. 2009. 基于"山—水—城"理念的历史文化环境保护发展模式探索[J]. 城市规划，（11）：58-64.

董鉴泓. 2004. 中国城市建设史[M]. 北京：中国建筑工业出版社.

董锦绣. 2005. 黄土高原小流域人居生态单元山地型案例研究[D]. 西安建筑科技大学硕士学位论文.

杜春兰. 1998. 地区特色与城市形态研究[J]. 重庆建筑大学学报，（3）：26-29.

高红岩. 2010. 文化创意产业的政策创新内涵研究[J]. 中国软科学，（6）：80-86.

高吉喜. 2014. 国家生态保护红线体系建设构想[J]. 环境保护，42（2）：17-21.

高建昆. 2015. 21世纪中国大陆适度人口研究[M]. 上海：复旦大学出版社.

郭小红，王钺，陈叙笛，等. 2016. 旅游发展空间协调与绿色支撑体系研究——以四川秦巴山区为例[J]. 国土资源科技管理，33（4）：94-99.

国家发展和改革委员会. 2015. 全国及各地区主体功能区规划[M]. 北京：人民出版社.

国家统计局农村社会经济调查司. 2014. 中国县域统计年鉴（乡镇卷）[M]. 北京：中国统计出版社.

哈格 M. 1992. 设计结合自然[M]. 黄经纬，译. 北京：中国建筑工业出版社.

何家理. 2013. 减轻山区资源环境承载压力与扶贫的途径探讨——安康市教育扶贫模式实证研究[J]. 山地学报，31（2）：160-167.

贺勇. 2004. 适宜性人居环境研究——"基本人居生态单元"的概念与方法[D]. 浙江大学博士学位论文.

胡惠林. 2006. 文化产业学——现代文化产业理论与政策[M]. 上海：上海文艺出版社.

胡武功. 2002. 西安记忆[M]. 西安：陕西人民美术出版社.

金吾伦. 2011. 吴良镛人居环境科学及其方法论[J]. 城市与区域规划研究，4（1）：221-227.

卡比力江·吾买尔，宁昱文，小出治. 2016. 新型城镇化背景下的四川省秦巴山区空间发展战略研究[J]. 国土资源科技管理，33（6）：73-85.

李景奇，秦小平. 1999. 美国国家公园系统与中国风景名胜区比较研究[J]. 中国园林，（3）：70-73.

李开然. 2010. 绿道网络的生态廊道功能及其规划原则[J]. 中国园林，26（3）：24-27.

梁思成. 2001. 梁思成文集[M]. 北京：中国建筑工业出版社.

林奇 K. 2001. 城市意象[M]. 项秉仁，译. 北京：华夏出版社.

刘滨谊，王鹏. 2010. 绿地生态网络规划的发展历程与中国研究前沿[J]. 中国园林，（3）：1-5.

刘晖. 2005. 黄土高原小流域人居单元及安全模式[D]. 西安建筑科技大学博士学位论文.

刘晖，董芦笛. 2011. 脆弱生态环境压力与人居建设疏解途径——基于风景园林学科的思考[J].
　　中国园林，6：7-11.

刘晟呈. 2012. 城市生态红线规划方法研究[J]. 上海城市规划，（6）：24-29.

柳尚华. 1999. 美国的国家公园系统及其管理[J]. 中国园林，（1）：48-49.

罗庆，樊新生，高更和，等. 2016. 秦巴山区贫困村的空间分布特征及其影响因素[J]. 经济地
　　理，36（4）：126-132.

麦圭根 J. 2010. 重新思考文化政策[M]. 何道宽，译. 北京：中国人民大学出版社.

培根 E D，等. 1989. 城市设计[M]. 黄富厢，等编译. 北京：中国建筑工业出版社.

彭一刚. 1992. 传统村镇聚落景观分析[M]. 北京：中国建筑工业出版社.

齐康. 2001. 城市建筑[M]. 南京：东南大学出版社.

任致远. 2015. 解读城市文化[M]. 北京：中国电力出版社.

陕西省住房和城乡建设厅，西安建大城市规划设计研究院. 2015. 陕西省城乡风貌特色研究[M].
　　北京：中国建筑工业出版社.

束晨阳. 2016. 论中国的国家公园与保护地体系建设问题[J]. 中国园林，（7）：19-24.

宋虎强. 2005. 黄土高原小流域人居生态单元台塬型案例研究[D]. 西安建筑科技大学硕士学位论文.

苏同向，王浩. 2015. 生态红线概念辨析及其划定策略研究[J]. 中国园林，31（5）：75-79.

孙彦辉，夏佐铎. 2015. 绿色矿山生态恢复模式及其实现方法研究——绿色矿业系列研究之三[J].
　　中国国土资源经济，（4）：17-20.

唐楠，魏东，吕园，等. 2015. 秦巴山区人口分布的影响因素分析及分区引导——以山西省安康
　　市为例[J]. 西北人口，（1）：111-116.

王晓俊，王建国. 2006. 兰斯塔德与"绿心"——荷兰西部城市群开放空间的保护与利用[J]. 规
　　划师，22（3）：90-93.

乌志辉，秦玉友. 2015. 中国农村教育发展报告2013-2014[M]. 北京：北京师范大学出版社.

吴良镛. 2001. 人居环境科学导论[M]. 北京：中国建筑工业出版社.

吴良镛. 2006. 通古今之变·识事理之常·谋创新之道[J]. 城市规划，（11）：30-35.

吴良镛. 2009. 中国城乡发展模式转型的思考[M]. 北京：中国建筑工业出版社.

吴良镛. 2014. 中国人居史[M]. 北京：中国建筑工业出版社.

吴左宾，敬博，郭乾，等. 2016. 秦巴山脉绿色城乡人居环境发展研究[J]. 中国工程科学，
　　18（5）：60-67.

西特 C. 1990. 城市建设艺术[M]. 仲德崑，译. 南京：东南大学出版社.

向书坚，平卫英.2011.循环经济统计核算问题研究[M].北京：中国统计出版社.

谢伟.2012.大秦岭中国国家中央公园[M].西安：陕西出版集团陕西旅游出版社.

杨江云.2012.从经济学视角思辨创意产业[J].江南大学学报（人文社会科学版），11（3）：81-85.

杨俊峰.2005.黄土高原小流域人居生态单元平原型案例研究[D].西安建筑科技大学硕士学位论文.

杨萌.2008.陕北黄土高原沟壑区小流域人居环境空间演化研究[D].西安建筑科技大学硕士学位论文.

杨锐.2001.美国国家公园体系的发展历程及其经验教训[J].中国园林，（1）：62-64.

余柏椿，周燕.2009.论城市风貌规划的角色与方向[J].规划师，25（12）：22-25.

张继刚.2007.城市景观风貌的研究对象、体系结构与方法浅谈——兼谈城市风貌特色[J].规划师，23（8）：14-18.

张婧.2013.转型期我国中心城市城乡关系演变研究[D].东北师范大学博士学位论文.

赵智聪，彭琳，杨锐.2016.国家公园体制建设背景下中国自然保护地体系的重构[J].中国园林，（7）：11-18.

中国科学院可持续发展战略研究组.2013.2013中国可持续发展战略报告——未来10年的生态文明之路[M].北京：科学出版社.

中国省市经济发展年鉴编委会.2015.2014中国省市经济发展年鉴[M].北京：中国财政经济出版社.

周庆华.2008.黄土高原·河谷中的聚落——陕北地区人居环境空间形态模式研究[M].北京：中国建筑工业出版社.

朱士光.1999.黄土高原地区环境变迁及其治理[M].郑州：黄河水利出版社.

第二篇　文化旅游篇

第一章　秦巴山脉文化旅游发展背景

一、秦巴山脉区情

（一）地理与人口

秦巴山脉区域位于中国中部，可以说是中国之心。涉及国土面积约30.86万平方千米，人口6 164万人，分属五省一市所辖，共涉及河南、湖北、重庆、陕西、四川、甘肃五省一市的20个设区市及甘南藏族自治州、湖北神农架林区，119个县（区、县级市）。人口密度199.7人/千米²，为全国平均水平的1.4倍。2015年，区域常住人口4 021万人，有两千余万人口常年流出在区外。区域内城镇人口1 317万人，现状城镇化率为32.75%，远低于全国平均城镇化水平，发展状态较落后，同样也是国家重点扶持发展的区域。

（二）地质环境

秦岭、巴山原为一体，约两万年前的地壳运动，导致中间下沉、南部上升，形成汉江，将巴山与秦岭分开。秦巴山脉区域是独立的地理单元和完整的自然生态区，同时也是我国南北气候分界线和长江、黄河分水岭，自然生态环境良好，有丰富的物产资源，是我国多种生物基因库、中药基因库和生物多样性保护区。区域内约有2/3的面积属于生态主体功能区中的限制开发区和禁止开发区，生态敏感度较高，生态保护成本高。作为我国版图中央珍贵的洁净水源地，嘉陵江、汉江、丹江等河流及主要支流均发源于秦巴山脉区域，区域内发育有200多条河流，建有丹江口水库等50多座大型水库，是我国南水北调中线工程的水源涵养地和供给地。此外，秦巴山脉区域森林面积达2 000余万公顷，占我国森林总面积的10%，是我国森林碳汇的中央汇聚地和植物释氧的核心供给区。在该区域核心区分布着多个世界级全球生物圈保护区、国家级自然保护区及国家级森林公园、湿地公园等。区域内有多种动植物生物资源，种类数量占全国的75%，是我国重要的生物基因库，在世界物种基因保护方面占据显著地位。整个秦巴山脉区域良好的物质资源环境具有极高的科学研究和观赏游览价值。

（三）文化基底

秦巴山脉区域在文化上既是一个独立的地理板块和文化板块，又位于黄河文化走廊、汉江文化走廊和长江文化走廊之间，是陕晋豫地区文化发祥地之一。区域内分布有巫山猿人、郧县猿人、龙岗寺猿人、蓝田猿人、洛南猿人等十余个史前人类文明遗存，其中巫山猿人距今有200多万年的历史，且有华胥、伏羲、女娲、炎黄等多处中华民族祖先的遗迹传说，丰富的历史文化资源和地域文化资源等，形成中华文明生长发展的完整脉络。区域内关中帝都文化、关陇文化、荆楚文化、巴蜀文化，西南的藏羌彝文化走廊和西北的丝绸之路文化产业带，是东部汉族文化与西部少数民族文化的交会和融合区。在地球37°N线的阿尔卑斯山脉、落基山脉和秦巴山脉三座世界名山中，秦巴山脉区域以其悠久的历史和深厚的文化享誉世界，为文化旅游业的发展提供了丰富的资源和后发优势。

（四）经济社会

秦巴山脉区域拥有明显的区位优势和资源优势，所在六省市地区生产总值总量已占全国五分之一（表2-1-1），可以鼎足于环渤海地区、长三角地区和珠三角地区，也是我国装备制造业、文化教育科技、城市和人才高度密集区。经济社会发展关联着关天、中原、江汉、成渝、甘肃等国家级经济区。

表2-1-1　秦巴山脉各省市地区生产总值占秦巴山脉区域地区生产总值比重

省市	2010年	2011年	2012年	2013年	2014年	平均
河南省	23.42%	22.03%	21.03%	20.06%	20.92%	21.49%
湖北省	16.76%	17.32%	18.03%	18.51%	18.96%	17.92%
重庆市	11.93%	12.35%	11.96%	11.78%	10.94%	11.79%
陕西省	22.52%	22.83%	23.64%	24.50%	24.68%	23.63%
四川省	22.59%	22.78%	22.60%	22.41%	21.86%	22.45%
甘肃省	2.79%	2.69%	2.75%	2.75%	2.64%	2.72%

资料来源：国家统计局有关各省市2010~2013年统计数据，2014年数据来自各省市县政府工作报告

但秦巴山脉区域整体经济水平相对滞后，产业结构以传统产业为主。2015年，秦巴山脉区域地区生产总值为15 706.6亿元，占全国GDP的2.29%，人均生产总值为25 481元，为全国平均水平的50.97%。总体而言，秦巴山脉区域人口密度大，城镇化进程相对落后，城乡收入水平低于全国平均水平，属于典型的经济欠发达地区；并且地区人口受教育程度偏低、公共设施和公共服务体系落后，产业结构不合理。第一产业仍然高于全国及本省，占有相当大的比例；第二产业偏

低，主体为传统资源初级开发加工型产业，企业小而散，许多污染甚至重度污染行业虽然一再限制发展，但仍然支撑着地方经济，地方国有大型制造业较少。三线建设①期间，国家通过计划经济在秦巴山脉区域投资建设的航空、汽车、机械等工业基地，产业链和产业集群效应较差，对地方经济拉动作用有限，循环经济体系也没有完全建立起来。秦巴山脉区域急需统筹发展，公共基础服务设施须继续进行完善优化。

（五）交通环境

秦岭曾被司马迁称为"天下之大阻也"，但秦巴山脉区域自古就是华夏文明的传播通道和多种文化交会融合之地。近300年来，因大山阻隔，交通不便，环境闭塞，秦巴山脉区域成为移民之地。改革开放以来，特别是近十几年来，国家在交通基础设施的建设方面取得突飞猛进的成果。特殊的区位造就了秦巴山脉北接丝绸之路经济带、南连21世纪海上丝绸之路、东跨长江经济带的战略地位。秦巴山脉周边分布有成渝城市群、关中城市群、长江中游城市群、中原城市群等中西部主要城镇聚集区，对我国东西部平衡发展、长江经济带等国家战略，"一带一路"倡议相互衔接具有特殊的空间区位价值。良好的区位优势使其成为京昆、包茂、兰渝、福银等多条高速公路或高铁的枢纽之地，成为国内东西南北交通的交会点，也提供了方便快捷的旅游交通条件和多形态的文化旅游选择。

二、世界三大名山比较

（一）两大名山概况

在世界著名的山脉中，欧洲中南部的阿尔卑斯山脉、北美大陆西部的落基山脉和中国的秦巴山脉因其相近的自然地理状态和与人类文明的关系而被称为"地球三姐妹"，三大山脉在各自大洲的地理格局中具有举足轻重的地位。落基山脉和阿尔卑斯山脉的生态保护与绿色发展实践为秦巴山脉提供了丰富的经验借鉴。

1. 阿尔卑斯山脉

阿尔卑斯山脉是欧洲中南部的山脉，西起法国东南部的尼斯附近地中海海岸，呈弧形向北、东延伸，经意大利北部、瑞士南部、列支敦士登、德国西南部，东至奥地利的维也纳盆地，总面积约22万平方千米，长约1 200千米、宽120~200千米，东宽西窄，平均海拔3 000米左右。山脉大部分山体被冰川覆盖，

---

① 三线建设，是指自1964年起我国政府在我国中西部地区的13个省（自治区）进行的一场以战备为指导思想的大规模国防、科技、工业和交通基本设施建设。

水力资源丰富，现有冰川1 200多条，冰川融水形成了许多大河的源头，著名的莱茵河即发源于此。区域平均人口密度为73人/千米²，仅有17.3%的区域适合永久居住。区域最早的人文历史可以追溯到旧石器时期，此时从法国伊泽尔河谷附近的韦科尔河到奥地利陶普利兹上方的利格尔霍尔河，都留下了手工艺品。

由于地处温带和亚热带之间，山脉成为中欧温带大陆性湿润气候和南欧亚热带夏干气候的分界线。阿尔卑斯山脉具有丰富的动植物资源，其本身所具有的山地垂直气候特征，使其植被呈现明显的垂直变化，一般可以分为亚热带常绿硬叶林带、森林带、高山草甸带，再往上则多为裸露的岩石和终年积雪的山峰。此外，阿尔卑斯山脉动物种类较多，有岩羚羊、猞猁、狼、红鹿、金雕等。

阿尔卑斯山脉景色宜人，是世界著名的风景区和旅游胜地，被称为"大自然的宫殿"和"真正的地貌陈列馆"，这里还是冰雪运动的圣地、探险者的乐园，每年接待游客达1.2亿人次。此外，阿尔卑斯山脉也是每年环法自行车赛的必经之地，每年有大批游客被阿尔卑斯山脉和环法自行车赛吸引而来，一边欣赏阿尔卑斯山脉的美景，一边观看环法自行车赛。阿尔卑斯山脉现代经济的支柱曾是采矿、凿石、制造和旅游业相结合，自第二次世界大战以来，阿尔卑斯山脉最显著的经济变化是兴起了群众性的旅游业。区域所属的瑞士、法国、意大利等目前已形成较为有效的协同发展机制，达成了《阿尔卑斯公约》等国际协作条约，并围绕阿尔卑斯山脉开展了频繁的跨国合作项目。多年来长期坚持的生态保护与绿色发展理念使阿尔卑斯山脉旅游产业发展的同时环境被破坏程度较小。

2. 落基山脉

落基山脉是美洲科迪勒拉山系在北美的主干，由许多小山脉组成，被称为北美洲的"脊骨"，从阿拉斯加到墨西哥，南北纵贯4 500多千米，广袤而缺乏植被。巍峨的落基山脉绵延起伏，自北向南有数千千米长，北至加拿大西部，南达美国西南部的德克萨斯州一带，几乎贯穿美国全境。除圣劳伦斯河以外，北美几乎所有的大河都源于落基山脉，是大陆重要分水岭。已知人类来到落基山脉的时间为公元前10 000年~前8 000年，16世纪开始有欧洲人进入西南地区，1540年西班牙殖民者开始进入洛杉矶地区，1847年摩门教徒在大盐湖落脚，1869年横穿美国的铁路建成，1872年黄石国家公园成立，区域的采矿业和森林工业迅速发展。此后，在落基山脉设立了多处森林保护区，1905年保护区扩大到现在落基山国家公园的区域内。旅游业开始发展，宿营地变成农场，车站发展成城镇，一些城镇发展成大城市。

落基山脉气候多样，北端为北极气候，南端为亚热带北缘气候。这里有终年积雪的山峰、茂密的针叶森林、宽广的山谷、清澈的溪流、开阔的天空和丰富的矿藏资源。该区域丰富的动植物享有盛名，植被垂直分布，植被群落因高度、纬度和日照不同而有极大不同。在起伏的山间能够见到的大型哺乳动物有黑熊、灰熊、棕熊、美洲山狮等，大角羊和石山羊夏日栖于高崖之上，冬季则迁往较低的山坡，该区域已确定的哺乳动物有56种，栖息的山鹰等鸟类约有280种。此外，该区域的矿产资源丰富，为北美著名的金属矿区，如以铅为主的爱达荷州的科达伦，锌、银共生；以铜为主的比尤特、宾翰，银、铅、锌共生。非金属矿主要位于怀俄明盆地，主要有石油、天然气、煤、盐等。该区域伐木业主要分布在蒙大拿州和爱达荷州北部较湿润的地区，农业集中于谷地或适宜旱作的地区。

落基山脉每年吸引来自世界各地数百万名的游客，而旅游景点主要为各大世界公园，如落基山国家公园、黄石国家公园、冰河国家公园、班夫国家公园等。此外，冬季的落基山还是滑雪胜地，路易斯滑雪场是全世界滑雪者的最爱之一。现阶段落基山脉的产业发展趋势转型明显，主要表现为由采矿、林业、农业向服务行业、旅游行业转型。

（二）三大名山对比

三大山脉均为区域重要的气候分界线和河流发源地，有丰富的动植物资源、矿产资源和世界闻名的风景区与旅游胜地。但由于地域分布不同，三者的资源禀赋体现出不同的特征。其中，阿尔卑斯山脉4 000米以上的山峰就有22座，丰富多样的冰川、森林、牧场、湖泊等景观资源和环境，使其成为世界著名的旅游度假胜地。同时，常年覆盖的冰川、雪层厚度深、面积大，为开展冬季滑雪旅游创造了有利条件。同样，落基山脉也因独特的火山熔岩、冰川、湖泊等自然景观资源成为世界国家公园的先驱和典范。秦巴山脉则以悠久的历史、深厚的文化底蕴和丰富的动植物资源而著称，但国际知名度较阿尔卑斯山脉和落基山脉差距较大。三大山脉拥有良好的矿藏资源，奠定了地区工矿业的基础，但三大区域工矿业经历着不同阶段和不同程度的发展。落基山脉曾进行过大规模的矿藏开采，后矿业开采导致水质退化，阿尔卑斯山脉和落基山脉都对产业结构进行了调整，依托优质的旅游资源逐步发展成为世界著名的旅游目的地。此外，三大名山均具有良好的农业基础。阿尔卑斯山脉主要以畜牧业和林业为主，落基山脉则以种植业和林业为主，秦巴山脉具有特色农产品发展的基础和优势。

通过以上对阿尔卑斯山脉、落基山脉的资源及发展路径等的探寻可以得出，区别于阿尔卑斯山脉和落基山脉，目前秦巴山脉还缺乏具有世界影响力的旅游产品，矿藏资源开发依旧是秦巴山脉主要的经济活动之一。秦巴山脉在后期发展中应当依托区域生态、文化资源优势逐步进行产业转型，严格控制资源开采对生态的破坏，大力发展绿色循环产业和特色经济，打造世界级的文化旅游品牌，提升国际知名度，实现区域协同、绿色可持续发展。

三、区域文化旅游发展背景

新时代背景下，秦巴山脉区域的旅游产业发展具有国家、地方、人民等多方支持与充分的政策助力。无论在国家战略层面、区域战略层面、地方发展层面，还是人民需求层面，秦巴山脉区域旅游业的发展都得到了大量的支持与关注。因而在秦巴山脉区域发展旅游产业具有良好背景支撑，也势在必行。

（一）全民旅游时代到来

中国正逐步迈向全民旅游时代。从2007年国家旅游局首次公开提出"鼓励有条件的地区制定国民旅游计划"，2007年国务院公布的《职工带薪年休假条例》，2009年国务院发布的《国务院关于加快发展旅游业的意见》中保障措施明确提出"制定国民旅游休闲纲要"，到2013年国务院办公厅发布实施《国民旅游休闲纲要（2013—2020年）》及2015年发布的《关于进一步促进旅游投资和消费的若干意见》，都表明无论从居民日常生活还是从国家战略发展出发，旅游都占有重要地位。随着2.5天休假的试行、在线旅游市场的发展，中国正迎来全新的全民旅游时代。

（二）西部大开发战略推动中西部旅游发展

加快中西部地区的发展，实施西部大开发战略，是党中央提出的推动生产力发展的重大战略决策。秦巴山脉区域所涉及的六个省市，除河南省与湖北省外，其他省市都属于西部大开发战略的关注范围，包含成渝地区、关中—天水地区两个重要经济区。2010~2030年，将迎来西部大开发战略中的加速发展阶段，西部地区的经济发展及政策将为秦巴山脉区域的旅游产业发展提供区域经济与政策环境支持。

（三）"一带一路"提供国际旅游合作新形势

"一带一路"是习近平总书记在2013年提出的"丝绸之路经济带"和"21世纪海上丝绸之路"倡议的简称，"一带一路"是中国首倡、高层推动的倡议，对中国现代化建设具有深远的意义。丝绸之路线路在秦巴山脉区域北部边界，局部穿过秦巴山脉区域内部，西南丝绸之路则穿过秦巴山脉区域，借助"丝绸之路经济带"，使秦巴山脉区域沟通了郑州、西安、兰州、成都、昆明等内陆重要城市和连云港、腾冲、霍尔果斯等口岸城市，为秦巴山脉区域旅游产业的发展提供了政策、交通与客源支持。

（四）文化旅游产业推动我国产业战略转型

2009年出台的《文化产业振兴规划》和《国务院关于加快发展旅游业的意

见》，标志着文化旅游产业成为国家战略性产业。2017年中共中央办公厅、国务院办公厅印发《关于实施中华优秀传统文化传承发展工程的意见》并提出：到2025年，中华优秀传统文化传承发展体系基本形成，研究阐发、教育普及、保护传承、创新发展、传播交流等方面协同推进并取得重要成果，具有中国特色、中国风格、中国气派的文化产品更加丰富，文化自觉和文化自信显著增强，国家文化软实力的根基更为坚实，中华文化的国际影响力明显提升。秦巴山脉区域内众多的文化资源，通过与旅游产业的融合，带动区域经济发展，文化提升。

（五）《秦巴山片区区域发展与扶贫攻坚规划（2011—2020年）》为秦巴山脉区域发展助力

《秦巴山片区区域发展与扶贫攻坚规划（2011—2020年）》是依据中国农村扶贫开发的政策与《中华人民共和国国民经济和社会发展第十二个五年规划纲要》制定的针对秦巴山脉集中连片特殊困难地区的专项扶贫规划。该规划基本思路是"区域发展带动扶贫开发，扶贫开发促进区域发展"。在这一基本思路指引下，该规划提出了一系列促进扶贫开发、推动区域发展的举措，其中重点提到了秦巴山脉区域丰富的旅游资源与旅游业发展潜力和契机，旅游业的发展在区域发展中处于重要位置，并且在这一规划中，基础设施建设、产业布局调整等方面都对旅游业着重关注且适当倾斜，为秦巴山脉区域旅游业发展提供了政策支持与可行性保障。

《秦巴山片区区域发展与扶贫攻坚规划（2011—2020年）》制定了秦巴山脉区域空间发展结构、重点发展城镇与交通发展结构，同时指出发展七大特色旅游圈，即川陕红色旅游圈、先秦两汉三国历史文化旅游圈、秦岭巴山生态文化旅游圈、鄂西生态与文化旅游圈、豫西文化生态休闲旅游圈、大九寨国际黄金旅游圈、长江三峡文化山水旅游圈（表2-1-2），为秦巴山脉区域旅游空间发展制定提供基础。

表2-1-2　《秦巴山片区区域发展与扶贫攻坚规划（2011—2020年）》中旅游规划相关内容

规划内容	规划阐述
空间结构	"一带三中心五走廊"： "一带"：汉江—陇南经济带； "三中心"：十堰市、汉中市、巴中市； "五走廊"：南阳—商洛—西安经济走廊，宜昌—万州—达州—巴中—广元经济走廊，洛阳、三门峡—南阳—十堰、襄阳经济走廊，西安—安康—达州、万州经济走廊，西安—宝鸡—汉中—广元、巴中—南充经济走廊

续表

规划内容	规划阐述
城镇布局	中心城市：十堰市、汉中市、巴中市； 重点城市：广元市、安康市、商洛市、陇南市
交通建设	"三横六纵"："三横"，指西安—商洛—南阳通道、襄阳—十堰—汉中—九寨沟通道、万州—巴中—广元通道；"六纵"，指洛阳—南召—南阳通道、三门峡—十堰—恩施通道、西安—安康—重庆通道、西安—汉中—成渝通道、兰州—广元—成渝通道、兰州九寨沟—成都通道
旅游发展	大力发展绿色生态、历史文化、红色旅游、乡村旅游，构建七大特色旅游圈：川陕红色旅游圈、先秦两汉三国历史文化旅游圈、秦岭巴山生态文化旅游圈、鄂西生态与文化旅游圈、豫西文化生态休闲旅游圈、大九寨国际黄金旅游圈、长江三峡文化山水旅游圈

第二章　文化旅游发展基本情况

一、文化旅游发展现状

（一）文化产业发展现状

目前，秦巴山脉区域文化产业主要以文化艺术服务及文化娱乐休闲服务为主，而新闻出版、广播电视电影以及文化信息设施建设等产业发展相对落后。由于秦巴山脉区域内部交通条件落后，区域发展差距较大，不少重点类文化产业项目往往集中于秦巴山脉区域周边大中型城市及内部地区性中心城市周边，而避开各中小县城及广大乡村区域，因此产生了文化产业园区与个别文化资源富集区相互分离、文化产业类型雷同等问题，这也造成了文化资源难以被充分开发利用、地区之间联动性差等问题。现阶段区域内的文化产业发展主要存在以下几个比较突出的问题。

1. 资源开发不丰富

由于文化资源数量巨大，布局分散，现阶段秦巴山脉区域内部的文化资源尚未被充分挖掘利用，还存在很多可选发展项目。资源利用不够深入和完善使各地文化产业发展内容雷同，存在较为严重的同质竞争。

2. 品牌知名度较低

除个别文化，如武当文化、三国文化之外，其余地区性文化和民族文化宣传途径贫乏，力度严重不足，导致该类文化难以塑造具有影响力的地区乃至全国性品牌，带动能力不足。

3. 区域联动性较差

除了多省合作的藏羌彝文化产业走廊和丝绸之路文化产业带之外，不同省区市的文化产业发展往往集中于外围中心城市，缺乏中心城市与地区、不同地区之间的产业联动发展。

4.产业链建构不完善

各文化产业园往往着眼于文化娱乐、文化艺术及工艺品生产等产业发展，忽视其余相关产业，如新闻出版、影视传媒、创意设计与信息传输等产业，产业链条不够完善。

5.技术力量支撑薄弱

多数文化产业园的核心项目为手工艺品生产、特色民俗文化体验、历史风情展示等低技术含量产业类型。影视、数码与动漫游戏类等依托高新技术的产业相对较少。

（二）旅游经济发展现状

秦巴山脉区域内社会经济发展水平普遍较低，经济基础薄弱（图2-2-1）；在旅游产业发展上，旅游产业经济收入水平较低，与周边的重庆市、成都市、武汉市、西安市、郑州市等城市的旅游产业经济相比相差甚远（图2-2-2）。总的来说，秦巴山脉区域内旅游经济普遍处于较低的水平，整个区域经济水平有待提高，而旅游产业的发展需求可激活整个区域经济发展态势。

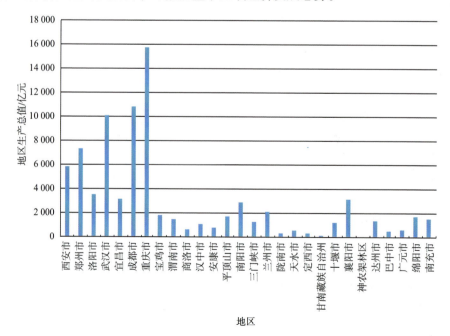

图2-2-1　2015年秦巴山脉区域及周边地区地区生产总值
资料来源：2015年各省市统计公报

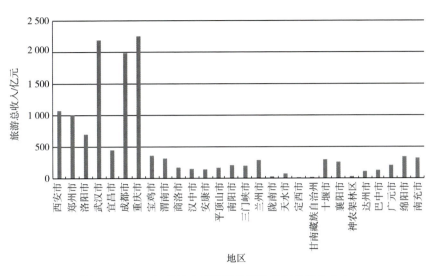

图2-2-2　2015年秦巴山脉区域及周边地区旅游总收入

（三）旅游产品开发现状

秦巴山脉区域内旅游资源丰富，随着秦巴山脉区域旅游发展，已对核心资源进行开发并形成相应旅游产品。其中，生态旅游产品开发以山岳观光、森林度假、漂流探险、乡村度假为主，景点与旅游产品开发普遍呈现低层次、同质化特征，旅游市场竞争力不强。文化旅游产品开发以华夏始祖文化旅游，道教、佛教宗教旅游，三国文化旅游等旅游产品为主，但缺乏文化品牌建设，产品开发层次不同，旅游产品衍生产品较少，未能将文化资源有效利用。

秦巴山脉区域目前形成的旅游产品，由于多数是粗放式开发，除部分高品质旅游资源外，多数旅游产品吸引力并不能与周边旅游圈旅游产品相抗衡（表2-2-1），未来秦巴山脉区域旅游开发须避免同质化资源开发路径，走创新、精致化路线，才能建立秦巴山脉区域特色旅游品牌，吸引稳定客源。

表2-2-1　秦巴山脉区域周边旅游圈旅游产品开发现状

旅游圈	旅游产品	代表景点
大成渝旅游圈	生态观光旅游	青城山、都江堰、峨眉山、乐山大佛、四川大熊猫栖息地、王朗国家级自然保护区
	巴蜀文化旅游	三星堆、武侯祠、茶马古道、阆中古城
	田园风情旅游	锦江区"五朵金花"、老龙山生态农业旅游区、雅安上里
	革命教育旅游	仪陇朱德故里、列宁街、苏维埃政府旧址

续表

旅游圈	旅游产品	代表景点
鄂西生态文化旅游圈	养疗康体旅游	武当山、神农架、大洪山、清江
	农业观光旅游	当阳、五峰、枝江、秭归、老河口
	民俗风情旅游	鱼木寨、大水井、唐崖土司城遗址
	节庆专题旅游	荆州龙舟节、三峡国际旅游节、神农架高山杜鹃节
天水旅游圈	先秦文化旅游	天水先秦文化遗迹
	人文自然旅游	伏羲庙、麦积山、天水关、街亭古战场
大西安旅游圈	秦唐文化旅游	秦始皇陵遗址、兵马俑博物馆、华清池、唐都长安
	生态观光旅游	秦岭野生动物园、南五台、骊山森林公园
	历史修学旅游	陕西历史博物馆、秦始皇陵遗址、昭陵、感业寺
	革命历史旅游	西安事变纪念馆、杨虎城纪念馆、延安
大洛阳旅游圈	黄河风情旅游	龙门石窟、白马寺、关林、古墓博物馆
	中原民俗旅游	豫西窑洞、洛阳民俗博物馆

1. 缺乏区域资源整合与合作

受行政区划和利益分配机制的限制，旅游产品和线路跨区域整合较少。另外，由于行政区划的分割，往往发生近距离的重复开发和建设的情况，从而使竞争加剧。旅游产业链条普遍较薄弱，旅游产品附加值普遍不高，旅游延伸产品普遍不足。旅游业与工业、农业融合的程度不高，旅游业与餐饮业、住宿业、交通运输业、娱乐业等产业融合的深度和广度也明显不足，产业集群基础较弱。

2. 产品低层次开发，整体美誉度低

经过多年培育，秦巴山脉区域出现一批具有一定市场竞争力的旅游产品，但市场上的主流产品仍然是传统观光产品，仍然停留在低层次开发阶段，属于基本层次的旅游产品，同时缺乏休闲度假产品和旅游新业态。整体美誉度不高，游客停留时间比较短。整体消费水平相对较低，旅游经济效益表现欠佳。

（四）旅游空间发展现状

1. 秦巴山脉区域旅游区位现状

从全国旅游版图划分来看，已经形成长三角地区、珠三角地区、京津冀地区及云贵、关天、成渝等主要的旅游经济区与旅游地。秦巴山脉区域位于全国旅游版图的地理中心位置，与全国主要旅游地与旅游客源地都有便捷的交通联系，但目前秦巴山脉区域旅游整体吸引力较弱，其客源市场未能触及长三角地区、珠三

角地区、京津冀地区等全国主要客源地。

总体来说，秦巴山脉区域处于丝绸之路经济带与长江经济带之间，是京津冀地区与成渝经济区过渡地区，处于联系东西、过渡南北的战略空间地位，在宏观区域格局上区位优势明显。

2.环秦巴山脉区域旅游发展格局

1）旅游圈及其作用力

秦巴山脉区域已有大成渝旅游圈、鄂西生态文化旅游圈、天水旅游圈、大西安旅游圈、大洛阳旅游圈。秦巴山脉区域部分片区与现有旅游圈空间重叠或邻近，对秦巴山脉区域旅游发展产生不同作用力（表2-2-2），秦巴山脉区域旅游发展须依靠西安、洛阳、成都、重庆旅游圈带动发展，也须破除与周边旅游圈产品同质化竞争关系。

表2-2-2　秦巴山脉区域周边旅游圈及其作用力

旅游圈	核心城市	概况	与秦巴山脉区域对接地区	作用力
大成渝旅游圈	成都市、重庆市	中心城市成都及周边县市	巴中市、陕南地区	大成渝旅游圈对秦巴山区域西部具有辐射作用，是宝成铁路必经之地
鄂西生态文化旅游圈	襄阳市、荆州市、宜昌市、十堰市	湖北鄂西地区是拥有全国唯一一块保存完好的原始森林的地区，资源相似度较高	十堰市、襄阳市	鄂西生态文化旅游圈在生态文化方面资源类似，作为秦巴山脉区域东南部主要竞争对手存在，十堰市作为秦巴山脉区域到武汉旅游圈的必经之地，可利用交通优势加强与武汉旅游圈的互动
天水旅游圈	天水市	依托关中—天水经济区，通过丝绸之路旅游开发的辐射作用，在旅游合作方面与大西安旅游圈联系紧密，开发环境类似	陇南市武都区、汉中市、商洛市	天水旅游圈作为秦巴山脉西部要塞，也是陆上丝绸之路经济带的重要组成部分，可依靠大西安旅游圈铁路与高速公路交通优势，打造西部重点旅游片区
大西安旅游圈	西安市	华中地区最重要的旅游圈，是中西部经济最发达的地区之一	汉中、安康市、商洛市、洛阳市	大西安旅游圈作为我国旅游资源最富集的地区之一，是秦巴山脉区域最主要的客源市场，秦巴山脉区域是大西安旅游圈的后花园
大洛阳旅游圈	洛阳市	主要涉及河南西南部栾川县、西峡县，自然资源相似度高，是秦巴山脉区域东部重要的竞争对手	商洛市、西峡县、栾川县	大洛阳旅游圈也是秦巴山脉区域的重要客源市场之一，与大西安旅游圈和长三角地区交通联系紧密，可通过几条重要的交通线路吸引消费力强的华东市场

2）环秦巴山脉区域旅游空间格局

环秦巴山脉区域已形成一定"点""线""面"的旅游格局。

（1）点。"点"，即指环秦巴山脉区域旅游三级中心，分别是以西安、兰州、郑州、武汉、成都、重庆为中心的全国旅游中心，以洛阳、延安、宜昌、天水、乐山为中心的省际旅游中心，以及以汉中、宝鸡、渭南、商洛、甘南、平凉、绵阳、九寨、阿坝、甘孜、襄阳、十堰等为中心的省内旅游中心。

（2）线。"线"即环秦巴山脉区域旅游带，即丝绸之路旅游带、长江三峡国际黄金旅游带、黄河旅游带、三国历史与地震遗址旅游带、九寨国际旅游线、甘南大香格里拉旅游线（图2-2-3）。在六条主要旅游发展带上衍生出深入秦巴山脉区域内部的次要旅游带，如秦岭生态旅游带、道教山岳文化旅游带、南水北调旅游带、汉十高速沿线旅游带等，这些旅游带主要吸引周围区域游客。

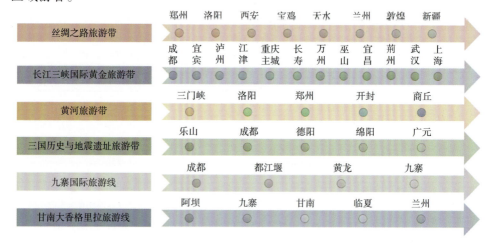

图2-2-3　六条旅游发展带

（3）面。"面"，即指环秦巴区域旅游区，目前形成的旅游区有：以西安为腹地的关中历史文化遗产旅游区，以兰州、天水、平凉为中心的休闲度假旅游区，甘南旅游区，大九寨国际旅游区，成渝旅游经济区，恩施民俗生态旅游区，"一江两山"文化休闲旅游区及以郑州与洛阳为中心的中原文化旅游区。

秦巴山脉区域已形成一定的"旅游区""旅游带"，但内部与周边旅游空间缺乏连接，使得秦巴山脉区域内部旅游空间"孤岛化""破碎化"（图2-2-4），旅游发展缓慢。须要从区域格局的角度，修补区域旅游网络格局，在大区域内形成完善的旅游格局，在内部重点打造关系到区域旅游联系的空间要素，之后再深入秦巴山脉区域内部，夯实内部旅游空间体系。

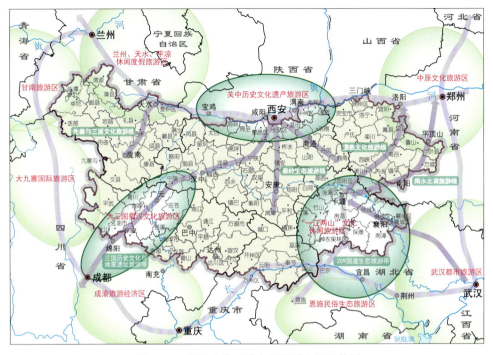

图2-2-4 秦巴山脉区域内部旅游空间现状图

（五）旅游市场发展现状

秦巴山脉区域内虽有武当山、华山、长江三峡等国际级旅游资源，但由于旅游品牌营销、交通等问题，入境旅游知名度较低，入境游客主要来自中国香港、中国澳门、中国台湾及周边日、韩等地；国内旅游客源主要来自西安、郑州、成都等省内城市，对东部沿海等地区旅游吸引力不足。

（六）旅游区域合作现状

秦巴山脉区域旅游发展由于行政分割，各省市旅游发展长期处于各自为政的状态，互相竞争，缺乏区域整体战略协调，同时多头管理、条块分割形成的旅游管理路径还将带来不良影响，在区域旅游合作上将面临资源开发、生态保护与补偿、市场营销等方面的挑战（表2-2-3）。但区域内也有旅游合作的尝试。例如，2015年7月发布的《广元剑门关宣言》，旨在通过构建旅游交通网络，联合开发旅游资源，共同开发市场营销，打造甘陕川三省八市州的旅游合作区，达到旅游共赢的目的。《大秦岭旅游发展专项规划》等规划，也提出整合旅游资源，期望破除行政边界，达到旅游合作发展的目的。但总的来说，秦巴山脉区域未形成环秦巴山脉区域旅游网络，这可归因于秦巴山脉区域内旅游合作机制尚未建立，区域旅游一体化步履维艰。

表2-2-3　秦巴山脉区域旅游合作面临挑战

主要挑战	核心问题
资源开发	资源开发主体不明确，各省市县各自为政对资源进行开发
生态保护与补偿	各省市县对生态环境的保护与开发政策不一，加大了秦巴山脉区域生态保护难度
市场营销	受行政分割影响，市场营销实质性的合作难以推进，营销品牌不统一，营销渠道建设重复
国际化保障	秦巴山脉区域目前缺乏国际旅游精品，即使是旅游开发水平较高的武当山，国际化服务、国际化营销及人才建设都较为缺失

（七）旅游道路交通建设现状

1. 整体交通可达性

根据《全国主体功能区规划》中交通可达性分析，秦巴山脉区域东部地区交通可达性略高于西部地区，但整个秦巴山脉区域交通可达性处于中等偏低的水平。交通不便制约秦巴山脉区域旅游发展，只有提升整体交通可达性，减少交通盲区，加强景区之间交通联系，才能将秦巴山脉区域旅游市场向外拓展，推至国际。

2. 空港建设

秦巴山脉区域共有机场11个，其中国内干线机场4D级机场共有2个（南阳姜营机场和襄阳刘集机场）；国内支线机场4C级机场共有6个（汉中城固机场、安康机场、广元机场、万源机场、神农架机场及达州机场）；规划建设机场3个（安康、巴中及陇南机场）。秦巴山脉区域空港建设整体落后，国际航线匮乏，缺乏通往北京、上海、广州等地的航线，对外空港可达性较差。近期须建设和提升机场建设水平，完善国内航线；远期须建设国际航线，以支撑国际旅游目的地的建设目标。

3. 铁路建设

秦巴山脉区域内已建成铁路干线6条，规划建设高铁线路3条（表2-2-4）。铁路建设整体落后，特别在陇西、重庆北部、湖北西北部地区铁路交通可达性更低。秦巴山脉区域须加强陇南、鄂西及重庆东北部的铁路建设，完善秦巴山脉区域内部铁路建设，增加秦巴山脉区域内部与周边地区的交通联系，为秦巴山脉区域内部的发展创造良好的交通条件。

表2-2-4　铁路建设

类型	线路
建成铁路干线	陇海铁路、宝成铁路、襄渝达成铁路、西康襄渝铁路、阳安铁路、宁西铁路
规划建设高铁线路	兰渝快速铁路、西渝高铁、西武高铁

4. 公路建设

秦巴山脉区域内部公路主要有"3横4纵"共7条公路主干线，公路交通可达性较好，但局部地区仍需优化，如陇南、重庆东北部地区公路网络密度较低，须加强陇南、重庆东北部地区公路建设。

（八）现状问题总结

综合上文现状分析，总结出秦巴山脉区域文化旅游产业发展面临以下六大问题。

1. 生态保护与旅游开发矛盾突出

秦巴山脉区域旅游资源多处于生态敏感区，生态保护与旅游开发的关系存在诸多不可忽视的矛盾。

2. 区域内交通与服务设施尚未健全

对外交通运输能力不足，内部交通网络不完善，一体化衔接较为滞后。

3. 区域内外旅游空间衔接不完善

区域周边已形成较为成熟的旅游带与旅游区，但秦巴山脉区域内部旅游空间与外部对接不足。

4. 优势资源向旅游产品转化不足

区域旅游资源数量大、种类多、品位高，但多数资源开发水平较低，同质化现象严重，缺乏创新，不能紧贴现代旅游需求。

5. 秦巴品牌感召力缺乏国际影响

拥有世界级旅游资源，但国际级旅游品牌少，品牌开发层次低，国际影响力较低。

6.行政分割导致区域统筹难协调

各省市旅游发展各自为政，处于互相竞争状态，资源多头管理，资源整合与打包营销面临重重管理阻碍。

二、文化旅游发展分析

（一）优势

1.地形地貌优势

秦巴山脉区域由陇山余脉、秦岭、巴山组成，南为巴山、北为秦岭，汉江贯穿于秦岭、巴山之间，由于长期差异升降运动，形成以中山为主体，间有高山和高中山、低山丘陵、黄土台塬及山间盆地等地貌景观。险要的自然环境为秦巴山脉区域发展探险旅游提供了先天的优势条件。

2.资源优势

复杂的地形和特殊的地理位置孕育了秦巴山脉区域集山、水、林、气景观于一体的丰富的自然景观资源。此外，秦巴山脉区域的史前遗存较为丰富，其中包含华夏始祖文化，道教、佛教宗教文化，三国文化等多样文化。丰富的自然景观资源、多彩的生物多样性、深厚的文化底蕴，巨大的旅游开发潜力集聚为强大的吸引力，使得秦巴山脉区域有条件成为国际性旅游度假目的地。

3.区位优势

秦巴山脉区域位于国家地理中心，是我国生态自然的心脏地区，因为是全国交通的汇聚区，古丝绸之路、古蜀道等重要的历史文化通道从此穿过。随着"一带一路"倡议的提出，重走丝绸之路、蜀道探险也是近年来文化旅游热线之一。优越的地理及交通区位为秦巴山脉区域旅游业发展提供保障。

4.形象优势

一直以来秦巴山脉区域被赋予"中国生态绿肺""中国国家中央公园"等头衔，各种媒体、杂志的报道使得秦巴山脉区域生态旅游资源等级高、数量多、品味优等形象深入人心，这一形象为秦巴山脉区域发展生态旅游打下良好基础，为树立优质旅游品牌提供可能。

（二）劣势

1. 经济发展缓慢

受地形交通等的影响，秦巴山脉区域经济发展水平较低，旅游业发展基础相对薄弱，基础设施及各项软硬件服务水平不高，设施不完善，旅游发展虽具有潜力但仍处于起步阶段，且发展速度相对缓慢。

2. 旅游产品开发单一

秦巴山脉区域旅游景区数量众多，但现有旅游景区集中表现为传统旅游服务业，开发层次低、开发项目雷同，开发无序，缺少对秦巴山脉区域旅游的整体统筹和策划，旅游开发的单一性、滞后性已影响到秦巴山脉区域旅游业的发展。

3. 交通可达性不足

目前，秦巴山脉区域交通可达性低，各县市内部的交通设施水平还有待提高，尤其是各景区之间的交通联系较弱，内部交通联系不畅已成为制约旅游发展的主要因素之一。

（三）机遇

1. 政策扶持

近年来全国对贫困地区给予大力扶持，各地对旅游业发展较为重视，先后制定了相关文件，着力于改善投资环境，加大招商政策的优惠力度，大力发展招商引资，为旅游业的发展提供良好的政策环境和投资氛围，为秦巴山脉区域旅游发展带来机遇。

2. 各色旅游潮流兴起

随着2.5天休假的试行，人们的旅游和休闲度假开始转为崇尚自然、回归自然，选择环境优雅、景观多样性强的地区，生态旅游的观念开始深入人心，为秦巴山脉区域依托其良好的生态休闲旅游资源奠定市场基础。

（四）挑战

1. 管理体制分割

秦巴山脉区域旅游管理体制尚未理顺，缺乏具有统筹协调能力的管理机构，不能有效地对旅游景区发展进行宏观调控，存在多头管理问题，产业发展与管理机制不配套，难以系统、有效地组织制定旅游业发展的方针、政策和建设措施。如何破除行政壁垒、促进区域旅游一体化，成为当前面临的巨大挑战。

2. 生态环境脆弱

秦巴山脉区域居民受"靠山吃山，靠水吃水"传统观念的影响，生态保护意识薄弱，导致生态脆弱、生态敏感度较高，这对秦巴山脉区域生态旅游的发展是一大威胁，统筹生态与旅游开发的关系是未来秦巴山脉区域旅游可持续发展所面临的现实问题与重大挑战。

3. 产品特色缺乏

国内旅游行业迅速崛起，各地纷纷效仿，导致各地旅游产业相似度高，缺乏独特的地域特色。如何依托区域文化、自然资源创新旅游产品，打造独具特色的旅游品牌与产品，成为秦巴山脉区域旅游发展的又一大挑战。

第三章　文化脉络梳理与文化旅游资源研判

一、文化脉络梳理

（一）历史文化资源

秦巴山脉区域所承载的历史文化资源类型丰富，时间跨度大，覆盖范围广，主要包括以巫山猿人、郧县猿人为主的史前人类活动遗存；以上古传说中的华胥古国为主体的上古地方文化遗存；以三皇五帝传说为主的上古华夏文化遗存；以各古城、古战场遗址等为主的各个朝代历史遗存等；文化类型有以佛教、道教为主体的宗教文化；以秦文化、楚文化和巴蜀文化为主的区域文化；还有以丝绸之路、古盐道为主的古代商业贸易文化。

1. 史前遗存

远古时期的秦巴山脉区域，气候温和，雨量丰沛，森林密布，河流纵横，物产丰饶，自然生态条件极为优越，从而成为人类理想的居住之地。

秦巴山脉区域的史前遗存主要集中于河南、湖北、重庆、陕西一线。其中，1985年在重庆巫山地带发现的巫山猿人是活动于距今200万年左右的早期直立人，取代了距今170万年左右的元谋人成为中国境内迄今发现最早的人类化石。

大概在距今200万年~180万年，非洲的"能人"甚至"匠人"，走出非洲进入亚洲和欧洲。以色列的乌贝蒂亚、格鲁吉亚的德玛尼西、巴基斯坦的伯比山及我国的"巫山猿人"遗址，均被看作早期人类迁徙途中的遗迹。因此秦巴山脉区域的巫山猿人这一发现揭示了东亚人类发展的进程，填补了我国早期人类化石的空缺，对于研究人类的起源和三峡河谷的发育史，具有极为重要的科学价值。

除此之外，秦巴山脉区域还有活动于距今约100万年的郧县猿人、距今70万~115万年的蓝田猿人、距今60万~100万年的梅铺猿人、距今100万年左右的丹江口猿人等史前遗存。种种时间跨度久远、覆盖面积广阔、数量丰富的史前遗存表明秦巴山脉区域不但是史前人类活动聚居的重要区域，也是中国乃至东亚人类的核心发源地之一。

2. 华胥古国

传说中华胥古国是中国上古时期的古国，最早见于《列子•黄帝》。相传华胥氏作为华胥国的首领，"其治国有方，民无嗜欲，自然而已，是为盛世乐土"。传说人文始祖轩辕黄帝为追求治世强国，梦寐以求地希望能够复兴华胥国的辉煌，于是有了"黄帝梦游华胥之国，而后天下大治"的典故。

华胥古国属于中晚期的仰韶文化，存在时间为公元前4600年~前2700年，地域主要为甘肃西部、陕西渭河流域及黄河部分流域。我国的黄河、长江流域11个省市均有关于华胥传说的遗迹与故事，但目前众多说法中被认为最为可靠的是"陕西说"，即认为华胥古国位于秦巴山脉区域内的蓝田县华胥镇。相传蓝田华胥镇为华胥古国所在，是华夏人类的发源地之一，华胥遗迹众多，包括蓝田华胥陵、华胥沟、华胥窑等知名遗迹。

3. 三皇五帝

三皇五帝指的是原始社会中后期出现的为人类做出卓越贡献的部落首领或部落联盟首领，后人追尊他们为"皇"或"帝"。道教则把他们奉为神灵，以各种美丽的神话传说来宣扬他们的伟大业绩。三皇五帝的具体身份在学界尚存争论，本书中采取三皇指伏羲、女娲、神农，五帝指黄帝、颛顼、帝喾、尧、舜这一说法。

三皇的相关史料和传说中，伏羲、女娲的出生地位于甘肃省东南部的成纪（今天水）、仇夷（今陇南）；女娲的活动中心和墓葬分别位于河南省的洛阳、灵宝；神农的后期活动中心和失踪地位于神农架，因此，三皇和秦巴山脉区域有较大的关联度（表2-3-1）。

表2-3-1　秦巴山脉区域三皇相关活动资料梳理表

三皇（纪年不可考）	出生地	活动范围	活动中心	墓葬
伏羲	成纪（今天水）或仇夷（今陇南）	推测在天水到淮阳周边地带	早期在天水，中晚期在淮阳	淮阳县伏羲陵
女娲	成纪（今天水）	推测在以洛阳为中心的中原区域	洛阳	灵宝市女娲陵
神农	姜水（今宝鸡）	推测在宝鸡、中原与湖北范围内	宝鸡、沁阳、曲阜、神农架	株洲炎帝陵，宝鸡炎帝陵，高平炎帝陵，商丘炎帝陵

在五帝的相关传说和史料记载中，除了黄帝出生于天水清水县、帝喾曾经定

都于洛阳之外，就个体而言和秦巴山脉区域关联度较低，但据推测其统治区域和主要活动区域均覆盖秦巴山脉区域。由此可见，秦巴山脉区域自上古神话时代以来，一直都是我国先民的重要活动区域（表2-3-2）。

表2-3-2　秦巴山脉区域五帝相关活动资料梳理表

五帝（纪年不可考）	出生地	统治范围	定都	墓葬
黄帝	上邽（今甘肃清水县）	北至内蒙，东至河北，西至甘肃，南到两湖	涿鹿，新郑	陕西黄陵桥山
颛顼	穷桑（今山东曲阜）	地域广大，"北至于幽陵，南至于交阯，西至于流沙，东至于蟠木" [1]	濮阳，商丘	安阳颛顼陵
帝喾	高辛（今河南商丘）	不详，推测小于颛顼	洛阳	商丘帝喾陵
尧	唐国（今山西临汾）	不详，推测小于帝喾	太原，临汾	临汾尧帝陵
舜	诸冯（今山东诸城）	不详，因经历洪水，推测小于尧	蒲坂（今永济）	九嶷山舜帝陵

1）《史记•五帝本纪》载："北至于幽陵，南至于交阯，西至于流沙，东至于蟠木…"

4. 历朝历代

1）先秦时期

先秦时期是指秦朝之前的历史时期，即夏、商、西周、春秋战国时期。虽然已经进入信使时代，不再依托神话传说记载历史，但由于年代久远，文字资料和遗址资料都十分有限。但不可否认的是，秦巴山脉区域一直处于中原王朝的统领之下。商朝、周朝及古代巴国均在秦巴山脉区域内部及周边有建都活动（表2-3-3）。

表2-3-3　先秦时期秦巴山脉区域相关活动资料梳理表

先秦时期	年代	定都	秦巴山脉区域相关活动及范围
西周	公元前1046年~前771年	镐京（今西安）	西周建立后，在该区域推行分封制
春秋	公元前770年~前476年	洛邑（今洛阳）	巴、楚、秦等国主要活动在此区域
战国	公元前475年~前221年		战国中期以来，该区域成为秦、楚两国争夺、较量的重要战场之一

夏朝缺乏足够明晰的史料记载，因此其统治范围和中心尚不明确，但从现有的河南洛阳偃师二里头夏都遗址可以看出，夏朝国都和统治中心在秦巴山脉区域东部边缘，因此其直接统治范围应覆盖至少包括秦巴山脉区域今河南省地带，并与今陕南、湖北和巴蜀等地的诸多部族建立了良好的交往和朝贡关系，其实际势力范围已经覆盖秦巴山脉区域东部、中部，即今河南、陕西和湖北的大部分片区。

殷商时期，活动在汉水流域、川东地区的各部族与商王朝保持着密切的联系，殷商末年，以巴人为主的秦巴山脉区域各部族参加了武王灭商的战争。《尚书•牧誓》记载，武王伐纣时，率领庸、蜀、羌等八个西方部族参加战斗。《华阳国志•巴志》称周武王伐纣，实得巴蜀之师，著乎《尚书》。

西周建立后，推行分封制，在今随州、襄樊境内分随、唐、厉等国。秦巴山脉区域分治于巴、庸、随、楚、秦等国。战国中期以来，秦巴山脉区域成为秦楚两国争夺、较量的重要战场之一。

这一时期在秦巴山脉区域的遗迹不多，但其意义非同寻常。例如，河南洛阳偃师二里头夏都遗址和安阳小屯村殷墟遗址对于研究夏、商、周断代历史具有非同寻常的意义；在随州出土的战国初年的曾侯乙墓编钟举世无双；1993年在荆门市四方乡郭店村一号楚墓发现了《老子》竹简，对于推动老子其人其书的研究意义重大，轰动了考古界（陈勇，2004）。

2）秦、汉、魏晋时期

自秦统一中国历经西汉、东汉、三国、两晋、南北朝以来，中国统治中心始终位于秦巴山脉区域的长安和洛阳两座古城周围，也正因为如此，才在秦巴山脉区域留下了丰富的遗存（表2-3-4）。

表2-3-4   秦、汉、魏晋时期秦巴山脉区域相关活动资料梳理表

秦、汉、魏晋时期		年代	定都	秦巴山脉区域相关活动及范围
秦朝		公元前221年~前206年	咸阳	天水秦亭作为秦国起源地，秦统一天下后，废分封制，将郡县制推行到全国
两汉	西汉	公元前206年~公元25年	长安（今西安）	西汉承袭秦制，推行郡县制。刘邦兴汉，以该区域为后方基地；光武中兴，南阳为东汉的建立输出了大批人才，云台二十八将有不少出自南阳；汉末三国之际，以襄阳为首府的荆州，是当时政治家、军事家纵横驰骋之地
	东汉	公元25年~公元220年	洛阳	
三国	魏	公元220年~公元265年	洛阳	汉中是蜀汉北伐的基地，诸葛亮北伐时，屯兵汉中，发展生产，进一步促进汉中地区经济的开发；安康月河川道一带，黄壤沃衍，桑麻列植，川土沃美
	蜀	公元221年~公元263年	成都	
	吴	公元222年~公元280年	建业（今南京）	
两晋南北朝	西晋	公元265年~公元317年	洛阳	东晋南朝时，历朝均在襄阳屯田，兴修水利；南朝萧齐时，襄阳不仅成为南北必争的军事要地，而且也是该区域最重要的农业区和经济重镇
	东晋	公元317年~公元420年	建康（今南京）	
	十六国	公元304年~公元439年	长安（今西安）、邺（今河北临漳）、洛阳等	
	宋	公元420年~公元479年	建康（今南京）	

续表

秦、汉、魏晋时期		年代	定都	秦巴山脉区域相关活动及范围
两晋南北朝	齐	公元479年~公元502年	建康（今南京）	
	梁	公元502年~公元557年	建康（今南京）	
	陈	公元557年~公元589年	建康（今南京）	
	北魏	公元386年~公元534年	平城（今大同），洛阳	
	东魏	公元534年~公元550年	邺城（今临漳）	
	西魏	公元535年~公元556年	长安（今西安）	
	北齐	公元550年~公元577年	邺城（今临漳）	
	北周	公元557年~公元581年	长安（今西安）	

　　公元前221年，秦灭六国，统一天下。随后秦始皇废西周分封制，将战国后期实行的郡县制推行到全国，分天下为36郡。秦巴山脉区域分属巴郡、汉中郡、黔中郡、南阳郡、南郡、三川郡共六郡。

　　在秦汉历史上，秦巴山脉区域曾书写过辉煌：秦灭六国、刘邦兴汉，皆以其为后方基地，在秦汉统一过程中，秦巴山脉区域起着重要作用。光武中兴时期，作为帝乡的南阳地区曾为东汉的建立输出了大批人才，云台二十八大将中，有不少出自南阳。

　　秦汉时期，秦巴山脉区域的经济也有了较快的发展。南阳是全国的冶铁中心，手工业的发展促进了商业的发达和城市经济的繁荣。此外，这一时期秦巴山脉区域内部的农业经济也颇为发达，由于大兴水利，南阳水利成为与关中郑国渠、成都都江堰齐名的全国三大灌区之一，汉中在楚汉时期已成为刘邦的一大粮仓，汉朝统一后更是稳固了自己作为关中后备粮仓的地位。这一时期的秦巴山脉区域在科技和文化事业上，也取得了举世瞩目的成就。南阳的科学家张衡发明了浑天仪、候风地动仪、指南车，南阳的医学家张仲景所著的《伤寒杂病论》为我国古代医学做出了杰出贡献（陈勇，2004）。

　　汉末三国之际，秦巴山脉区域不仅因战略地位的重要、备受世人瞩目而成为兵家必争之地，而且更是人才辈出、群星荟萃之所，其中以襄阳为首府的荆州是当时连通长江南北、蜀中和江东等区域的相对安定的重要区域，战略地位和经济地位极其重要，是当时政治家、军事家纵横驰骋的用武之地。

　　持续时间较短的西晋王朝动荡不断，并没有为秦巴山脉区域带来多少休养生息和发展的机会。永嘉之乱后晋室南渡，置侨州郡县，以安置北方流民，在秦巴山脉区域设有许多侨州郡县。进入南北朝后，荆州地区成为保卫南朝首都建康（今南京）的军事重镇，因此此地也成为各路军事、政治人物风云聚会、拼斗厮杀、显示才能的用武之地。

3）隋唐五代时期

隋唐时期的统治中心位于长安和洛阳，隋唐时期，由于国家统一、社会稳定，秦巴山脉区域的经济也进入了繁荣时期，这集中表现在农业、手工业与商业的发展上。

首先，农业经济发达。秦巴山脉区域本就有数千年的水稻种植历史。唐朝以后，稻作农业又取得了超越前代的发展。据唐朝李吉甫《元和郡县志》记载，郢州京山县有温汤水，"拥以溉田，其收数倍"。秦巴山脉区域的丘陵、山地也得到了大面积开发，广大的丘陵、山地为茶叶、果树、花卉、药材、桑麻等经济作物的种植和多种经营的发展提供了条件。

其次，手工业发达。襄州的漆器和美酒在当时名满天下。《唐国史补》下卷中记载："襄州人善为漆器，天下取法，谓之'襄样'。"诸多诗人写诗赞颂襄阳美酒："宜城多美酒，归与葛强游"（孟浩然）；"碧云愁楚水，春酒醉宜城"（钱起）。此外，陕南和川北地区的金州、商州、万州的金矿开采在隋唐时期也颇具规模（陈勇，2004）。

最后，商业繁荣。依托汉水漕运便捷的优势，襄阳逐渐发展成为一个商业繁盛的经济贸易都会。张九龄称"江汉间，州以数十，而襄阳为大，旧多三辅之豪，今则一都之会"。

安史之乱后因国力衰弱，秦巴山脉区域的南阳、潼关成为抗击叛军的重要节点；两京地带的人民避乱南迁，多从襄州和剑门蜀道经过，襄阳便成了北人南迁的重要中转站。唐朝晚期军阀割据，江淮贡赋通过汉沔道运往关中的江汉漕运，已成为政府赖以生存的命脉所在，该区域在中晚唐时期的重要地位可见一斑（表2-3-5）。

表2-3-5　隋唐五代十国时期秦巴山脉区域相关活动资料梳理表

隋、唐、五代十国时期		年代	定都	秦巴山脉区域相关活动及范围
隋朝		公元581年~公元618年	大兴城（今西安），洛阳	隋统一全国后，实行州、县二级制；秦巴山脉区域所属的州郡有襄阳郡、南阳郡、淅阳郡、汉东郡、汉川郡、上洛郡等
唐朝		公元618年~公元907年	长安（今西安），洛阳	唐太宗贞观元年，依据山川形势把全国划为十道，分道监察地方事务，该区域属山南道；开元二十一年，唐玄宗置十五道，山南道分东、西二道，山南东道治襄州（今襄樊市），山南西道治梁州（今汉中）
五代十国	前蜀	公元907年~公元925年	成都	
	闽国	公元909年~公元945年	长乐（今福州）	
	吴越	公元907年~公元978年	杭州	
	南楚	公元896年~公元951年	长沙府（今潭州）	
	吴国	公元902年~公元937年	广陵（今扬州）	

续表

隋、唐、五代十国时期		年代	定都	秦巴山脉区域相关活动及范围
五代十国	南汉	公元917年~公元971年	兴王府（今广州）	
	后梁	公元907年~公元923年	东都开封（今河南开封），西都洛阳（今河南洛阳）	
	南平	公元24年~公元963年	江陵（今荆州）	
	后唐	公元923年~公元936年	洛阳	
	后蜀	公元934年~公元966年	成都	
	后晋	公元936年~公元947年	汴州（今开封）	
	南唐	公元937年~公元976年	江宁（今南京）	
	后汉	公元947年~公元950年	东京开封府（今开封）	
	后周	公元951年~公元960年	东京开封府（今开封）	
	北汉	公元951年~公元979年	太原	

五代十国时期是中国历史上另一个分裂动荡的乱世时期，从这一时期各王朝的建都地点和历史中可以看出，全国经济中心和政治中心区域逐渐东移和南移至中原地带、江淮地带甚至两广地带，关中和蜀中地区渐渐衰落。自五代十国之后，关中和秦巴山脉区域的功能与地位经历了重要的转变，原有的政治核心区域的功能被移除了。

4）宋、元、明清时期

宋朝时期，秦巴山脉区域又有了新的发展。"荆襄之间，沿汉上下，膏腴之田七百余里。"（《宋史·朱震传》）襄州"风物秀美，泉甘土肥"，"尽是桑麻之野，亦为鱼稻之乡"（《舆地胜览》卷32《襄阳府》）。均州（今十堰一带）乃"鱼稻之乡"，"桑麻蔽山，衣食自足"（《舆地胜览》卷85《均州》）。郢州（今荆门钟祥一带）"其土饶粟麦"，荆襄地带成为全国重要的粮食基地（陈勇，2004）。

北宋末年和南宋时期，秦巴山脉区域再次凸显其战略地位的重要：秦岭汉中、汉水流域和淮水流域是南宋依托山形水势抗金兵、抗蒙古兵的重要前线；关中和河南地区是金朝抵抗蒙古军的重要平原地带。这一时期在该区域发生了三峰山金蒙之战、合州钓鱼城之战和襄樊之战等众多著名战役，有大量可歌可泣的历史故事和众多值得纪念的历史节点。

元朝时期在相对安定的社会环境和重农重商的社会氛围之下，秦巴山脉区域的荆襄地带依托优越的区位条件和汉水货运便捷的条件逐渐复兴，再次成为重要的商业经贸中心。

明清时期秦巴山脉区域的经济发展大不如前，逐渐衰退为地区性的经济贸易中心，如作为"南船北马""七省通衢"的襄阳城，自晚清、近代以来，因秦巴山脉区域经济受限于封闭落后的交通，发展迟缓，逐渐衰落（表2-3-6）。

表2-3-6　宋、元、明、清时期秦巴山脉区域相关活动资料梳理表

宋、元、明、清时期	年代	定都	秦巴山脉区域相关活动及范围
宋朝	960年~1279年	北宋开封，南宋临安（今杭州）	北宋建立以后，形成了路、府（州、军、监）、县三级政区；秦巴山脉区域在行政区划上分属京西南路（襄州、随州、郢州等8州30县）、陕西路（商州）、利州路（兴元府、洋州）、夔州路（夔州、万州、达州）等；荆襄是区域经济最发达的地区
元朝	1206年~1368年	大都（今北京）	元朝统一后，在地方上推行行省制度，设"行中书省"，行省下面有路、府、州、县等地方机构；元代在全国设置了10个行省，秦巴山脉区域分属河南、陕西、四川三个行省；自元代起，襄阳失去长期作为一级行政区的地位，但仍是该区域最为重要的区域中心，元初奖励垦殖政策的实施使区域经济得到了快速恢复
明朝	1368年~1644年	南京，北京	明清两代在地方行政区划上承袭元制。朱元璋洪武九年，变元代行中书省为承宣布政使司，在全国设置了十三个承宣布政使司，秦巴山脉区域分属湖广、四川、陕西、河南四个布政使司；清代改明代的布政使司为省，实行省、府、县三级制，秦巴山脉区域属湖北、四川、陕西、河南四省；南阳，襄阳等作为地区性经济贸易货运中心，经济繁盛；晚清以来，秦巴山脉区域经济发展迟缓，与全国其他地区拉开了距离
清朝	1616年~1911年	北京	

5. 专项历史文化资源

除此之外，秦巴山脉区域还有以丝绸之路为代表的专项历史文化资源。该类资源分布较为零散，长期以来受关注程度低，保护利用不足。

秦巴山脉区域自古以来也是中原地区与西域各国、西南各国相联系的重要通道，具有重要的地理战略区位。古代陆上丝绸之路从长安出发，分为路上丝绸之路和南方丝绸之路，最终分别通往罗马和印度。2014年6月22日第38届世界遗产大会宣布，"丝绸之路：长安—天山廊道的路网"成功入选世界文化遗产，其中，秦巴山脉区域内包含长安—天水路段，即神仙路，又称"古丝绸之路"，该路段历史遗迹众多，是难得的丝绸之路历史遗迹与考古遗址。

（二）地域文化资源

秦巴山脉区域位于六省市交接处，不可避免地受到各省市代表性文化的影响。在数千年的相互影响作用下，逐渐融合成为一种包含秦文化、巴蜀文化和楚文化等独特地域性文化在内的包容性极强的秦巴文化。周边地域文化对秦巴山脉区域产生较大辐射和影响的文化类型主要有六类：藏羌彝文化、巴蜀文化、三秦文化、陇南文化、荆楚文化及中原文化。

1. 藏羌彝文化

来自西藏、青海、川北和甘南的藏区文化，主要影响秦巴山脉区域的西北地带。严格来讲藏文化、羌文化和彝文化三者之间是有区别的，但是这三者在其他主流汉族文化的范围内同属于高原少数民族文化，其文化特性主要从建筑形制、生活方式、歌舞娱乐、饮食等方面体现出与主流汉族地域文化圈不同的特色（表2-3-7）。

表2-3-7　藏羌彝文化特征概括

文化名称	核心地带	辐射范围	秦巴山脉区域内部核心及影响范围	文化表现内容
藏文化	卫藏、康区、安多、阿里四地	西藏、青海全境及甘南、川西和云南北部区域	松潘、阿坝、九寨等地区及周边区域	村落布局、特色器物和建筑形式等物质文化特色，语言、服饰、饮食、民间习俗、民间艺术、礼仪节庆等非物质文化特色，都和传统的以中原文化为基础的巴蜀、三秦、荆楚文化大不相同
羌文化	青藏高原东部边缘	青海、甘南、川西北区域	北川、阿坝、青川及周边区域	
彝文化	长城以南、黄河以西、子午岭以东、桥山以北	川西、川南、云南北部及贵州等高原区域	川西北少部分区域	

2. 巴蜀文化

"巴"的古义为"吞食大象的巨蟒"，中心区域为重庆、川东及鄂西地区，涵盖陕南、汉中、黔中和湘西等地；"蜀"的古义为"葵中之蚕"，主要地理位置涵盖四川盆地中西部平原地区。由此观之，巴蜀的核心区域即今四川省和重庆市。巴蜀文化具有很强的辐射能力，在金属器、墓葬形式等方面对东南亚产生了深刻久远的影响（表2-3-8）。

表2-3-8　巴蜀文化特征概括

文化名称	核心地带	辐射范围	秦巴山脉区域内部核心及影响范围	文化表现内容
巴文化	重庆地区	湖北东部、江西北部、陕南地区、四川地区	巫山、巫溪等重庆北部诸县城及周边区域	主要包括古代巴国诸遗址和三国白帝城等遗址，与荆楚文化有相融之处，更多的是集中体现在古遗址、器物等物质文化遗产上
蜀文化	成都平原周边地带	四川全境及周边省区市相邻地区	广元、达州、安康、汉中等城市及周边区域	在秦巴山脉区域主要以三国蜀文化及红色文化为主，体现在遗址等物质文化遗产与历史传说、饮食风俗等非物质文化遗产上

巴蜀文化的一个强烈特征就是杂糅性非常强，因为它虽然是起源于约五千年前夏朝时代的古代巴国和古代蜀国，但一方面由于历史久远遗存有限，另一方面也由于历史上巴蜀地区多次饱受战乱和屠杀，之后又有大量的移民迁入，因此该地区的历史及文化的断代特征非常显著，几乎每个时代都有其不同的特征。可以说每经历一次战乱，巴蜀文化就经历一次巨大的变化。到目前为止，巴蜀文化是一个包含以三星堆等遗迹为代表的古代巴蜀国文化，以都江堰为代表的古代秦汉文化，以剑门关、白帝城为代表的古三国文化以及以青城山等为代表的宗教文化在内的非常复杂的文化体系。

3. 三秦文化

三秦文化是在特有的地理环境作用下形成的三秦地域文化。其中，关中以农耕文化的历史延续性创造了灿烂的农耕文化，与此种文明相辅相成的儒家文化便作为其文化的主要思想基础而形成了重本轻末、重农轻商和以"躬行家教为本"的个性。陕北则以游牧文化的底色杂以江南色泽，形成了农耕文明与游牧文明共同构成的强悍与粗犷，细腻奔放但不委婉，挑战传统而无传统的剽悍疏狂。而陕南文化以渔猎文化作为其最基本的生存特征而形成了鲜明的内倾性和柔韧品格，崇尚道义与信奉儒家文化（表2-3-9）。

表2-3-9　三秦文化特征概括

文化名称	核心地带	辐射范围	秦巴山脉区域内部核心及影响范围	文化表现内容
陕南文化	汉中、商洛及安康周边区域	陕西南部、四川北部、湖北西部区域	以汉中、商洛及安康为核心的陕南、川北、湖北部分区域	渔猎文化、尊崇自然的观念、各种宗教传承等非物质文化遗产，庙宇道观、村落遗址和历史遗存等物质文化遗产
关中文化	宝鸡、西安及周边区域	关中渭水平原、陕西中部、甘肃东部、河南西部等区域	渭水平原南部、陕南地区、河南西部	秦腔戏剧、关中饮食、历史传说等非物质文化遗产，大量历史遗存等物质文化遗产
陕北文化	榆林、延安等周边区域	宁夏、内蒙古等归属于河套地区的区域	—	特色信天游、饮食等非物质文化遗产，窑洞聚落、革命圣地等物质文化遗产

值得指出的是，历史上三秦地区尤其是关中地区曾在较长时间内是中原王朝的政治经济活动中心，在中华人民共和国成立前还一度是我党主要活动的核心区域，因此三秦文化中有很大一部分内容是以各类历史遗存、各类宗教活动遗存和红色革命遗存等为主要存在形式的历史物质文化遗产。

4. 陇南文化

从字面意思上看，陇南文化即甘肃南部的文化。陇南地区历史上位于关中地带、河西走廊、河套平原、陕南山区和四川盆地的交界之处，其文化也不可避免地受到西域文化、藏羌彝文化、陕南文化和关中文化的影响。因此孕育了深厚的文化底蕴，形成了陇南社会文化鲜明的边缘性和多元化的地域特色。既有古代氐、羌、藏等民族文化与汉文化的大融合，又有秦陇文化与巴蜀文化的大交会，其独特的民俗风情，深受史学界关注和游人青睐（表2-3-10）。

表2-3-10　陇南文化特征概括

文化名称	核心地带	辐射范围	秦巴山脉区域内部核心及影响范围	文化表现内容
陇南文化	甘肃南部	甘肃南部、陕西西南部、四川北部等周边省区市	以天水市、陇南市为中心的甘肃南部区域，少量辐射到陕南和川西北地区	历史传说、戏剧、歌舞等非物质文化遗产，少量的古代历史遗迹、器物文化等物质文化遗产

5. 荆楚文化

荆楚文化作为一种具有鲜明地域特色的文化形态，从断代的静态角度看，它主要是指以当今湖北地区为主体的古代荆楚历史文化；从发展的动态角度看，它不仅包括古代的历史文化，还包括从古到今乃至未来湖北地区所形成的具有地方特色的文化。因此，"荆楚文化"也可以理解为具有湖北地方特色的文化。荆楚文化主要由十个方面构成，即炎帝神农文化、楚国历史文化、秦汉三国文化、清江巴土文化、名山古寺文化、长江三峡文化、江城武汉文化、现代革命文化、地方戏曲文化、民间艺术文化。表2-3-11对荆楚文化特征进行了概括。

表2-3-11　荆楚文化特征概括

文化名称	大致范围	辐射范围	秦巴山脉区域内部核心及影响范围	文化表现内容
荆楚文化	以宜昌、襄阳和武汉为核心的江汉平原	河南南部、陕西南部、重庆东部、湖南北部、江西及安徽等周边省区市	以十堰、襄阳、荆州等城市为核心的湖北东部遗迹，陕南山区东南部，重庆北部区域	神农架炎帝文化、武当山武当道教文化是以历史传说、宗教传承为主的非物质文化遗产，楚国文化、三国文化、古代荆襄商业贸易文化更多地以墓葬遗址和器物等物质文化遗产为主

6. 中原文化

中原地区在古代不仅是中国的政治经济中心，也是主流文化和主导文化的发源地。中国历史上先后有20多个朝代定都于中原地区，河南省占据中国八大古都的一半，包括洛阳、开封、安阳和郑州。中原文化是以中原地区为基础的物质文化和精神文化的总称，最早可追溯至公元前6 000年~前3 000年的中国新石器时期。中原文化以河南省为核心，以广大的黄河中下游地区为腹地，逐层向外辐射，影响延及海外。中原地区特殊的地理环境、历史地位和人文精神使中原文化在漫长的中国历史中长期居于正统主流地位，中原文化在一定程度上代表着中国传统文化（表2-3-12）。

表2-3-12　中原文化特征概括

文化名称	核心地带	辐射区域	秦巴山脉区域内部核心及影响范围	文化表现内容
中原文化	河南省辖区	黄河中下游地区，包括今河南全省及陕西、山西、河北、山东及湖北等省的一部分地区是二级辐射区，但在整个中华文明体系中具有发端和母体的地位，影响着大半个中国	狭义上是以三门峡、洛阳、南阳、平顶山等城市为核心的华中平原区域；从广义上来说基本覆盖了河南、陇南、陕南、湖北和四川大部分区域	中原文化的文化表现内容基本就是汉民族的文化特色，包括自上古以来的各类历史传说、宗教传承、民俗节庆活动、技术传承、歌谣口诀等非物质文化遗产，以及秦、汉、唐等朝代的墓葬、建筑遗址、水利等构筑物遗址及出土的各类器物等物质文化遗产

必须注意的是，中原文化的地域性明显与其他地域文化不同，它最值得重视的特点就是与中国文化形成的直接关联。由于黄河泥沙的淤积和气候等诸多便利的自然条件，这里自上古时期就形成了发达的农业文明，在诸地域中最先跨过"文明的门槛"。由这种文明衍生的文化，则为后世中国的社会政治制度、文化礼仪典章提供了基本的范本。同时，中原文化之所以在中国文化的整体格局中占据重要地位，是因为它强大的辐射力。在中国历史上，它依托于生产方式的先进性、军事战争，甚至因中央政权崩解导致的移民大批迁移向四方传播。因此狭义上的中原文化仅仅是指以河南省为中心的文化，但广义上中原文化是陇南、三秦、荆楚和巴蜀文化的根源，是一个覆盖面极广的文化概念范畴。

（三）宗教文化资源

秦巴山脉区域一直以来受到多种文化共同影响，而且区域内层峦叠嶂、景色清幽，自古以来就是佛、道等宗教修行活动的重要区域。因此包含有佛教、道教各类形式的丰富的宗教遗迹，时间跨度跨越各个朝代，类型多样，包括名山、石窟、佛像、寺观等。

1. 佛教文化

秦巴山脉区域地跨汉江南北，位于川陕交界，山高水长，川岭交错，将中国西北和西南紧密地联系在一起。从历史文化的角度看，这一地区是三秦文化圈和巴蜀文化圈交会的地区，准确地说，秦岭南坡以下受巴蜀文化的影响要多一些。佛教经西域（今新疆和田）传入后，从竺法护（著名的佛教译经大师）开始，关中地区成为中国佛教重要的译传中心。至隋唐，分宗立派，名僧辈出，盛极一时。所以，佛教也很早就传入了秦巴山脉区域（王亚荣和李利安，2014）。

秦巴山脉区域聚集了不同年代多样的佛教石窟、寺庙，区域内有佛教文化历史的地区主要集中于西安市内及周边，聚集了八大佛教祖庭，是佛教流派发源地；此外，甘肃省东部的天水麦积山石窟、河南鲁山中原大佛也是秦巴山脉区域内主要佛教文化承载地之一，以知名的石窟、壁画和佛像等佛教物质文化遗产著称（表2-3-13）。

表2-3-13　秦巴山脉区域主要宗教遗存

教派与类别		主要文化遗存
佛教	佛像与石窟	麦积山石窟、乐山大佛、龙门石窟、大足石刻
	寺庙	白马寺、少林寺禅宗祖庭、法门寺、慈恩寺、兴善寺、观音禅寺
道教	名山	青城山、崆峒山、终南山、武当山、老君山等
	庙宇	中岳庙、青羊宫、全真祖庭、楼观台等

2. 道教文化

对于中国的本土宗教——道教来说，秦岭的意义也非常重要，老子在此讲授《道德经》。道教的雏形五斗米教在秦岭南坡兴起，后来全真教在秦岭北坡薪火相传，绵延至今，楼观台、重阳宫、龙门洞，这些道教祖庭与秦岭一起辉映古今。

此外，自古以来，由于秦巴山脉区域偏于一隅，远离中原战乱和世俗干扰，成为重视修今生、隐逸修行的道教修行者所偏爱的清修隐居之所。在秦巴山脉区域内有老君山、武当山与终南山等道教名山。在秦巴山脉区域周边分布有两汉、南北朝、隋唐五代及宋元等不同时期的各个派别的道教观宇。

（四）隐逸文化资源

自夏商时期历经春秋战国、两汉、隋唐至今，历朝历代都有无数士人、逸士居于此处，或修道参禅，或采药养生等，长期以来，逐渐形成了独具特色的依托自然山水、佛道文化和传统养生技术的隐逸文化，其大致上可以分为以终南山为核心的秦岭隐逸文化圈，以武当山为核心的江汉隐逸文化圈，以青城山、峨眉山为核心的蜀山隐逸文化圈，以及以大巴山区为核心的大巴山隐逸文化圈四个组成部分，表2-3-14对秦巴山脉区域不同时期的隐逸文化进行了总结。

表2-3-14　秦巴山脉区域不同时期隐逸文化代表示意

时期	地点	知名隐士	类型
先秦时期	渭水之滨	姜尚	隐居治学
先秦时期	河南鲁山	墨翟	隐居治学
秦汉三国	商山	商山四皓	隐居治学
秦汉三国	黄袍山	留侯张良	避世隐居
秦汉三国	襄阳隆中	诸葛亮	隐居治学
魏晋南北朝	终南山	魏晋隐士	避世隐居
隋唐五代	太白山	药王孙思邈	采药养生
隋唐五代	终南山	钟离权	参禅悟道
隋唐五代	终南山	吕洞宾	参禅悟道
宋元时期	华山	陈抟	参禅悟道
宋元时期	终南山	王重阳	参禅悟道
宋元时期	武当山	张三丰	参禅悟道

近年来，随着新闻媒体对陕西终南山一带隐居现象的连续报道，隐逸文化再度成为社会关注的一个焦点。终南山不仅"隐士"众多，而且类型多样，他们当中既有隐居多年的画家、修道者，也有一些暂时隐居、若干年后又融入繁华都市的人，还有周一至周五上班，周末选择到此隐逸的人。因此秦巴山脉区域的隐逸文化将成为未来旅游开发的潜力内容。

（五）传统乡村文化资源

秦巴山脉区域落后的经济发展水平和相对闭塞的地理区位条件，使得当代的工业文明对其影响较小，其城镇化水平和质量整体处于较低的层次，多数地区还保留着较为完善的传统民俗文化和传统物质空间形态，主要以大大小小的传统村落为载体，包括各类历史文化名镇，少数民族传统村寨以及大量的传统村落。

秦巴山脉区域传统乡村文化主要包括三个独特的核心内容。其一，独特的乡村布局形式和地域建筑形式。由于秦巴山脉区域可供群居的宽敞平地很少，自古以来，除形成了为数不多的集镇居民群体外，山民们多是散居，少有大村落。这些散居点缀在秦巴山脉区域山地的沟沟壑壑，远远看去，并不起眼，但体现出了秦巴山脉区域山地特有的地域建筑特色；除此之外，秦巴山脉区域山地的传统民居建筑形式也不同于陕西关中地区的砖瓦合院和陕北地区的夯土窑洞，而是一种依托于石材、木材等建筑材料构筑的山地民居，极富有地域特点（许娟等，2011）。其二，仅在乡村地区保留完好的，能够代表本地域的诸多节庆、嫁娶、戏曲歌舞等非物质类地域性民俗文化内容，是地域文化在乡村层面的体现。其三，大量传统乡村所承载的历史背景，具体表现为各类传说、庙宇、遗迹等物质类或非物质类文化资源，这是历史文化在乡村层面的集中体现。

（六）区域文化地位

由上文可见，秦巴山脉区域拥有包括巫山猿人、蓝田猿人等在内的时间跨度久远、数量众多的史前人类文化遗存，这表明距今200万年左右就有大量的史前先民在此地繁衍生息，并逐渐以秦巴大山为基地向东亚各个地区迁徙，创造了各地辉煌的地方文化。因此，可以说秦巴山脉区域是东亚史前人类和史前文化的发源地。

秦巴山脉区域自三皇五帝统治的上古时代起就位于中原文明的核心区域内，三皇五帝中伏羲、女娲、神农、黄帝等的出生地和主要统治中心位于秦岭之中。此外，自夏朝以来直至唐末，中原王朝的政治经济中心都位于秦巴山脉区域之内，在南宋时期，其军事地位也大幅提升。明清之后虽然军事地位衰退严重但仍旧能保持地区性经济中心和产粮中心的地位。由此可见，秦巴山脉区域承载了数千年主流的华夏文明发展。

此外，由于其西接西域、南临云贵、东靠中原的重要地理区位，秦巴山脉区域是中原地区和西域、南疆等诸多国家文化、宗教和经济相互冲击融合的重要交流区域，是佛教、道教等宗教的重要发展区域，也是三秦文化、巴蜀文化、藏羌彝文化和荆楚文化相互交流、相互冲击、相互促进的重要区域，无数宗教灵山和圣地位于大秦岭范围之内，催生了无数文化发展的火花。此外，秦巴山脉区域还拥有以著名的古代南方丝绸之路为首的代表中原与外界文明交流沟通的历史遗存，具有难以估量的历史文化价值。

秦巴山脉区域的自然环境和地理区位也孕育出了以传统村落为载体的传统乡村文化和以养生治学为主要表现形式的隐逸文化，在中国乃至世界文化史上可谓独树一帜。秦巴山脉区域拥有多元文化，堪称中国华夏文明的孕育区和重要的承载区，并同中国重要的文化走廊——藏羌彝文化产业走廊、丝路石窟走廊、汉江文化走廊、长江文化走廊等相连，也是中国"中原华夏文明传承区"的重要文化腹地（表2-3-15）。

表2-3-15　秦巴山脉区域主要文化走廊与文化区

文化走廊	地理范围	发展特点或目标
藏羌彝文化产业走廊	位于四川、贵州、云南、西藏、陕西、甘肃、青海等7省（自治区）交会处，包括四川甘孜藏族自治州、阿坝藏族羌族自治州、凉山彝族自治州、贵州毕节市、甘肃甘南藏族自治州等7个省（自治区）的11个市（州、地区）。该区域覆盖面积超过68万平方千米，藏族、羌族、彝族等少数民族人口超过760万人	合理利用地方和民族特色文化资源，在与产业和市场的结合中实现民族文化的有效传承与保护，培育各具特色的民族文化产业品牌；以改善民生为出发点，加快发展特色文化产业，实现文化富民；推进文化与生态、旅游的融合发展，把藏羌彝文化产业走廊建设成为世界级文化旅游目的地；推动文化产业成为区域经济支柱性产业，为西部和民族地区的振兴繁荣提供强大动力

续表

文化走廊	地理范围	发展特点或目标
丝路石窟走廊	从西安出发，延绵千里，在甘肃境内形成了著名的丝路石窟走廊。敦煌莫高窟、天水麦积山石窟、永靖炳灵寺石窟、庆阳北石窟寺、武威天梯山、安西榆林窟、张掖马蹄寺等著名景点串联其中	甘肃石窟规模宏大，数量众多，内容丰富，历史悠久，而且各个时代的洞窟都有不同程度的保存，构成了一部相对完整的佛教石窟艺术史，在中国佛教史和艺术史上占有极其重要的地位，其分布按地理位置来看大体可分为河西、陇中、陇南和陇东四个区域。在古代河陇文化的发展中，上述区域之间既相互关联，又具有自身的特点，共同构成了甘肃石窟文化内涵丰富、异彩纷呈的局面
汉江文化走廊	位于陕西地区，为汉江上游左岸较大支流褒河、丹江流经区域，主要包括陕南的汉中、安康、商洛三个地级市和所辖的3个区与25个县	陕西汉江文化走廊源远流长，积淀深厚。陕南在数千年的发展中形成了丰富、独特的文化，有众多名胜古迹与丰富多彩的民风民俗，人文旅游资源十分丰富；陕南还是秦陇文化、巴蜀文化、荆楚文化等多元文化的交会之地。商洛的"商山四皓"、安康的汉阴"三沈"、汉中的"两汉三国"等历史文化底蕴厚重，还有平利的女娲文化、石泉的鬼谷子文化，影响力不断扩大，构成了一道亮丽的陕南文化风景线；加之在长期的历史进程中因受地理条件制约，陕南地区较为封闭，形成了自足的"世外桃源"式的"王国"。良好的气候，丰富的物产，"两山夹一川"的独特地理环境，孕育了独具特色的陕南文化；其民众受道教文化的长期浸染，造就了"无为"的精神文化核心
长江文化走廊	青海、西藏、四川、云南、重庆、湖北、湖南、江西、安徽、江苏、上海等长江沿岸各省区市	长江文化源远流长，自成体系，最远可追溯到青莲岗文化、良渚文化和屈家岭文化，涵盖巴蜀文化、荆楚文化、吴越文化等文化群落，包含近代湖湘文化和海派文化，发展为现代革命文化和当代社会主义新文化。长江文化与近代以来政治革命、社会变革、经济变革、科技革命的关系极为密切，与近代以来启蒙思潮、改革思潮、科学思潮、马克思主义思潮的关系极为密切。改革开放以来，长江文化受到开放改革潮流的深刻影响和商品经济、科技发展的有力推动，正在发生文化转型，原来主要标志农业文明的传统文化形态逐渐转向现代化，形成以商品经济为基础，以商品文化、科技文化为主体因素的多种文化质态的融合体
黄河文化走廊	青海、四川、甘肃、宁夏、内蒙古、陕西、山西、河南、山东等黄河途径的各个省区	黄河文化是一种包容性极强的文化系统，其本身就是综合各种文化而形成的。进入文明时代，经过夏、商、周三个朝代的因革损益，最终形成以周文化为核心，以黄河流域为根据地的华夏文化。春秋战国的政治割据，为黄河流域各地域性文化的发展提供了契机，秦文化、三晋文化、齐文化、鲁文化各放异彩，齐鲁文化取得了主导地位。至秦汉，综合各地域性文化的黄河主体文化，既有秦晋文化务实际、重法治的特点，又保持了齐鲁文化富理想、重伦理的特征。在以后漫长的岁月里，黄河文化又不断吸收了来自西方和北方的主要少数民族的文化，如羌、匈奴、羯、氐、鲜卑、蒙古等，又南下与江南的百越巴蜀、楚文化相结合

续表

文化走廊	地理范围	发展特点或目标
中原华夏文明传承创新区	以现今河南地域为主，涉及晋东南、冀南、鲁西南、皖西北、鄂北、苏北等部分区域，这些区域历史上同属中原文化脉络，区域经济往来紧密，形成了构建中原华夏文明传承创新区的深厚的文化基础	到2015年，初步形成中原华夏文明传承创新区基础框架。文化遗产数量和保护、研究、展示工作水平等居全国前列，优秀文化资源得到较好传承，成为国家文化遗产保护传示范基地；全球华人根亲文化资源得到充分保护和科学利用，成为全国华人根亲文化圣地；文化产业增加值占河南省地区生产总值比重达3%以上，成为全国重要的文化产业基地；文化与经济、科技、旅游等紧密融合，体现出鲜明的时代特征，引领经济社会发展，成为现代文化创新发展新高地；在树立中国良好对外形象中发挥更大作用，成为中华文化"走出去"的重要基地。到2020年，文化产业增加值占河南省地区生产总值比重将达5%以上，成为国民经济支柱性产业，中原华夏文明传承创新区建设取得明显成效

二、文化旅游资源研判

（一）历史人文旅游资源

秦巴山脉区域人文旅游资源丰富多彩、种类齐全，包含少数民族文化及各地地域特色文化，其中包含武当山古建筑群、麦积山石窟、张骞墓3个世界文化遗产、5个国家历史文化名城、11个国家历史文化名镇、92个中国传统村落、82处全国重点文物保护单位、65个国家级非物质文化遗产（表2-3-16）。以上资源充分展示了秦巴山脉区域人文资源的多样性，有利于秦巴山脉区域更快实现打造世界生态文化旅游目的地的愿景。

表2-3-16　国字号历史人文旅游资源一览表（部分，不包含国家A级景区）

资源类型	数量	省区市	资源名称
世界文化遗产	3	湖北（1）	湖北武当山古建筑群
		陕西（1）	张骞墓
		甘肃（1）	麦积山石窟
国家历史文化名城	5	河南（2）	洛阳、南阳
		四川（1）	阆中
		湖北（1）	襄阳
		陕西（1）	汉中

续表

资源类型	数量	省区市	资源名称
国家历史文化名镇	11	河南（1）	淅川县荆紫关镇
		湖北（1）	郧西县上津镇
		重庆（1）	巫溪县宁厂镇
		陕西（4）	宁强县青木川镇、柞水县凤凰镇、旬阳县蜀河镇、石泉县熨斗镇
		四川（4）	巴中市巴州区恩阳镇、广元市元坝区昭化镇、平昌县白衣镇、阆中市老观镇
中国传统村落	92	河南（22）	汝阳县蔡店乡杜康村、三门峡市陕县西张村镇庙上村、邓州市杏山旅游管理区杏山村、南阳市内乡县乍曲乡吴垭村、南阳市淅川县盛湾镇土地岭村、陕县西张村镇丁管营村、陕县张汴乡刘寺村、南召县马市坪乡转角石村、淅川县盛湾镇土地岭村、洛宁县上戈镇上戈村、洛宁县河底镇城村、洛宁县东宋镇丈庄村、洛宁县底张乡草庙岭村、鲁山县瓦屋乡李老庄村、陕县西张村镇南沟村、卢氏县朱阳关镇杜店村、南召县云阳镇老城村、嵩县九店乡石场村、灵宝市朱阳镇朱阳村、栾川县潭头镇大王庙村、栾川县三川镇火神庙村抱犊寨、宜阳县张坞镇苏羊村
		湖北（7）	十堰市竹溪县中峰镇甘家岭村、十堰市张湾区黄龙镇黄龙滩村、十堰市郧阳区胡家营镇冻青沟村、房县军店镇下店子村、丹江口市官山镇吕家河村、南漳县巡检镇漫云村、襄阳市南漳县板桥镇冯家湾村
		重庆（2）	巫山县龙溪镇龙溪村2社、城口县高楠镇方斗村
		陕西（15）	安康市旬阳县赵湾镇中山村（郭家老院）、汉中市宁强县青木川镇青木川村、安康市石泉县后柳镇长兴村、安康市紫阳县向阳镇营梁村、安康市旬阳县赤岩镇七里村庙湾村、安康市旬阳县赤岩镇万福村、安康市旬阳县赤岩镇湛家湾村、安康市汉滨区石转镇双柏村、安康市汉滨区双龙镇天宝村、安康市汉滨区叶坪镇双桥村、安康市旬阳县早阳镇王庄村、安康市汉滨区共进镇高山村、安康市汉滨区墥坝镇马河村、安康市旬阳县仙河镇牛家阴坡村、商洛市镇安县云盖寺镇云镇村
		四川（24）	广元市昭化区昭化镇城关村、广元市旺苍县东河镇东郊村、广元市旺苍县福庆乡农经村、广元市旺苍县化龙乡石川村、广元市旺苍县化龙乡亭子村、北川县青片乡上五村、北川县马槽乡黑水村、昭化区柏林沟镇向阳村、朝天区麻柳乡石板村、白衣镇白衣庵居、广元市朝天区曾家镇石鹰村、巴中市通江县泥溪乡犁辕坝村、巴中市巴州区青木镇黄桷树村、广元市青川县观音店乡两河村、广元市剑阁县秀钟乡青岭村、达州市宣汉县庙安乡龙潭河村、达州市宣汉县马渡乡百丈村、巴中市通江县洪口镇古宁寨村、巴中市通江县龙凤场乡环山村、巴中市通江县澌波乡苟家湾村、巴中市通江县胜利乡大营村、巴中市通江县胜利乡迪坪村、巴中市通江县文胜乡白石寺村、巴中市南江县朱公乡百坪村

续表

资源类型	数量	省区市	资源名称
中国传统村落	92	甘肃（22）	陇南市文县石鸡坝乡哈南村、文县铁楼民族乡入贡山村、文县铁楼民族乡石门沟村案板地社、文县铁楼民族乡草河坝村、天水市麦积区麦积镇街亭村、天水市麦积区新阳镇胡家大庄村、甘南藏族自治州卓尼县尼巴乡尼巴村、陇南市文县碧口镇白果村郑家社、陇南市文县铁楼乡强曲村、陇南市宕昌县狮子乡东裕村、陇南市康县岸门口镇朱家沟村、陇南市西和县兴隆乡下庙村、陇南市西和县大桥镇仇池村、陇南市礼县宽川乡火烧寨村、陇南市礼县崖城乡父坪村、陇南市徽县嘉陵镇稻坪村、陇南市徽县嘉陵镇田河村、陇南市徽县麻沿乡柴家社、陇南市徽县大河乡青泥村、甘南州迭部县益哇乡扎尕那村、甘南州临潭县流顺乡红堡子村、甘南州临潭县王旗乡磨沟村
全国重点文物保护单位	82	河南（17）	香严寺、南阳府衙、医圣祠、南阳武侯祠、卧龙岗、内乡县衙、张衡墓、杏花山与小空山遗址、八里桥遗址、宜阳韩都故城、邓窑遗址、魏明帝高平陵、五花寺塔、卢氏城隍庙、镇平菩提寺、豫陕鄂前后方工作委员会旧址、列宁街石牌坊及红军标语
		湖北（11）	武当山古建筑群、襄阳城、古隆中、绿影壁、黄龙洞遗址、七里河遗址、南漳山寨群、后晋显陵、安乐堰墓群、甘式宗祠、上津古城
		重庆（2）	白帝城、张飞庙
		陕西（29）	五门堰、灵崖寺、张良庙、武侯祠博物馆、武侯墓风景区、龙岗寺遗址、李家村遗址、蔡伦墓祠、开明寺塔、拜将坛、花石浪遗址、良马寺觉皇殿、张骞墓、蓝田猿人遗址、渭华起义纪念馆、洛南盆地旧石器地点群、何家湾遗址、紫荆遗址、宝山遗址、刘家营遗址、商洛崖墓群、宁强羌人墓地、汉中东塔、智果寺、勉县武侯祠、瓦房店会馆群、洮州卫城、青木川老街建筑群、青木川魏氏庄园
		四川（12）	剑门关景区、红四方面军指挥部、老君山硝洞遗址、琳琅山朱德故居、千佛崖、平武报恩寺、老君山硝洞遗址、云岩寺飞天藏、永平堡古城、鹤鸣山道教石窟及石刻、白乳溪石窟、大像山摩崖造像
		甘肃（11）	大堡子山遗迹（西垂陵园）、西峡颂风景区、哈达铺长征纪念馆、麦积山石窟、伏羲庙、玉泉观、南郭寺、汪氏元墓群、然闹遗址、磨沟遗址（含墓群）、石沟坪遗址
国家级非物质文化遗产	65	河南（29）	洛大鼓、宛梆、板头曲、西坪民歌、大调曲子、真不同洛阳水席制作技艺、关公信俗、石雕、玉雕、牛郎织女传说、三弦书、医圣张仲景祭祀、方城石猴、黄石砚、中原养蚕织绸技艺、宛梆、内乡县衙春节岁时节令"打春牛"、大鼓书、西平民歌、镇平玉雕工艺、淅川锣鼓曲、丹江号子、范蠡传说、蛤蟆嗡、云彩灯、灵宝剪纸、卢氏剪纸、地坑窑院营建技艺、老子传说
		湖北（8）	武当武术、武当山宫观道乐、伍家沟民间故事、炎帝神农传说、吕家河民歌、老河口丝弦、黑暗传、王昭君传说
		重庆（1）	川江号子

续表

资源类型	数量	省区市	资源名称
国家级非物质文化遗产	65	陕西（13）	商洛花鼓、汉调二簧、汉调桄桄、镇巴民歌、蓝田普化水会音乐、紫阳民歌、华阴迷胡、楮皮纸制作技艺、蔡伦造纸传说、洛南静板书、弦子腔、仓颉传说、旬阳民歌
		四川（12）	川北灯戏、川北薅草锣鼓、巴山背二歌、翻山铰子、安岳石刻、高平绣活、羌年、跳曹盖、弦子腔、洞经音乐、抬阁、禹的传说
		甘肃（2）	太昊伏羲祭典、武都高山戏

注：括号内数字为该省区市历史人文旅游资源数量

（二）生态自然旅游资源

秦巴山脉区域生态资源总量大，品位高，类型齐全，组合良好。总体上具有奇特性、多样性、国际性特征。秦巴山脉区域内包含神农架1个世界自然遗产、2处世界地质公园、5个世界生物圈保护区、38个国家级自然保护区、60个国家森林公园、15个国家地质公园、12个国家级风景名胜区等（表2-3-17），生态自然环境优越。自2005年《中国国家地理》提出秦岭是中国的中央国家公园之后，不断有学者提出要将秦巴山脉区域打造成中国国家中央公园。

表2-3-17　国字号生态自然旅游资源一览表（不包括国家A级景区）

资源类型	数量	省区市	资源名称
世界自然遗产	1	湖北（1）	神农架
世界地质公园	2	湖北（1）	神农架地质公园
		河南（1）	伏牛山地质公园
世界生物圈保护区	5	河南（1）	宝天曼生物圈保护区
		湖北（1）	神农架生物圈保护区
		陕西（2）	佛坪生物圈保护区、牛背梁生物圈保护区
		甘肃（1）	白水江生物圈保护区
国家级自然保护区	38	河南（7）	宝天曼国级级自然保护区、老界岭国家级自然保护区、龙峪湾国家级自然保护区、南阳恐龙蛋化石群国家级自然保护区、丹江湿地国家级自然保护区、伏牛山国家级自然保护区、河南黄河湿地国家级自然保护区
		湖北（4）	十八里长峡国家级自然保护区、堵河源国家级自然保护区、赛武当国家级自然保护区、青龙山恐龙蛋化石群国家级自然保护区
		重庆（4）	大巴山国家级自然保护区、五里坡国家级自然保护区、阴条岭国家级自然保护区、雪宝山国家级自然保护区
		陕西（14）	陕西长青国家级自然保护区、汉中朱鹮国家级自然保护区、桑园国家级自然保护区、陕西佛坪国家级自然保护区、陕西省略阳珍稀水生动物国家级自然保护区、陕西青木川国家级自然保护区、周至国家级自然保护区、太白山国家级自然保护区、天华山国家级自然保护区、化龙山国家级自然保护区、牛背梁国家级自然保护区、太白湑水河珍稀水生物国家级自然保护区、丹凤武关河珍稀水生动物国家级自然保护区、黑河珍稀水生野生动物国家级自然保护区

续表

资源类型	数量	省区市	资源名称
国家级自然保护区	38	四川（6）	花萼山自然保护区、米仓山自然保护区、王朗自然保护区、雪宝顶国家级自然保护区、唐家河国家级自然保护区、诺水河珍惜水生动物国家级自然保护区
		甘肃（3）	小陇山国家级自然保护区、白水江国家级自然保护区、莲花山国家级自然保护区
国家森林公园	60	河南（9）	天池山国家森林公园、寺山国家森林公园、白云山国家森林公园、玉皇山、龙峪湾、神灵寨国家森林公园、花果山国家森林公园、亚武当国家森林公园、甘山国家森林公园
		湖北（8）	牛头山国家森林公园、诗经源国家森林公园、丹江口国家级森林公园、沧浪山国家森林公园、鹿门寺国家森林公园、九女峰国家森林公园、偏头山国家森林公园、神农架国家森林公园
		重庆（4）	九重山国家森林公园、小三峡国家森林公园、红池坝国家森林公园、雪宝顶国家级森林公园
		陕西（22）	牛背梁国家森林公园、黎坪国家森林公园、南宫山国家森林公园、天竺山国家森林公园、鬼谷岭国家森林公园、木王国家森林公园、汉中天台国家森林公园、天华山国家森林公园、五龙洞国家森林公园、上坝河国家森林公园、金丝峡景区、楼观台国家森林公园、青峰峡森林公园、千家坪国家森林公园、黑河国家森林公园、紫柏山国家森林公园、五龙洞国家森林公园、天台山国家森林公园、太平国家森林公园、太白山国家森林公园、通天河国家森林公园、少华山国家森林公园
		四川（8）	米仓山森林公园、镇龙山森林公园、天曌山国家森林公园、剑门关国家森林公园、天马山国家森林公园、空山国家森林公园、七曲山国家森林公园、铁山国家森林公园
		甘肃（9）	官鹅沟国家森林公园、鸡峰山国家森林公园、文县天池国家森林公园、贵清山国家森林公园、遮阳山国家森林公园（定西漳县）、沙滩森林公园、冶力关国家级森林公园（临潭）、腊子口国家森林公园、甘肃大峪国家森林公园
国家地质公园	15	河南（2）	西峡伏牛山国家地质公园、小秦岭国家地质公园
		湖北（3）	郧县龙山恐龙蛋化石群国家地质公园、武当山国家地质公园、神农架国家地质公园
		重庆（2）	云阳龙缸国家地质公园、长江三峡（重庆）国家地质公园
		陕西（3）	岚皋南宫山国家地质公园、金丝峡国家地质公园、柞水溶洞国家地质公园
		四川（3）	大巴山地质公园、八台山国家地质公园、光雾山—诺水河国家地质公园
		甘肃（2）	临潭冶力关地质公园、甘肃宕昌官鹅沟地质公园
国家级风景名胜区	12	河南（2）	石人山（尧山）国家级风景名胜区、桐柏山—淮源风景名胜区
		湖北（2）	武当山国家级风景名胜区、隆中风景名胜区
		重庆（3）	长江三峡国家级风景名胜区、天坑地缝国家级风景名胜区、潭獐峡风景名胜区
		陕西（1）	华山风景名胜区
		四川（3）	剑门蜀道国家级风景名胜区、光雾山—诺水河国家级风景名胜区、白龙湖国家级风景名胜区
		甘肃（1）	麦积石窟风景名胜区

注：括号内数字为该省区市生态自然旅游资源数量

（三）文化旅游资源板块

从秦巴山脉区域文化旅游资源空间分布来看，资源空间分布具有一定集聚性，文化旅游资源涵盖自然风光、红色旅游、宗教圣地、历史人文等（表2-3-18）。

表2-3-18　秦巴山脉区域文化旅游资源板块

资源板块	景点
川陕红色旅游资源板块	通江红四方面军总指挥部旧址纪念馆、通江川陕苏区红军烈士陵园、南江巴山游击队纪念馆、平昌刘伯坚纪念馆、万源保卫战战史陈列馆、剑阁红军血战剑门关遗址、苍溪红军渡纪念馆、仪陇县朱德故居纪念馆
先秦两汉三国历史文化旅游资源板块	张良庙、古汉台、张骞墓、武侯祠、张飞庙、永安宫、八阵图、大宁河古栈、岩棺群、定军山、石门—明月峡古栈道、昭化古城、秦西垂陵园、六出祁山遗址、阴平古道、蜀道剑门关
秦岭巴山生态文化旅游资源板块	大南宫山、大瀛湖、长青华阳、金丝峡、太白山、米仓山、仪陇琳琅山、朝天曾家山、元坝栖凤峡、苍溪梨博园、青州白龙湖、平武报恩寺、南江光雾山、通江诺水河和空山天盆、北川西羌九黄山猿王洞
鄂西生态与文化旅游资源板块	武当山古建筑群、郧县青龙山、郧阳岛、太极湖、丹江大坝、郧西上津古城、天河风景区、房县温泉、双野、竹山堵河源、女娲山、竹溪十八里长峡、保康九路寨、汤池峡、五道峡等景区
豫西文化生态休闲旅游资源板块	豫西大峡谷、老君山—鸡冠洞、白云山、恐龙遗迹、宝天曼、尧山—中原大佛、丹江库区、瓮城瀑布、渠首楚文化博物馆、神灵寨、洛书出处碑、杜康仙庄、老界岭、重渡沟、寺山、七星潭、范蠡公园
大九寨旅游资源板块	宕昌官鹅沟、武都万象洞、康县阳坝、文县天池、成县鸡峰山、徽县三滩、两当云屏三峡、略阳五龙洞、石泉"汉水明珠"、紫柏山、汉江古会馆群、勉县云雾山、南郑天汉水城、青木川古镇、地震遗址
长江三峡文化山水旅游资源板块	奉节白帝城、天坑地缝、巫山小三峡、神女溪、大昌古镇、龙骨坡遗址、云阳龙缸、巫溪红池坝、大官山、宁厂古镇、兰英大峡谷

（四）旅游资源整体价值认知与评价

1.旅游资源整体价值认知

1）历史与人文价值

从历史价值上，秦巴山脉区域是东亚史前人类和史前文化文明的发源地，是承载了数千年华夏文明发展的文明温床。秦巴山脉区域内的历史文化遗迹涵盖了从史前到明清的各个历史时期，时间跨度大，数量丰富，对这些资源的保护、研究与利用，对整个人类文明与中国历史研究、展示、传承具有重大意义。

从人文价值上，秦巴山脉是一座世界级的文化名山，是华夏文明的龙脉和父亲山，秦巴山脉区域是人类最重要的发源地和世界文明轴心之一的华夏文化发祥地，是位居中国中心的文化圈或文化走廊，是华夏文明传播的通道和东西南北多种文化交会融合之地，该区域保存了较为典型和完整的人文生态环境，保存了多种文化形态和丰富的文化资源。

本书将秦巴山脉区域内具有代表性的历史文化资源总结为以下几点。

（1）中国乃至东亚人类的核心发源地。1985年在重庆巫山地带发现的巫山猿人是活动于距今200万年左右的早期直立人，是中国境内迄今发现最早的人类化石。此外，还有活动于距今约100万年的郧县猿人，距今70万~115万年的蓝田猿人，梅铺猿人及距今100万年左右的丹江口猿人等史前遗存。种种时间跨度久远、覆盖面积广阔、数量丰富的史前遗存表明秦巴山脉区域不但是史前人类活动聚居的重要区域，也是中国乃至东亚人类的核心发源地之一。

（2）多元地域民族文化的融合区。秦巴山脉区域位于六省市交界之处，不可避免地受到各省市代表性文化的影响，逐渐融合成为一种包含秦文化、巴蜀文化和楚文化等独特地域性文化在内的包容性极强的秦巴文化。周边地域文化对秦巴山脉区域也产生较大辐射和影响，主要有藏羌彝文化、巴蜀文化、三秦文化、陇南文化、荆楚文化及中原文化六类。

（3）佛教、道教两大宗教的发祥地与传承区。秦巴山脉区域内包含佛教、道教各类形式丰富的宗教遗迹，时间跨度大，包括名山、石窟、佛像、寺观等。

（4）文人墨客避世隐逸的首选区。秦巴山脉区域大致上可以分为以终南山为核心的秦岭隐逸文化圈，以武当山为核心的江汉隐逸文化圈，以青城山、峨眉山为核心的蜀山隐逸文化圈，以及以大巴山区为核心的大巴山隐逸文化圈四个组成部分。

（5）传统乡村风貌的展示区。秦巴山脉区域多数地区保留着较为完善的传统民俗文化和传统物质空间形态，主要以大大小小的传统村落为载体。其包括各类历史文化名镇、少数民族传统村寨及大量的传统村落。

2）自然生态价值

从自然生态价值上，秦巴山脉区域拥有丰富的动植物资源、矿产资源、物产资源和水力资源，其生态资源的保护与利用对中国动植物资源保护、中国生态安全格局与中国居民休闲游憩具有重要意义。该区域也是中国南水北调中部水源涵养地和供给地，是惠及中国中部和东部的最后的净土净水，其自然生态环境对于中国整体，特别是人口密集、经济发达的中部和东部有重要护佑和屏障作用，以及长远性、整体性和战略性的影响，秦巴山脉区域包含的基因库是关系到民族和国家未来的战略资源。在当代人们更多选择自然生态和休闲养生的生活方式的大趋势下，秦巴山脉区域无疑是非常好的选择。

本书将秦巴山脉区域内具有代表性的自然生态资源总结为以下几点。

（1）以四大国宝为代表的珍贵动植物资源。秦巴山脉区域内有多个大熊猫、朱鹮、金丝猴、羚牛等珍稀动植物自然保护地，是中国重要的生物基因库。

（2）以五大名山为代表的多样化自然资源。华山、武当山、终南山、太白山、神农架是中国著名的山体资源，也是秦巴山脉区域内主要的名山旅游资源。

（3）以净水清风为特色的优质水气资源。秦巴山脉区域内优质水源有丹江、汉江、嘉陵江水系，丹江口水库水资源丰富，水质污染低；另外还包含5个世界生物圈保护区、38个国家级自然保护区，60个国家森林公园等优质自然资源，是中国的天然氧吧。

（4）以药、茶、土特产为主的丰富绿色食品资源。秦巴山脉区域生态环境是绿色食品的天然养殖地，各地培植出多样的绿色特产，如中草药绞股蓝，是不老长寿药草、名贵中药材，秦巴山脉区域也因此被称为"世界绞谷"；茶叶有紫阳富硒茶、秦巴雾毫茶、汉中仙毫；土特产则有岚皋秦巴野猪肉、苍溪红心猕猴桃、通江银耳、野生木耳等。

2.旅游资源特征总结

1）旅游资源总量大，品位整体较高

秦巴山脉区域优良旅游资源较多，有大量的世界级旅游资源、国家级旅游资源，以武当山、伏牛山、中原大佛、大昌古镇等具有国际吸引力的旅游资源为代表，其中山地、森林、温泉、湖泊等自然资源尤为丰富，体现了区域内旅游资源的特色和优势。

2）旅游资源类型丰富，组合性良好

秦巴山脉区域旅游资源类型众多（表2-3-19），包括世界遗产、现代工业旅游、经典红色旅游、自然湖泊、古城古镇古村、民俗文化、森林山地等旅游资源。这些旅游资源具有神秘性、唯一性、奇特性、多样性、国际性等特征。

表2-3-19　秦巴山脉区旅游资源类型组合表

旅游资源分类	分布
地质奇观	万象洞、三门峡豫西大峡谷、五道石童景区、龙缸国家地质公园、西羌九黄山猿王洞等
世界遗产	张骞墓、武当山景区、静乐宫景区等
现代工业旅游	黄龙电厂工业生态旅游区、东风汽车工业旅游区等
经典红色旅游	旬阳县红军纪念馆、渭华起义纪念馆、南阳市叶家大庄桐柏英雄纪念馆、刘伯承同志纪念馆、川陕苏区红军烈士陵园等
自然湖泊	柞水溶洞景区、丹凤丹江国家湿地公园、旬河源国家湿地公园、汉中朱鹮国家级自然保护区、百尺潭等
古城古镇古村	陇南市文县石鸡坝乡哈南村、嵩县九店乡石场村、淅川县盛湾镇土地岭村、大昌古镇、北川县马槽乡黑水村、昭化古城等

续表

旅游资源分类	分布
森林山地	太白山国家级自然保护区、陕西长青国家级自然保护区、牛背梁国家森林公园、黎坪国家森林公园、太白石头河国家湿地公园、陕西佛坪国家级自然保护区、鸡峰山国家森林公园、西峡颂风景区、龙峪湾、红池坝国家森林公园等
休闲度假	千坝草原、陆浑水库、甘山滑雪场等
乡村旅游	平利县龙头旅游村、三门峡市陕县西张村镇庙上村等
民俗文化	中国苍溪·梨文化博览园、谷城县五山堰河乡村旅游区、房县南潭生态文化旅游区等
历史遗迹	武侯祠博物馆、蓝田葛牌苏维埃政府旧址、张飞庙、剑门关国家森林公园、明月峡古栈道、承恩寺、古隆中等

3）旅游资源分布不均

秦巴山脉区域中部旅游资源呈现数量相对较少、类型单一、以生态资源为主的特征；东部旅游资源相对集中，资源类型较丰富。秦巴山脉区域整体呈现资源分布不均匀的特征。

3. 旅游资源评价

参考《国家级风景名胜区管理评估和监督检查办法》《旅游资源分类、调查与评价》（GB/T 18972—2017）等相关文件，将世界文化自然遗产、世界地质公园、国字号旅游资源及国家5A、4A、3A级景区等具有较强影响力的国家级及以上旅游资源列为优良旅游资源；将省级旅游资源及国家2A、1A级景区等列为普通旅游资源（图2-3-1）。

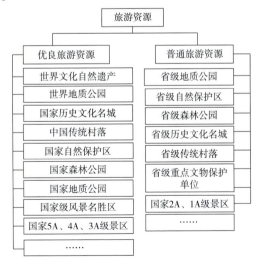

图2-3-1 旅游资源分类

　　秦巴山脉区域内优良旅游资源的保护与开发是秦巴山脉区域内旅游资源利用的重点内容。采用《旅游资源分类、调查与评价》（GB/T 18972—2017）中的赋分标准，对秦巴山脉区域的优良旅游资源单体逐一评分，各单体的算术平均值即该单体的最终得分。依据优良旅游资源单体评价总分，将其分为三级，从高级到低级为特品级旅游资源、优良级旅游资源、普通级旅游资源。根据对秦巴山脉区域309个优良旅游资源单体进行评价的统计结果，秦巴山脉区域特品级旅游资源单体有20个，占评价单体总数的6.5%；优良级旅游资源单体有123个，所占比例为39.8%；普通级旅游资源单体有166个，占单体总数的53.7%（表2-3-20）。

表2-3-20　秦巴山脉区域优良旅游资源评价等级分类表

等级	数量	单体名称
特品级	20	张骞墓、湖北武当山古建筑群、神农架景区、襄阳历史文化名城、南阳历史文化名城、汉中历史文化名城、阆中历史文化名城、鸡冠洞、老君山、白云山国家森林公园、龙潭峡谷景区、百尺潭、中原大佛、巫山小三峡、长江三峡中的瞿塘峡—巫峡景区、华山景区、天水麦积山风景名胜区、阆中古城、北川羌城旅游区、邓小平故居
优良级	123	郧西县上津镇、巫溪县宁广镇、巴中市巴州区恩阳镇、广元市元坝区昭化镇、平昌县白衣镇、淅川县荆紫关镇、栾川县潭头镇、栾川县三川镇火、宜阳县张坞镇、宁强县青木川镇、柞水县凤凰镇、旬阳县蜀河镇、石泉县熨斗镇、赛武当风景区、武当南神道旅游区、太极峡风景区、郧县虎啸滩旅游区、武当峡谷漂流旅游区、五龙河、十堰龙潭河、九龙瀑旅游区、丹江口市旅游中心港、十堰市博物馆、郧西天河旅游区、静乐宫景区、上津文化旅游区、襄阳凤凰温泉、春秋寨景区、古隆中风景名胜区、尧冶河、五道峡、五朵山、宝天曼、神灵寨、木札岭景区、甘山森林公园、云露山、老界岭、养子沟、龙峪湾、重渡沟、白马潭、豫西大峡谷、双龙湾、画眉谷、伏牛山滑雪度假乐园、甘山滑雪场、黄河小浪底、香严寺、国际玉城、南阳武侯祠、卧龙岗、内乡县衙、西峡县老鹳河漂流风景区、武都万象洞、成县西峡颂风景区、康县阳坝自然风景区、宕昌官鹅沟风景区、伏羲庙、玉泉观、南郭寺、贵清山、遮阳山国家森林公园、大峪沟风景区、冶力关风景区、拉尕山景区、瀛湖旅游景区、牛背梁国家森林公园、黎坪国家森林公园、南宫山国家森林公园、天竺山国家森林公园、香溪洞、金丝峡景区、柞水溶洞景区、汉江燕翔洞生态旅游景区、汉中武侯祠博物馆、武侯墓风景区、翠华山景区、秦岭野生动物园、关中民俗艺术博物馆、黑河旅游景区、楼观中国道文化展示区、王顺山景区、汤峪旅游度假区、太平国家森林公园、太白山国家森林公园、凤县凤凰湖景区、红河谷景区、通天河国家森林公园、宝鸡消灾寺景区、青峰峡景区、渭南市少华山国家森林公园、洋县华阳景区、洋县朱鹮梨园景区、张良庙—紫柏山风景名胜区、宁强青木川景区、石泉县中坝大峡谷景区、秦始皇陵景区、骊山景区、镇龙山森林公园、光雾山、曾家山、天曌山、药王谷、瞿塘峡、龙缸、琳琅山风景区、千佛崖、李白故里、平武报恩寺、白帝城、北川老县城地震遗址、张飞庙、剑门关景区、皇泽寺、西羌九黄山猿王洞、天坑地缝、龙缸、瞿塘峡、红池坝国家森林公园、大昌古镇、重庆万州潭獐峡风景区、尧山大峡谷

等级	数量	单体名称
普通级	166	牛头山国家森林公园、诗经源国家森林公园、九华山森林公园、偏头山森林公园、沧浪山国家森林公园旅游区、房县神农峡、十八里长峡、驴头峡、金蟾峡、仙女洞龙吟峡、紫薇岛度假村、黄家湾、野人谷旅游区、金沙湾水上乐园、月亮湖山庄、南潭生态文化旅游区、丹江大坝旅游区、松涛山庄、丹江口市博物馆、竹山县秦巴民俗风情苑、武当红生态工业旅游区、县龙王垭观光茶园旅游区、四方山植物园、楚长城文化旅游区、赛武当东沟红色旅游区、张湾龙泉寺、人民公园景区、黄龙电厂工业生态旅游区、烈士陵园红色旅游区、房县观音洞旅游区、南漳县水镜庄风景区、谷城县南河小三峡风景区、谷城县薤山旅游度假区、昭君村古汉文化游览区、卧龙谷景区、好运谷、云华蝙蝠洞、昭平湖、石门湖、秘洞、医圣祠、三门峡甘山森林公园、坐禅谷景区、五道石童景区、叶县县衙博物馆、花果山国家森林公园、龙潭峡景区、南阳龙潭沟景区、汉画馆、淅川香严寺景区、西峡石门湖景区、西峡县老君洞生态养生旅游景区、南召县五朵山景区、南召县白河第一漂景区、南召县白河第一漂景区、邓州花洲书院、南湖风景区、南沙湖景区、午子山风景名胜区、千层河风景区、汉中天台国家森林公园、五龙洞国家森林公园、丹江漂流、秦岭峡谷漂流景区、旬阳县红军纪念馆、蔡伦墓祠、水陆庵、西安沣峪庄园景区、黑河国家森林公园、西安祥峪国家森林公园、西安常宁宫休闲山庄有限公司、蓝田猿人遗址文馆所、汤峪温泉大兴汤院遗址公园、杨虎城将军陵园、万华山、华山御温泉、潼关杨震博物馆、渭华起义纪念馆、鸵鸟王生态园、塔云山景区、凤冠山景区、九天山风景区、商南县闯王寨景区、山阳县月亮洞景区、镇安县木王国家森林公园、柞水县秦楚古道景区、商州区牧护关滑雪场、山阳县漫川古镇、洛南县抚龙湖景区、香溪洞风景区、岚河漂流景区、千家坪国家森林公园、筒车湾风景区、平利县龙头旅游村、镇坪飞渡峡·黄安坝生态旅游度假区、紫阳文笔山景区、汉中博物馆、石门栈道风景区、桔园生态观光园、朱鹮生态园、留坝县栈道漂流景区、蔡伦墓祠文管所、五龙洞国家森林公园、八台山风景名胜区、百里峡、诺水河、红四方面军指挥部、天马山国家森林公园、广元川北民俗文化园、中国苍溪·梨文化博览园、开江县金山寺、达州市万源红军公园旅游景区、广元市朝天区水磨沟旅游景区、南部县禹迹山风景区、迭部腊子口风景区 、临夏市枹罕山庄、岷县狼渡湿地草原、重庆万州悦君山、重庆巫山博物馆、重庆城口县苏维埃政权纪念公园、重庆万州西游洞、重庆开县厚坝休闲农业观光园、重庆开县竹溪休闲农业观光园、十堰市竹溪县中峰镇甘家岭村、房县军店镇下店子村、丹江口市官山镇吕家河村、南漳县巡检镇漫云村、汝阳县蔡店乡杜康村、三门峡市陕县西张村镇庙上村、邓州市杏山旅游管理区杏山村、南阳市内乡县乍曲乡吴垭村、南阳市淅川县盛湾镇土地岭村、陕县西张村镇丁管营村、陕县张汴乡刘寺村、南召县马市坪乡转角石村、淅川县盛湾镇土地岭村、洛宁县上戈镇上戈村、洛宁县河底镇城村村、洛宁县东宋镇丈庄村、洛宁县底张乡草庙岭村、鲁山县瓦屋乡李老庄村、陕县西张村镇南沟村、卢氏县朱阳关镇杜店村、南召县云阳镇老城村、陇南市文县石鸡坝乡哈南村、嵩县九店乡石场村、文县铁楼民族乡入贡山村、文县铁楼民族乡石门沟村案板地社、文县铁楼民族乡草河坝村、广元市昭化区昭化镇城关村、北川县青片乡上五村、北川县马槽乡黑水村、昭化区柏林沟镇向阳村、朝天区麻柳乡石板村、白衣镇白衣庵居、广元市朝天区曾家镇石鹰村、巴中市通江县泥溪乡犁辕坝村、巴中市巴州区青木镇黄桷树村、安康市旬阳县赵湾镇中山村、汉中市宁强县青木川镇青木川村、安康市石泉县后柳镇长兴村、安康市紫阳县向阳镇营梁村、安康市旬阳县赤岩镇七里村庙湾村、安康市旬阳县赤岩镇万福村、安康市旬阳县赤岩镇湛家湾村、巫山县龙溪镇龙溪村2社

　　秦巴山脉区域旅游资源，因其特有的地理特征与文化，展现出丰富的类型与优良的品质。无论从资源本身的总量、品位层次、结构类型、开发价值方面，还是从资源的区域竞争力、潜在市场关注度、资源产品化条件等方面，以及资源的观赏游憩价值、历史文化科学艺术价值、资源珍稀奇特程度、规模、丰富度、资源完整性、片区知名度影响力、适游期等综合评价体系比较，秦巴山脉区域都是一个旅游资源大区，具备成为旅游产业大区、强区的资源基础，秦巴山脉区域旅游资源能够支撑秦巴山脉区域下一阶段旅游业实现跨越式提升，成为国际性旅游目的地。

第四章 文化旅游发展目标与战略

一、文化旅游发展趋势

（一）中国旅游发展趋势分析

1.中国旅游业发展历程

旅游业的发展是经济发展的必然结果，是国民生计的要素，是人类文明的载体。纵观中国旅游业的发展历史，中国旅游业的发展和中国的经济发展是相辅相成的。中国旅游业发展共经历了5个时期[①]（图2-4-1）。

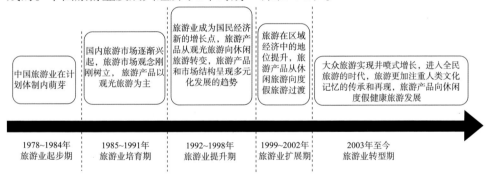

图2-4-1　中国旅游业发展历程

2.旅游政策走向

改革开放以来，国家颁布各项政策、制度扶持旅游业的发展（表2-4-1）。例如，2006年《中国旅游业发展"十一五"规划纲要》明确提出，要把旅游业培育成国民经济的战略性支柱产业；2009年《国务院关于加快发展旅游业的意见》

[①] 中国旅游业改革开放30年发展报告，https://www.docin.com/p-1602690625.html，2009-01-04.

明确了"把旅游业培育成国民经济的战略性支柱产业和人民群众更加满意的现代服务业"的定位；2012年十八大报告首次提出建设"美丽中国"的概念，并提出要建设"美丽乡村"的奋斗目标；2015年《国务院办公厅关于进一步促进旅游投资和消费的若干意见》提出2.5天休假的政策，为群众利用周末开展短途游创造了条件。

表2-4-1　促进旅游业发展的政策

年份	相关政策	涉及内容
2006	《中国旅游业发展"十一五"规划纲要》	明确提出要把旅游业培育成国民经济的战略性支柱产业
2009	《国务院关于加快发展旅游业的意见》	明确了"把旅游业培育成国民经济的战略性支柱产业和人民群众更加满意的现代服务业"的定位
2012	十八大报告	首次提出建设"美丽中国"的概念，并提出要建设"美丽乡村"的奋斗目标
2015	《国务院办公厅关于进一步促进旅游投资和消费的若干意见》	提出2.5天休假的政策，为群众利用周末开展短途游创造了条件
2016	《"十三五"旅游业发展规划》	全面落实旅游业创新驱动、协调推进、绿色发展、开放合作、共享共建等方面任务

改革开放以来，在国家各项政策的扶持下，我国旅游产业持续增温，已经从旅游资源大国向亚洲旅游大国的目标迈进。但也应清醒地认识到，目前中国与世界旅游强国尚有不小的差距，只有充分利用好各种有利因素，转变旅游发展方式，不断增强综合竞争力，中国旅游业才有可能巩固领先优势，实现持续平稳较快发展，并在未来引领国民经济发展。

3. 居民旅游偏好趋势

随着经济的增长和旅游业的发展，旅游已经融入普通居民的生活，近30年来居民旅游方式也发生了诸多变化。根据携程发布的 2011~2017年（其中，2012年、2015年、2016年数据缺失）的中国旅游者意愿调查报告分析得出：随着国民经济收入的增加，更多游客愿意在旅游目的地逗留，逗留的时间普遍在3~10天；出行方式也发生了变化，越来越多的居民选择自助游的方式开展外出旅游，跟团旅游出现逐年递减的态势；在交通选择方面出现多样化并存的趋势，飞机已经成为较为普遍的出行交通工具，自驾出行的增长不可小视。

居民旅游偏好的改变，说明休闲旅游在当前我国大众休闲活动中占据了重要地位，观光、度假、专项旅游三足鼎立的格局初步形成。

4. 自驾营地建设兴起

随着自驾游的兴起，我国近年迎来自驾营地建设风潮。截至2016年底，全国自驾车营地数量已经超过了500个。不管是利用景区开发营地，还是"房车+温泉+酒店"的独特营地模式，或是批量购买房车提供租赁的方式带动营地的经营，自驾营地的建设已经变得十分火热。

2017年，为了贯彻落实《国务院办公厅关于加快发展健身休闲产业的指导意见》，八部门①联合研究制定了《汽车自驾运动营地发展规划》。该规划确定，到2020年，基本形成布局合理、功能完善、门类齐全的汽车自驾运动营地体系，重点打造一批精品汽车自驾运动赛事活动，培育一批专业化程度高的汽车自驾运动俱乐部，推出一批主题鲜明的汽车自驾路线，壮大一批具有影响力的汽车自驾运动营地连锁品牌企业，建成1 000家专业性强、基础设计完善的汽车自驾运动营地。

5. 在线旅游市场发展

根据《2018年中国在线旅游行业研究报告》②，2009~2018年，中国在线旅游市场交易规模从617.60亿元增长到8 875.20亿元，增长飞速（图2-4-2）。相比于从前通过旅行社购买旅游产品的方式，近年来在线旅游的方式愈加普遍，在线旅游市场发展迅速，其服务与旅游产品也更加成熟与多样化。

图2-4-2　2009~2019年中国在线旅游市场交易规模及增速

---

① 八部门：国家体育总局、国家发展和改革委员会、工业和信息化部、财政部、国土资源部、住房和城乡建设部、交通运输部、国家旅游局。

② 艾瑞咨询，2018年中国在线旅游行业研究报告，http://www.199it.com/archives/815584.html.

中国整体旅游行业规模体量较大，已保持每年稳定增长，与此同时，随着供给需求两端互联网化程度的迅速提升，旅游的在线化率将持续快速提升。在目前旅游各细分市场中，机票火车票市场的在线化程度已达到较高水平，住宿和度假仍有较大发展空间。

（二）"十三五"文化旅游业面临的新变化

文化旅游业已经成为庞大的产业综合体，成为国家战略性产业和现代服务业的龙头，通过文化创意和设计服务带动相关产业的融合发展，拉动投资和消费，发展特色文化产业，传承传播优秀文化，满足日益增长的大众多元文化需求。"十三五"时期旅游业要占GDP的10%，从初步小康型旅游大国迈入全面小康型旅游大国，达到中等发达国家水平，旅游业在规范、质量、效益上均达到世界旅游大国水平，文化大国正在转变为文化强国。

1. 文化旅游业发展新机遇

为了贯彻落实党的十九大和十九届二中全会、三中全会精神，深入落实中央关于全域旅游的决策部署，文化旅游业正在逐步形成政府依法监管、企业守法经营、游客文明旅游的发展格局；推动文化旅游业发展与新型工业化、信息化、城镇化和农业现代化相结合；坚持以人为本，积极营造良好的旅游环境。另外，我国文化旅游发展政策的趋势主要表现在科学编制文化旅游发展规划、出台鼓励和扶持性的政策，推动我国文化旅游向纵深发展，同时推动文化旅游管理体制改革进一步深化。

旅游业作为一个综合性产业，随着与互联网的结合，尤其是智能移动终端的发展，文化旅游业将进入"大智慧旅游""智慧旅游4.0"时代。另外，随着国家铁路交通的快速发展，到2020年我国将建成"四纵四横"①的铁路快速客运通道，届时将初步形成全国高铁主干网络。高铁线路网络一旦连通，将会极大地刺激国内旅游市场，城市旅游业的竞争也会日趋激烈。

2. 文化旅游业发展新变化

随着人们出行方式及思想观念的改变，文化旅游产业也随之呈现出多样化、个性化的特点。国内文化旅游产业类型不断细分，文化创意产业与创意设计产业融合发展，推动文化旅游产业与多产业融合发展。传统观光旅游产业逐步向休闲度假旅游转变。自驾的旅游方式中"个性化""深度体验"成为新的关键词。随着未来各地景区自驾游服务体系的完善和自驾游消费者的不断成

---

① 四纵指：京沪高速铁路、京广深港高速铁路、京哈客运专线、杭福深客运专线（东南沿海客运专线）；四横指：青太客运专线、徐兰高速铁路、沪汉蓉客运专线、沪昆高速铁路。

熟，文化旅游业将会呈现分层式消费和分流式休闲的模式。此外，银发旅游市场发展潜力巨大，目前我国老年人外出旅游人数每年至少在500万人以上，每5名出游者中就有一位银发旅游者。退休后的老年人属于"有钱有闲"的阶层，对旅游有强烈的需求。而随着都市生活节奏的不断加快，越来越多的都市人希望能够逃离城市，体验乡村田园生活及传统文化。乡村文化旅游成为一种不可小觑的文化旅游力量。

二、发展目标与战略

（一）指导思想

以生态保护为基本原则，确定生态功能极重要区、生态功能重要区和生态协调区，各区根据强度划分为一级管控区和二级管控区，提出不同的管控措施；坚持绿色循环发展道路，整合、提升和融合秦巴山脉区域旅游资源，突出世界三山之一的文化名山的价值和地位；建立五省一市共建共享的国家级自然与文化生态功能区、文化圈或文化走廊、文化旅游产业战略区；建立统一的符号体系、识别体系和传播体系；完善旅游产业链，拓展旅游新业态，升级旅游产品，完善旅游服务体系；壮大旅游市场主体，把文化旅游培育为秦巴山脉区域内扶贫攻坚的中坚力量，实现秦巴山脉区域社会经济可持续发展。

（二）战略定位

"1+3"战略定位："1"指依托秦巴山脉区域独有的自然及文化资源，将其构建为中国国家中央公园群；"3"指基于文化旅游发展条件与诉求，将秦巴山脉区域打造为集旅游、度假、观光、探险、休闲于一体的多元化的"国际性生态旅游度假目的地""国际性中国多元文化旅游目的地""国内自驾探险旅游乐土"。

（三）发展目标

1.总体目标

将秦巴山脉区域文化旅游建设成以"秦巴"为品牌的中国国家中央公园群。构建以自然生态观光和人文揽胜为基础、以休闲度假和民俗体验为主体，以科考探险和体育竞技为补充，融生态化、个性化和专题化为一体，具有国际影响力、竞争力和可持续发展的世界级旅游目的地。通过打造区域特色旅游产品和品牌，提升旅游服务质量，开发多种旅游项目，将文化旅游服务产业打造为秦巴山脉区域的经济支柱产业及核心产业。

2. 分项目标

1）生态环境保护目标

通过绿色旅游开发，实现人与自然的和谐，旅游开发和生态环境的修复与培育，历史文化的生态保护，各项环境指标居全国领先水平。

2）文化产业发展目标

依托秦巴山脉区域丰富的文化资源优势，大力发展融合传媒影视、文化艺术、设计服务、文化展览等的文化产业，发挥文化产业的引领带头作用，打造世界知名的秦巴文化品牌。

3）旅游空间布局目标

优化文化旅游发展空间布局，依靠西安、洛阳、成都、重庆旅游圈带动发展，破除与周边旅游圈产品同质化竞争关系，构建区域一体的文化旅游空间格局。

4）旅游产品与品牌开发目标

以生态旅游和文化旅游为主要产品开发形式，因地制宜地开发各类旅游产品，并通过旅游产品谱系的构建，形成立体、综合、多元的旅游产品体系，成为支撑秦巴山脉区域生态旅游圈旅游发展的重要产品保障，共同打造"秦巴"文化旅游大品牌。

5）区域旅游合作保障目标

建立健全推进文化旅游融合发展的长效工作机制，各地、各部门在市场开发中应规范开发行为，维护资源的区域整体性、地域特殊性，避免过度开发，并建立规范文化旅游市场经营秩序的联合监管机制，确保文化旅游市场健康、有序、稳定发展。

（四）发展战略

1. 区域协同战略

从传统的行政割裂、各自为政的旅游发展模式转换为区域旅游合作，创建区域旅游一体化机制，实现区域旅游政策、生态保护、旅游产品开发与营销、旅游基础设施建设的协调合作与一体化发展。区域旅游合作机构要统一协调解决各省区市文化旅游发展中的重大问题，强化旅游行政管理部门的综合管理和协调能力，相关部门要主动配合旅游部门，共同做好文化旅游资源的综合利用和开发管理。

2. 精品制胜战略

在旅游产品上，开发多元旅游产品，如摄影旅游、美食旅游、乡村生活旅游、养生保健旅游等，深挖民族、民俗、民间文化及非物质文化遗产，创造特色产品。依托区域优质的生态、文化资源，逐步推出世界级、国家级的文化旅游精品，抢占旅游市场高地。

3. 资源整合战略

推动传统观光旅游产品向体验型、度假型、文化型及绿色旅游产品转变，构建多元化的旅游产品体系，增强旅游产品吸引力，并通过旅游产品带动上下游产业链发展，激活旅游经济。实现文化与生态旅游和谐发展，打破区域行政区划限制，实现区域资源整合。

4. 产业发展战略

文化旅游发展要与文化产业发展紧密结合，挖掘文化旅游发展的潜在能力。以企业为主体，增强文化旅游企业的核心竞争力；以市场为导向，增强文化旅游发展的内在驱动力；以塑造品牌为核心，增强文化旅游的外在吸引力；以拉长产业链条为重点，增强对相关产业的关联带动作用。

5. 可持续发展战略

秦巴山脉区域旅游发展应遵循生态优先、循序渐进开发的原则，有序地开发旅游资源，以存量景区的优化建设为核心，支撑秦巴山脉区域旅游发展。优先发展开发成熟、市场形象鲜明、区位条件优良的景区，依托这些景区，带动周边处于发展阶段的景区发展，并适时推出适合客源市场变化的新型旅游产品，有针对性地进行持续深入的开发，不断更新旅游项目，增加秦巴山脉区域旅游活力。通过绿色技术与设计，合理划定生态资源的开发界线，严格控制旅游容量，采用绿色循环技术，实现低碳、绿色可持续旅游。

6. 科技推进战略

随着大数据时代的到来，新型旅游业发展也应当创建旅游大数据平台，要大力推进文化旅游信息化建设，利用信息网络技术全面开发文化旅游资源，建立虚拟旅游世界，构建秦巴智慧旅游网络体系，实时更新旅游信息，改变旅游服务模式，提高旅游活动质量。

第五章　国家公园建设构想

一、国家公园相关研究

（一）国家公园的定义

国家公园的概念产生于美国。1832年，美国艺术家乔治·卡特林（George Catlin）因印第安文明、野生动植物和荒野在美国西部大开发中受到的不良影响，构想了"它们可以被保护起来，只要政府通过一些保护政策设立一个大公园……一个国家公园"。美国国会于1872年正式批准将黄石公园设立为国家公园，将其作为"为人民福利和快乐提供公共场所和娱乐活动的场地"。

IUCN（International Union for Conservation of Nature，世界自然保护联盟）对国家公园的定义是：具有国家意义的公众自然遗产公园，为人类福祉与享受而划定，面积足以维持特定自然生态系统，由国家最高权力机关行使管理权，一切可能的破坏行为都受到阻止或予以取缔，游客到此观光需以游憩、教育、文化陶冶为目的并得到批准。

（二）国内国家公园建设近况

近年来，我国提出有关国家公园的设立与试点建设问题，也有地区已经做出了实践。2006年，云南迪庆藏族自治州通过地方立法成立香格里拉普达措国家公园；2008年9月，环境保护部和国家旅游局已批准建设我国第一个国家公园试点单位——黑龙江汤旺河国家公园；2009年，云南省印发《国家公园基本条件》《国家公园资源调查与评价技术规程》等国家公园地方推荐性标准；2013年11月党的十八届三中全会《中共中央关于全面深化改革若干重大问题的决定》提出"建立国家公园体制"；2015年1月，国家发展和改革委员会（简称国家发改委）等13部委联合通过了《建立国家公园体制试点方案》，确定了北京、吉林等9个国家公园体制试点省市，要求每个试点省市选取1个区域开展试点；2015年3月，国家发改委又发布了《建立国家公园体制试点2015年工作要点》及《国家公园体制试点区试点实施方案大纲》；2015年5月18日，国务院批转国家发展和改革委员会《关于2015年深化经济体制改革重点工作意见的通知》提出，"在9个省份开展国家公园体制试点"；2015年6月，国家发改委披露我国已选定包括湖北在内的9省市，开展国家公园体制试点，秦巴山脉区域内神农架林区名列其中。

（三）国家公园对比研究与经验借鉴

1. 国家标准体系

随着世界国家公园运动的深入，继美国之后，加拿大、俄罗斯、芬兰、新加坡及日本、韩国等国家也开始建设国家公园并设立国家公园的标准。我国云南省于2009年发布云南省地方标准，设立了国家公园设立标准、建设规范等，是我国目前唯一的地方性国家公园相关标准。1974年出台的《世界各国国家公园及同类保护区名录》对国家公园的设立标准进行了规定：①面积在1 000公顷以上，具有优美景观的特殊生态或地形区，有国家代表性且未经人类开采、聚居或开发建设的区域；②为长期保护自然、原野景观、原生动植物、特殊生态系统而设定的保护区；③由国家主管部门采取管控步骤，限制开发工业区、商业区及人口活动聚居区的面积，并禁止采伐、采矿、建立电厂、农耕、放牧、狩猎等行为，同时有效执行对生态、自然景观维护的区域；④维护原始自然状态，作为当代及未来世代的科学、教育、游憩、启智资产的区域。

对比分析国内外国家公园的设置标准，其标准体系主要集中于以下五点：①资源与景观地域独特性、国家代表性；②规模适宜性；③具有一定生态保护基础；④土地产权、管理体系清晰，不存在权属纠纷；⑤具有一定旅游基础，适宜游憩。参鉴国内外国家公园设立标准，结合秦巴山脉区域实际情况，研究建立适宜的秦巴国家公园准入标准。

2. 国内外自然保护地管理模式对比

国外国家公园管理主要有三种类型：①中央集权型，以美国为例，形成"国家公园管理局—7个地区分局—公园管理处"的垂直管理体系；②地方自治型，以德国为例，形成"州立环境部—地区国家公园管理办事处—县（市）国家公园管理办事处"的垂直管理体系；③综合管理型，以加拿大为例，形成以"国家环境部—国家公园局—地区办公室"为主的国家与地方双轨管理体系。总的来说，国外国家公园管理形成自上而下垂直管理体系，管理与经营分开，公园管理效率高，保证了国家公园生态保护与旅游开发的协调关系。

相比国外国家公园清晰的管理体系，国内数千个保护地分别由环保、林业、农业、水利、国土资源、建设和旅游等共十几个部门管理（图2-5-1）。长期以来存在着各个行政部门根据各自的法律法规来划定保护区，多头管理、立法交叉、授权不一、行政部门之间互争利益、不同类型保护地区域交叉或重叠、产权不明晰及管理和经营角色不分离等问题，造成了目前我国国家公园保护不利、开发过度等现象，这也是我国建立国家公园面临的挑战之一。

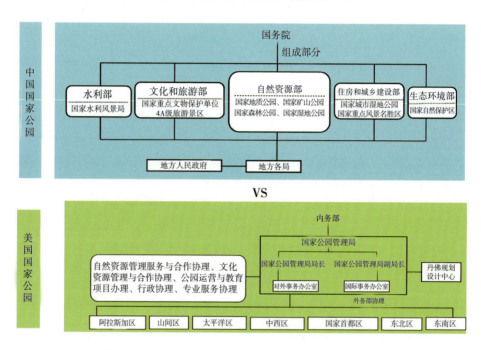

图2-5-1　中国国家公园与美国国家公园管理模式对比

3. 国内外自然保护地体系对比

在自然保护地类型上，国外国家公园体系或从等级上（纵向）建立了完整的体系，或从公园类型（横向）上建立了完整的体系（图2-5-2）。其公园类型不仅包含生态型公园绿地，更考虑了文化遗产保护的重要性，设立了国家纪念地、国家历史地段等国家公园类型。相比之下中国国家公园主要以生态型为主，偏重生态保护、山水游憩，但涵盖类型不全，存在纵向上发育不全、横向上忽略文化历史资源的问题，须通过国家公园体系建立涵盖生态与人文双重价值的保护体系。

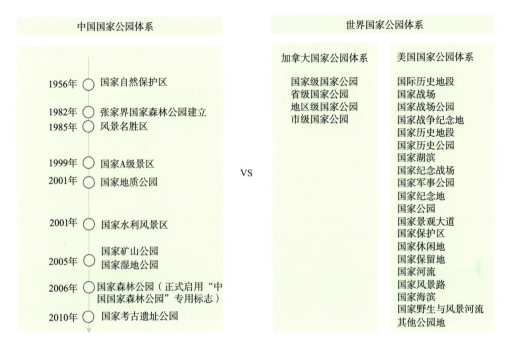

图2-5-2　中国国家公园与国外国家公园体系对比

二、秦巴国家公园建设构想

鉴于国内保护地管理体系的复杂性，难以在厘清其中纠缠关系的基础上重新梳理出国家公园体系，建议秦巴山脉区域在现有自然保护体系的基础上，单独建立国家公园制度，制定秦巴国家公园法规条例，明确标准和管理体制。先行将原有（即归属于现有自然保护地体系下的保护地）和新申请建立的国家公园进行规范管理，逐步将符合标准的已建立的其他保护区域和类型选择性纳入（图2-5-3）。

（一）国家公园设立标准

根据国内外国家公园设立标准，从资源条件、生态保育、开发条件及管理条件四方面设立秦巴国家公园准入条件（表2-5-1）。

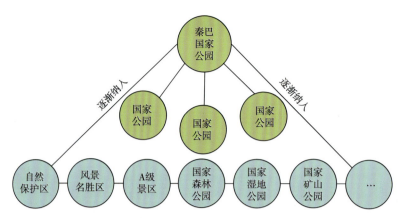

图2-5-3　秦巴国家公园设立模式

表2-5-1　秦巴国家公园设立标准

综合评价	项目评价	评价因子	评价释义
资源条件	资源代表性	重要性	环境与资源对全国、世界的意义
		典型性	环境与资源的代表性或唯一性
		完整性	环境与资源的原真性、完好性、生态多样性
	资源价值	生态价值	自身生态品质、对所处区域的生态意义
		科学价值	开展科研、修学、教育、知识普及的价值
		文化价值	区域生态文化的品位及其传承价值
		游憩价值	审美价值，休闲、游乐、运动等活动的条件，旅游开发的经济和社会价值
生态保育	生态基底	面积适宜性	国家公园的总面积原则上不小于1 000公顷，其中具有核心资源应予严格保护的区域面积不小于总面积的25%
		原始状态	环境自净能力、自然荒野状态、外来物种入侵状况、自然修复能力
	保育措施	保育规划	保育管理目标、空间区划、保育项目
开发条件	开发适宜性	知名度	在国外、国内具有一定资源知名度与旅游基础
		游憩适宜性	在保护的前提下，国家公园内能划出具有独特的观赏和体验价值的区域，用于开展科普、游憩、公众教育等活动
	区位条件	市场区位	客源地时空距离、客源市场的区位
		通达性	交通可进入性、旅途的安全性和舒适度
	环境条件	气候条件	气候舒适度、适游期
		工程施工条件	地质地貌、水文、生物的施工条件，就地取材条件
	基础设施	交通通信设施	公园游路、步行道、交通工具、通信设施的开发条件合理性、有效性
		供排设施	供水、供电、排水、排污设施的合理性
		服务与营运	咨询、出版物、解说系统、游客中心、设施的合理性与有效性；行政办公室、职工住房及开展安全管理、环境观测、火警瞭望设施的合理性、有效性

续表

综合评价	项目评价	评价因子	评价释义
管理条件	资源管理	资源权属	资源权属清楚，不存在权属纠纷。资源权属结构合理，国有土地、林地面积占国家公园总面积的60%以上
	体制制度	协调	当地政府对建立国家公园的支持力度大，对设立专门管理机构、配备人员，以及配套设施等做出书面承诺
	管理机制	管理层级	完善公园管理人员制度，确保公园管理的有效性及长期发展

（二）国家公园体系搭建

秦巴山脉具有生态与文化双重价值，在建立国家公园体系时，须将文化资源也纳入国家公园体系中，同时参鉴国内学者对中国建立国家公园各类规范的建议：为便于中国的国家公园与世界国家公园管理接轨，中国的国家公园可按联合国教育、科学及文化组织世界遗产类型归类，形成自然型国家公园、文化型国家公园和文化景观型国家公园3种类型，这3种类型相对于已颁布的各专类公园也容易对上口（严国泰和沈豪，2015）。本书提出秦巴国家公园体系构成建议，即在中国原有自然保护地的基础上，设立由自然型国家公园、文化型国家公园和文化景观型国家公园3种国家公园构成的国家公园体系。其中国家森林公园、国家地质公园、国家湿地公园、国家级自然保护区和世界自然遗产归为自然型国家公园；各类遗址地、纪念园、文物保护单位和世界文化遗产归为文化型国家公园；国家级风景名胜区、水利风景名胜区、旅游景区、世界文化与自然双重遗产、文化景观世界遗产归为文化景观型国家公园（图2-5-4）。

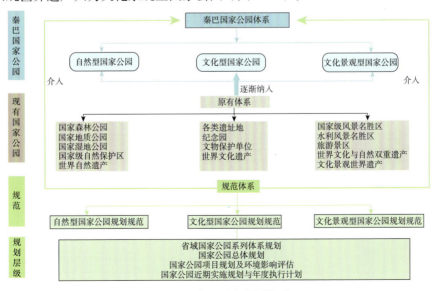

图2-5-4　秦巴国家公园体系

（三）国家公园试点选择

国家公园试点设立的初期目的是通过将国内外具有影响力的生态与文化资源设立为国家公园，借此打响秦巴国家公园群品牌，从而提升秦巴山脉区域在国内外的知名度与认知度。因此，考虑到世界遗产、世界级地质公园具有一定国际知名度与影响力，同时国家级自然保护区、国家级风景名胜区在我国建设时间相对较长，发展相对完善，基础条件较好，建议主要从世界级资源、国家级自然保护区、国家级风景名胜区及交叉区的设置区选择试点。

通过对秦巴山脉区域已有资源的梳理与评价，从秦巴山脉区域内既有的世界遗产、世界地质公园、国家级自然保护区、国家级风景名胜区、国家森林公园、国家地质公园、国家A级景区及世界生物圈保护区中选取15个国家公园试点（表2-5-2~表2-5-4），主要包括武当山风景名胜区、华山风景名胜区、终南山等已经具有国际影响力的资源，同时也包括王朗国家级自然保护区、古隆中、剑门蜀道等有一定代表性的具备生态与文化双重价值的资源。

表2-5-2　自然型国家公园试点选择

试点选择	所属省（区市）	面积/千米²	世界遗产	世界地质公园	国家级自然保护区	国家级风景名胜区	国家森林公园	国家地质公园	国家A级景区	世界生物圈保护区
伏牛山世界地质公园	河南省	1 522		√	√		√	√	5A（老君山）	
光雾山—诺水河风景名胜区	四川省	170			√	√		√	4A	
太白山自然保护区	陕西省	541.03					√		5A	
王朗国家级自然保护区	四川省	322.97			√					
白水江自然保护区	甘肃省	1 837.99			√					√
佛坪国家级自然保护区	陕西省	35 000			√					√
宝天曼自然保护区	河南省	93.04			√					√

表2-5-3　文化型国家公园试点选择

试点选择	所属省（区市）	面积/千米²	世界遗产	世界地质公园	国家级自然保护区	国家级风景名胜区	国家森林公园	国家地质公园	国家A级景区	世界生物圈保护区
剑门蜀道	四川省	84	申遗中			√			4A	√
古隆中	湖北省	209				√			5A	√
麦积山	甘肃省	215	√						5A	√

表2-5-4　文化景观型国家公园试点选择

试点选择	所属省（区市）	面积/千米²	世界遗产	世界地质公园	国家级自然保护区	国家级风景名胜区	国家森林公园	国家地质公园	国家A级景区	世界生物圈保护区
武当山风景名胜区	湖北省	312	√			√			5A	√
华山风景名胜区	陕西省	148				√			5A	
巫山小三峡风景名胜区	重庆市	1 000				√			5A	
神农架景区	湖北省	704.67	√						5A	√
终南山	陕西省	4 851		√	√		√	√	4A	

（四）国家公园管理保障

在国家级国家公园管理机构下，在秦巴山脉区域内设立"秦巴国家公园协同管理机构"，将管理化繁为简，由一个部门统一行使国家公园自然保护地的协同管理职责，使跨区域协调、交叉重叠、多头管理的问题得到有效解决。积极引导当地居民参与国家公园设立、建设、运行、管理、监督等各环节，以及生态保护、自然教育、科学研究等各领域。鼓励当地居民或企业参与国家公园内特许经营项目。鼓励设立生态管护公益岗位，吸收当地居民参与国家公园保护管理和自然环境教育等。

第六章 文化旅游发展战略

一、生态环境保护

（一）区域生态安全格局

秦巴山脉核心区重要生态空间分布较广，生态极为重要，重要生态功能区的分布呈相对集中且不均匀分布格局。总体而言，以甘肃、陕西、重庆、湖北为主。其中，极重要区域主要分布于甘肃的天水、陇南，陕西的宝鸡、汉中、安康、商洛，四川的绵阳、广元，湖北神农架一带，以及重庆市北部区域。秦巴山脉区域重要和极重要地区面积占区域总面积的80%，因此秦巴山脉区域发展旅游必须以生态保护为前提，在生态保护的基础上划分区域进行适度开发。

根据《全国主体功能区规划》，把秦巴山脉区域划分为生物多样性保护生态功能区、土壤保持生态功能区、洪水蓄调生态功能区、防风固沙生态功能区、农产品提供生态功能区、水源涵养生态功能区、大都市群生态功能区、重点城镇群生态功能区、林产品提供生态功能区9个生态功能区。因此秦巴山脉区域是我国重要的生态区——秦巴生物多样性生态功能区，生态功能丰富。

（二）生态保护与旅游发展协调关系

1. 生态保护与旅游开发协调技术

秦巴山脉区域生态保护与旅游发展机制应以生态保护优先为基本原则，由生态保护区划定、生态旅游环境容量测定、生态保护区管理机制三部分组成（图2-6-1）。

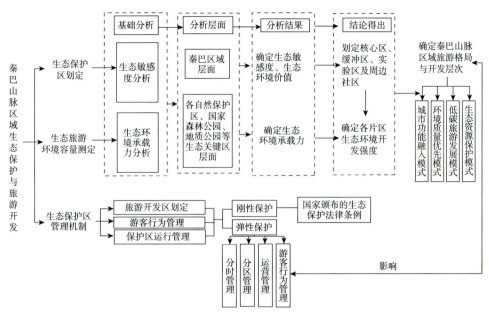

图2-6-1 生态保护与旅游开发协调技术框架

其中，生态保护区划定与生态旅游环境容量测定是通过在秦巴山脉区域内对各自然保护区、国家森林公园、地质公园等生态关键区进行分析，确定其生态敏感度、生态环境价值及生态环境承载力。严格划定核心区、缓冲区、实验区及周边社区，同时确定各片区生态环境开发强度，最终确定秦巴山脉区域旅游格局与开发层次，共分成四种模式，即生态资源保护模式、低碳旅游发展模式、环境质量优先模式和城市功能融入模式。

此外，建立生态保护区管理机制。通过旅游开发区划定、游客行为管理、保护区运行管理确定刚性和弹性保护对象。其中刚性保护为国家颁布的生态保护法律条例，弹性保护主要针对分时管理、分区管理、运营管理、游客行为管理四方面进行管控。同时，生态保护区管理机制与生态保护区划定和生态旅游环境容量测定的结果相互影响。

2. 生态保护目标下旅游开发策略

1）合理制定旅游功能

秦巴山脉区域内国家公园、国家自然保护区等生态关键区众多，应以生态环境、自然资源保护为前提，以提供适度的旅游开发机会为基本策略。须要科学规划功能布局，严格限制生态关键区内部的旅游服务设施，尤其要将住宿、度假等设施的配置减少到最小限度，使得对此类生态关键区生态环境的影响度降至最低。为满足游客需求，在生态关键区周边可选择具备旅游与休闲功能的部分国家A级景区及省市级公园，提升和完善其旅游服务设施，以平衡整个区域的旅游服务能力。随着省市级公园体系的建立和发展，既可缓解国家公园面临的巨大旅游压力、生态关键区的生态压力，又能满足地方政府发展旅游、增加财政收入的需要（图2-6-2）。

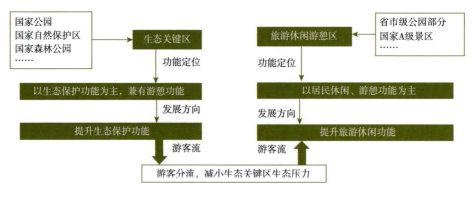

图2-6-2　旅游资源开发示意图

2）打造多样化的旅游模式

打破现有核心资源集中开发的"一家独大"的旅游模式，对周边旅游资源进行整合，优化配置相应的旅游服务设施，将区域内的资源整合发展成为多样化的旅游群，提升整体的旅游服务水平及区域竞争力，带动辐射周边更大区域的旅游发展。

另外，提升乡村旅游、小城镇旅游职能及旅游服务水平，增加旅游目的地之间的密度，加强各旅游目的地之间的合作，协调各目的地旅游资源，从而缓解单个旅游目的地旅游建设过剩现象，节约集约资源，避免建设资源浪费，还可缓解部分目的地游客量过多造成的旅游服务不匹配等现象。

3）建构智慧生态旅游平台

结合现今智慧旅游信息技术（与相关大数据、智慧技术研究机构合作），建构秦巴大数据—智慧旅游信息平台。推广门票预售、限售等管理制度，实时监测与公布景区游客量、交通拥堵情况等信息，实现即时管理与引导游客错峰旅游，协调不同季节与时段的游客量分布，合理利用景区资源，优化服务能力，提升旅游品质，为游客提供更方便、更合理、更舒适的旅游及出行，避免游客量不均衡导致的资源浪费或者服务不匹配等现象。

4）分层分档进行空间开发

根据保护区区划划定的核心区、缓冲区、实验区、周边社区，策划不同的旅游产品。对四个区域分层次、分档次开发，分为直接开发与间接开发，高档次消费开发与中低档消费开发。其中，直接开发是对生态景观与环境直接利用，间接开发是通过借用知名度与生态环境背景开发旅游资源，高档次消费开发是在实验区打造高档生态观光和休闲度假等产品，中低档消费开发是在周边社区打造经济型乡村休闲度假、土特产加工出售等产品。通过分层次、分档次的开发模式对不同区域进行不同定位，合理优化功能布局、旅游产品的开发，使整个区域旅游资源优化配置，提升整体竞争水平（图2-6-3）。

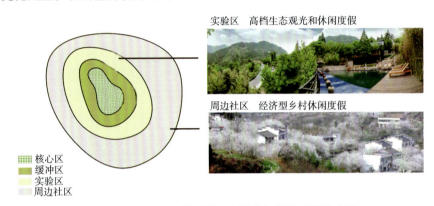

图2-6-3　秦巴山脉区域生态保护与旅游开发模式图

5）设立绿色认证监督体系

在旅游开发过程中要注意采取以下措施：建立资源再利用产品认证制度（如绿色饭店等），建立循环超市和环境监督机制，加强民间绿色消费和生态旅游宣传，掀起绿色消费、生态旅游运动，促进旅游绿色产品、生态旅游市场需求的成长。推行与鼓励秦巴山脉区域内旅游企业、酒店等ISO 14001环境管理体系、ISO 90001质量保证体系及绿色饭店等标准认证，从国际、国内官方认证角度进行秦巴山脉区域旅游绿色循环发展与建设。

（三）生态保护等级划分与开发管制

根据《全国主体功能区规划》，秦巴山脉区域包括限制开发区和禁止开发区。

1.限制开发区开发管制

秦巴山脉区域生物多样性保护生态功能区是我国重要生态功能区之一，作为限制开发区（表2-6-1），对各类开发活动进行严格管制，尽可能减少对自然生态系统的干扰，不得损害生态系统的稳定和完善性。

表2-6-1　秦巴山脉区域限制开发区统计表

名称	面积/千米²	范围
秦巴山脉区域生物多样性保护生态功能区	140 005	秦巴山脉区域生物多样性保护生态功能区位于我国秦岭主脉和大巴山所在区域。该区域北至渭河平原，东接江汉平原，南连成都平原，西与青藏高原东缘相望，是我国中部生态屏障的重要组成部分，包括湖北、四川、陕西、甘肃和重庆5省（直辖市）46个县（市）

严格控制开发强度，逐步减少农村居民点占用的空间，腾出更多的空间用于维系生态系统的良性循环。城镇建设与工业开发依托现有资源环境承载力相对较强的城镇集中布局，据点式开发，禁止成片蔓延式扩张。原则上不再新建各类开发区和扩大现有工业区的面积，已有的工业开发区要逐步改造成低消耗、可循环、少排放、零污染的生态型工业区。

实行更加严格的产业准入环境标准，严把项目准入关。在不损害生态系统功能的前提下，因地制宜地适度发展旅游、农林牧业品生产和加工、观光休闲农业等产业，积极发展服务业。根据不同地区的情况，保持一定的经济增长速度和财政补给能力。

2. 禁止开发区开发管制

禁止开发区要依据法律法规规定和相关规划实施强制性保护，严格控制人为因素对自然生态和文化、自然遗产原真性、完整性的干扰，严禁不符合主体功能定位的各类开发活动，引导人口逐步有序转移，实现污染零排放，提高环境质量。

本书将秦巴山脉区域内的世界生物圈保护区、世界遗产、国家级自然保护区、国家级风景名胜区、国家森林公园、国家地质公园、国家湿地公园等作为禁止开发区，须依据《中华人民共和国自然保护区条例》《风景名胜区条例》《中华人民共和国森林法》等各类保护区法律条例，对资源进行严格的保护与管理（表2-6-2）。

表2-6-2　禁止开发区统计表

保护类型	分类	名称
世界生物圈保护区	—	神农架生物圈保护区、宝天曼生物圈保护区、白水江生物圈保护区、佛坪生物圈保护区、牛背梁生物圈保护区
世界遗产	世界文化遗产	湖北武当山古建筑群、麦积山石窟、张骞墓
	世界自然遗产	神农架
自然保护区	国家级自然保护区	太白山国家级自然保护区、大巴山国家级自然保护区、陕西长青国家级自然保护区等
	省级自然保护区	十八里长峡省级自然保护区、小河沟自然保护区、九龙山等

续表

保护类型	分类	名称
风景名胜区	国家级风景名胜区	武当山国家级风景名胜区、剑门蜀道国家级风景名胜区等
	省级风景名胜区	午子山风景名胜区、郑县南湖风景区、百里峡等
森林公园	国家森林公园	天竺山国家森林公园、九重山森林公园等
	省级森林公园	金蟾峡旅游区等
地质公园	国家地质公园	云阳龙缸国家地质公园、伏牛山世界地质公园等
	省级地质公园	曾家山、太极峡风景区等
湿地公园	国家湿地公园	巴山湖国家湿地公园、丹江国家湿地公园、南河国家湿地公园、南河国家湿地公园等

二、文化产业发展

（一）文化产业发展模式

1. 当前文化产业发展模式

在物质类和非物质类文化资源的产业发展类型选择呈现较大覆盖面和同质性的趋势下，依托传统特色文化社区及文化型景区景点，集中各类文化产业发展模式的文化产业园将成为未来文化产业的发展主流。

国外学者Walter Santngata将文化产业园分为产业型、机构型、博物馆型、都市型四种类型。产业型是以积极的外形、地方文化、艺术和工艺传统为基础而建立的，此类园区的独特之处在于其"工作室效应"和"创意产品的差异"；机构型是以产权转让和象征价值为基础而建立的，其基本特征是有正规机构，并将产权和商标分配给受限制的生产地区；博物馆型，其园区通常是围绕博物馆网络而建，位于具有悠久历史的城市市区，其本身的密度能造成系统性效应，吸引旅游观光者；都市型往往以信息技术、表演艺术、休闲产业和电子商务为基础而建立，通过使用艺术和文化服务，赋予社区新生命以吸引市民，抵抗工业经济的衰落，并为城市塑造新的形象（关治，2015）。

2. 秦巴文化产业发展模式

当前在我国良好的政策引导下，文化产业将迎来黄金发展期，对于文化产业各个领域而言，同样面临着空前的发展机遇，目前已经初步显现出以下发展趋势：文化产业培育经济新动能，扩大有效文化消费，数字创意产业乘势而上，中小文化企业加快发展，补足文化建设短板，文化贸易扬帆出海，加强知识产权的保护，文化产业更要注重"工匠精神"，文化治理上新台阶，文化产业真抓实干①。

在精细化、数字化和商业化的产业发展背景趋势引领之下，秦巴山脉区域内的文化产业应改变以往的单调粗放发展模式，对于不同的文化资源分门别类采取针对性的发展策略，建构适合地区特色的产业链，避免同质化竞争；更应该改变其以往的各地区各自为政的独立发展模式，采取区域合作联动发展，扩大规模来增强产业竞争力以应对商业化的冲击浪潮。

秦巴山脉区域内的历史类、地域类、宗教类、隐逸类、乡村风情等五类文化遗存资源都可简单归纳为物质类文化资源或非物质类文化资源，根据其表现和推广形式不同，各自有不同的利用方式和产业发展方式。

因此，在参考国外学者Walter Santngata对文化产业园的研究分类基础上，将秦巴山脉区域内的各类文化资源按物质类与非物质类进行归类，并对其适宜的产业发展模式进行研究，确定较为适合秦巴山脉区域的产业园类型为：依托地方特色文化艺术的产业型；依托悠久历史和博物馆群的博物馆型及依托丰富的非物质文化资源与庞大休闲需求的都市型（表2-6-3）。

表2-6-3 秦巴山脉区域文化产业发展模式总结

类型		内容	可选产业模式	具体表现形式	产业园类型
历史类文化遗存	物质类	化石、聚落遗址、出土器物、构筑物遗址	新闻出版发行服务、广播电视电影服务、文化艺术服务、工艺美术品生产、文化创意设计服务	博物馆、特色纪念品生产、纪录片、书籍宣传	博物馆型
	非物质类	历史传说、技术传承	新闻出版发行服务、广播电视电影服务、文化艺术服务、工艺美术品生产、文化创意设计服务	纪录片、电影、电视剧、书籍宣传	产业型
地域类文化遗存	物质类	构筑物遗址、出土器物	新闻出版发行服务、广播电视电影服务、文化艺术服务、工艺美术品生产、文化创意设计服务	博物馆、特色纪念品生产、纪录片、书籍宣传	博物馆型
	非物质类	历史传说、技术传承	新闻出版发行服务、广播电视电影服务、文化艺术服务、文化创意设计服务	地域风情体验、纪录片、电影、电视剧、书籍宣传	产业型、都市型
宗教类文化遗存	物质类	庙宇、石窟、遗址圣地、壁画、雕塑等	新闻出版发行服务、广播电视电影服务、文化艺术服务、工艺美术品生产、文化创意设计服务	博物馆展示、特色纪念品生产、纪录片、书籍宣传	博物馆型
	非物质类	历史故事、诗歌等	新闻出版发行服务、广播电视电影服务、文化艺术服务、文化创意设计服务	纪录片、书籍宣传、特色民俗活动体验、宗教文化宣传展览、宗教体验	产业型、都市型

---

① 2017年文化产业十大发展趋势，http://www.ccpit.org/Contents/Channel_4113/2017/0317/775457/content_775457.htm，2017-03-17.

续表

类型	内容	可选产业模式	具体表现形式	产业园类型	类型
隐逸类文化遗存	物质类	隐士遗迹	新闻出版发行服务、广播电视电影服务、文化艺术服务	博物馆、纪录片、书籍宣传	博物馆型
	非物质类	历史故事、诗歌等	新闻出版发行服务、广播电视电影服务、文化艺术服务、文化创意设计服务	隐逸体验、纪录片、电影、电视剧、书籍宣传	都市型
乡村风情类文化遗存	物质类	特色乡村建筑、空间聚落、美食	新闻出版发行服务、广播电视电影服务、文化艺术服务、工艺美术品生产、文化创意设计服务	民俗特色体验、纪录片、书籍宣传、特色设计、展览馆展示	产业型、都市型
	非物质类	舞蹈、节日、民俗	新闻出版发行服务、广播电视电影服务、文化艺术服务、文化创意设计服务	民俗特色体验、纪录片、书籍宣传、特色设计	都市型

（二）文化产业与旅游业发展导向

1. 技术层面的融合

技术层面的融合是文化与旅游产业融合的基础（张海燕和王忠云，2010）。在"互联网+"的"数字化"技术背景下，须推动秦巴山脉区域数字化产业与旅游产业融合，加快旅游消费内容数字化进程。借助移动通信、GPS（global positioning system，全球定位系统）、3D（三维）图形处理、云计算和物联网等最新技术，积极推广旅游商品电子平台、在线旅游服务平台和数字虚拟景区等旅游消费内容建设，逐步改变传统消费习惯，丰富游客体验，增进游客与景区、酒店和餐厅等传统旅游服务内容提供商互动，加快秦巴山脉区域旅游消费内容数字化进程，推动"智慧旅游"建设进程。

2. 产品层面的融合

根据秦巴山脉区域资源特征、文化产业及旅游产业发展现状，遵循"以文促旅，以游养文"的理念，通过延伸融合、重组融合、一体化融合的方式，衍生类型多样的文化产品（表2-6-4），促进秦巴山脉区域内文化产业和旅游产业的融合发展，使秦巴山脉区域内的文化资源得以保护和延续，并达到吸引游客、开辟商机的目的，最终实现文化保护和旅游产业开发的双赢。

表2-6-4　延伸模式产品类型与建议

融合模式	产品类型	产品建议
延伸融合	美食旅游	陕南原生态美食游、北川藏羌美食游等
	实景演出	广元三国文化实景演出、阆中《阆苑飞歌》实景演出、古隆中《草庐·诸葛亮》实景演出等
	文化产业园	关中地域文化体验产业园、麦积山石窟艺术研究文化产业园、武当国际文化产业园、隆中三国文化历史产业园、张骞丝绸文化产业园、巫山猿人远古文明产业园等
	古城古镇旅游基地	昭化古城、阆中古城、青木川古镇等
重组融合	节庆旅游	秦巴汉水庖汤会、汉江龙舟节等
	会展旅游	丝路国际旅游博览会、秦巴地区商品交易会等
	赛事旅游	中国国际公路自行车赛、山地自行车挑战赛等
一体化融合	影视基地	旺苍红色影视基地、十堰影视基地、隆中三国影视基地
	文化型国家公园、文化景观型国家公园	剑门蜀道国家公园、古隆中国家公园、麦积山国家公园、武当山国家公园、华山国家公园、巫山小三峡国家公园、神农架国家公园、终南山国家公园

3. 企业层面的融合

企业是促使产业融合的载体，在产业融合的情况下，企业融合可在业务呈现多样化情况下，保证不同业务在同一运作平台（如同一信息系统，或相同客户资源系统，或同一销售渠道等）上开展，从而使得产业相互之间具有某种互补性。旅游产业与文化产业融合就出现了从事文化旅游业、文化会展业、文物博物业、娱乐业、动漫业等业务的大量企业，这些企业融合了两大产业的特点，是秦巴山脉区域文化与旅游产业融合操作平台的主要载体。

4. 空间层面的融合

空间是产业发展的核心物质载体，空间层面的融合是文化与旅游产业融合的重要途径。通过创意文化园区、艺术园区、景区文化演艺等项目建设推动文化艺术品产业与旅游产业融合、文化演艺产业与旅游产业融合、动漫游戏产业与旅游产业融合，实现文化产业空间与旅游空间统一。

（三）文化产业发展布局

1. 文化产业空间布局

根据社会经济发展条件及文化资源的数量、种类，可将秦巴山脉区域的各个城市及其所影响的周边区域分为以下三个层级。

首先，是环秦巴山脉区域范围内的西安市、洛阳市、成都市、天水市、十堰市等七大城市及其周边区域的核心层。由于集中了相对较多数量和种类的文化资源，并且还具有较高文化消费需求度，可视为核心文化产业汇集区，定位为"点"的层级，在未来文化产业发展中将是地区级文化产业重点发展的核心，带动周边区域，形成区域联动发展的格局（表2-6-5）。

表2-6-5　核心文化产业汇集区代表文化与建设建议

核心文化产业汇集区	代表文化	产业园建设建议
西安市	秦汉唐文化、丝绸之路文化、关中特色文化、宗教文化、隐逸文化	曲江秦汉唐文化产业园、丝绸文化创意产业园、关中地域文化体验产业园、道教隐逸养生文化产业园
洛阳市	秦汉唐文化、中原文化、两汉三国文化、宗教文化	中原地域文化产业园、黄河创意文化产业园
成都市	两汉三国文化、巴蜀文化、宗教文化	巴蜀三国历史文化产业园
天水市	两汉三国文化、丝绸之路文化、陇南文化、宗教文化	麦积山石窟艺术研究文化产业园
宝鸡市	秦汉唐文化、丝绸之路文化、关中特色文化	法门寺佛教和唐文化产业园
十堰市	宗教文化、荆楚文化、原始人类远古文明	武当国际文化产业园、十堰影视基地
襄阳市	秦汉唐文化、两汉三国文化、荆楚文化	隆中三国文化历史产业园、隆中三国影视基地

其次，是以汉中市、广元市、南阳市、奉节县、巫山县等中小城镇及其周边区域为代表的第二层级，该区域拥有中等数量和种类的文化资源，是重点文化产业汇集区，未来发展中应定位为"线"的层级，以点带线，以线带面，也是核心区域影响带动一般区域发展的重点区域（表2-6-6）。

表2-6-6　重点文化产业汇集区代表文化与建设建议

重点文化产业汇集区	代表文化	产业园建设建议
汉中市	三国历史文化、宋元文化、陕南文化、隐逸文化	张骞丝绸文化产业园
广元市	两汉三国文化、巴蜀文化、红色文化	剑门蜀道文化产业园、旺苍红色影视基地
南阳市	秦汉唐文化、两汉三国文化	南阳汉文化产业园
奉节县	两汉三国文化、巴蜀文化	三峡文化创意产业园
巫山县	巴蜀文化、原始人类远古文明	巫山猿人远古文明产业园

最后，是以陇南、北川、巴中等城市及周边区域为代表的一般文化产业汇集区，该区域的文化资源数量少、种类单一，未来发展中应定位为"面"的层级，是被核心区域和重点区域带动发展的一般区域。

2. 文化产业发展支撑

结合我国当前文化产业的发展经验来看，对于文化产业来说，其成功运作离不开以下四个要素的支撑。

1）重视文化理念的打造

文化产业是对文化资源和文化理念创造性地开发和利用，是文化对社会经济发展渗透力的深入挖掘和拓展。发展文化产业不能仅看到其经济效益，更应该重视的是推广，宣传其所蕴含和依托的核心文化理念。

2）重视科学技术的应用

科学技术是文化产业发展的基础，对文化产业发展发挥着重要的支撑和保障作用。文化创意产业以信息及网络技术为主要载体，是科技大发展时代科技与文化高度融合的产物，文化遗产和文化资源须要依托现代技术进行合理的开发与利用，才能形成真正的具有规模效益的文化产业。

3）构建先进的营销理念、完善的产业链

文化创意产业的产品和服务不同于传统的制造产品，其企业运作模式也区别于传统模式，更加强调创意活动、宣传推广活动、新的营销运营模式。此外，能否选择合理的切入点作为核心构建完善的产业链也是文化产业能否成功运作的关键。例如，美国迪士尼公司创造的米老鼠和唐老鸭两个卡通形象，先在影视中流行，而后又进入娱乐、服装、玩具等行业，形成一条完整的动漫产业链，造就了一个庞大的文化产业跨国集团[①]。

4）健全知识产权及相关法律法规

健全的知识产权保护法规是文化创意产业发展的法律保障，因而要保持文化创意产业的可持续发展，秦巴山脉区域各省区市乃至我国须加强知识产权法律法规的完善工作。

综上所述，秦巴山脉区域文化产业的发展不能单纯依托丰富的历史文化和民俗文化资源，更重要的是须要依托收入水平较高、文化消费需求旺盛的中心城市，以此为节点建构跨区域相互联动的文化产业网络；地方政府也应更加重视引入高新技术，完善包括新闻出版、创意设计和动漫游戏等在内的现代化文化产业链；同时还须要通过相关政策引导，强化相关法律法规，以此作为文化产业长远发展的保障。各地区可集中力量发展一两个诸如以三国、卧龙、武当等文化为主题，集文化体验、动漫制作、特色观光为一体的特色文化创意行业，形成产业集

---

① 文化创意产业发展战略与规划，http://www.askci.com/industry/fxgh/whguihua.shtml，2016-01-14.

群效应，并注意知名文化品牌的培养。

三、旅游空间优化

（一）旅游空间布局

总的来说，环秦巴山脉区域已形成成熟的旅游带与旅游区，且有向秦巴山脉区域内呈线性空间渗入的趋势。可进一步加强周边旅游向区域内的辐射作用，并通过区域内部的线性空间联系整个环秦巴山脉区域旅游网络，构建环秦巴山脉区域旅游协调区。

1. 旅游空间发展策略

"点—轴空间结构系统"理论是由地理学家陆大道于1984年首次提出的。"点"指各级居民点和中心城市，"轴"指由交通、通信干线和能源、水源通道连接起来的"基础设施束"[①]，"轴"对附近区域有很强的经济吸引力和凝聚力。轴线上集中的社会经济设施通过产品、信息、技术、人员、金融等，对附近区域有扩散作用（陆大道，2002）。因此，在一定区域范围内，构建合理的"旅游点—轴"结构能够促进游客、信息、资本等要素的动态流动，拓展区域旅游，促进旅游业的合理化发展。

1）环秦巴山脉区域（拓展研究范围）：点轴辐射，线路带动，区域联动

依据"点—轴系统"，须在环秦巴山脉区域内，通过秦巴与周边城市联动发展轴线带动秦巴山脉区域发展：以周边大城市为核心的重点旅游节点，如西安、成都、武汉等，以高速公路、铁路重要旅游交通干线作为交通联系轴线，借助周边较为成熟的旅游发展基础，实现旅游客源、产品、经济及技术等"流"的流入，激活秦巴山脉区域旅游发展市场需求。

2）秦巴山脉区域（研究范围）：强化中部，以点带线，内部生长

在秦巴山脉区域，须以区域内部王牌旅游资源为增长极，以内部交通干线及旅游资源富集带为发展轴线，以点带线，以线带面，形成由各级旅游节点、旅游带、旅游区构成的完善的旅游网络，同外部旅游空间实现对接，共同构建整体坚固、流动的环秦巴山脉区域旅游大网络。

整体来说，秦巴山脉区域旅游空间须通过区域的拉动作用和自身资源提升，形成环秦巴山脉区域旅游发展协调区旅游网络。

---

① 基础设施束指线状的基础设施。

2.环秦巴山脉区域旅游空间优化

确定环秦巴山脉区域"点""轴"空间要素，以空间为载体，构建三级旅游中心节点、三级旅游联系带，完善旅游发展网络，实现旅游区域联动。

1）提升旅游中心城镇职能，构建三级旅游中心节点

根据2014年各城镇社会经济发展、旅游经济发展现状、旅游资源及景区建设情况等因素，提升在区域内具有旅游发展潜力的城市的旅游职能，构建三级旅游中心节点，其中以西安、兰州、郑州、武汉、重庆、成都作为环秦巴山脉区域旅游一级中心，以汉中、宝鸡、洛阳、南阳、十堰、宜昌、达州、绵阳为环秦巴山脉区域旅游二级中心，以天水、陇南、广元、安康、商洛、渭南、三门峡、神农架、襄阳、九寨为环秦巴山脉区域旅游三级中心。

2）依托交通，增强线性旅游空间联动

依托交通网络格局，须在目前环秦巴山脉区域旅游带中，增强或延伸以下旅游带：①延伸三国历史与地震遗址旅游带至汉中—西安，形成成都—西安主要的旅游带；②增强天水—陇南—九寨的旅游联动，建设陇南—九寨直接道路联系，打造先秦文化与生态旅游带；③增强重庆—达州—安康—西安旅游联动，打造秦巴山水旅游带；④增强十堰—三门峡旅游联动，与南部武当山、神农架联系，延伸209国道生态文化旅游带；⑤依托洛阳、南阳、襄阳、荆州与二广高速，打造历史文化名城旅游带；⑥增强已有的汉十高速旅游带、道教文化旅游带。

3）构建区域旅游联系带

构建区域主要旅游发展带、区域主要旅游联动带、区域次要旅游联动带三级旅游网络。

（1）区域主要旅游发展带。区域主要旅游发展带包括丝绸之路旅游带（郑州—洛阳—西安—天水—张掖—敦煌）、长江三峡国际黄金旅游带（重庆—武汉）、京珠沿线旅游带（郑州—武汉）及甘川渝旅游带（重庆—成都—九寨—甘南—兰州）。

（2）区域主要旅游联动带。区域主要旅游联动带包括：①鄂豫宗教与生态文化旅游带：神农架国家公园—秦巴—洛阳，依托209国道、呼北高速，串联屈原故里、兴山明妃村（昭君故里）、神农架、武当山、白云山、老君山、鸡冠洞、抱犊寨、龙门石窟、少林寺等景区；②陕川三国蜀汉文化旅游带：乐山—成都—秦巴—西安，依托京昆高速与规划中的西城高铁，串联乐山大佛、武侯祠、李白故里、剑门蜀道、昭化古城、皇泽寺、千佛崖、黎坪、张骞墓、武侯墓、佛坪等景区；③陕鄂历史生态文化旅游带：武汉—秦巴—西安，依托汉十高速、襄阳线，串联赤壁、黄鹤楼、襄阳古城、古隆中、武当山、金丝峡、天竺山、老君山等景区；④甘川历史文化生态旅游带：天水—陇南—九

寨，依托十天高速，串联天水麦积石窟、陇南万象洞、王朗自然保护区、九寨等景区。

（3）区域次要旅游联动带。区域次要旅游联动带包括：①陕渝秦巴山水旅游带，重庆—秦巴—西安，依托包茂高速，串联缙云山、大足石刻、寰人谷、真佛山、瀛湖、南宫山、柞水溶洞等景区；②二广高速历史文化名城旅游带：洛阳—秦巴—荆州，依托襄渝线、二广高速，串联龙门石窟、少林寺、丹江大观苑、宝天曼、内乡府衙、襄阳古城、荆州古城等景区；③南水北调旅游带：郑州—秦巴，依托兰南高速、二广高速，串联丹江水库、武当山、南阳渠首、内乡府衙、尧山等景区；④陇南川东自然风光旅游带：兰州—陇南—广元，依托广甘高速、万广高速，串联五泉山公园、宕昌大河坝森林公园、官鹅沟、剑门蜀道等景区。

3. 秦巴山脉区域旅游空间整体布局

1）秦巴山脉区域旅游空间发展策略

（1）板块整合。受行政壁垒分割，目前秦巴山脉区域形成多个旅游板块：①陕西省内包括秦岭自然生态旅游板块、华山旅游板块、陕南汉江生态旅游板块等；②甘肃省内包括陇南生态文化旅游板块、麦积石窟文化旅游板块、甘南民俗文化旅游板块等；③河南省内包括黄帝古文化旅游板块、伏牛山生态旅游板块、南水北调旅游板块等；④湖北省内包括武当道教文化旅游板块、三国文化旅游板块、神农生态文化旅游板块及荆山生态旅游板块等；⑤四川省内包括三国巴蜀文化与伟人故里旅游板块及平武生态与民族风情旅游板块等；⑥重庆市内包括巴山生态与革命历史文化旅游板块及三峡生态文化旅游板块等。

须将由行政分界与资源分布特征形成的旅游板块进行板块整合，以达到区域旅游合作、旅游整体营销的目的。

（2）以点带线，以线带面，链接外部。强化秦巴山脉区域内汉中、十堰、达州等城市旅游服务职能及旅游服务中心地区之间航空及陆路交通联系，并通过秦巴山脉区域旅游网络的完善加强同外部空间要素的联系。其中，秦巴山脉区域同外部南北向的联系较强，东西向联系弱，须增强内部东西方向旅游联系，如南阳—十堰—安康—汉中—陇南的旅游带。

2）秦巴山脉区域旅游空间总体布局

一个核心、三个中心、四大板块、五条区域旅游联动带、四条秦巴旅游精品带、多个支撑城市（图2-6-4）。

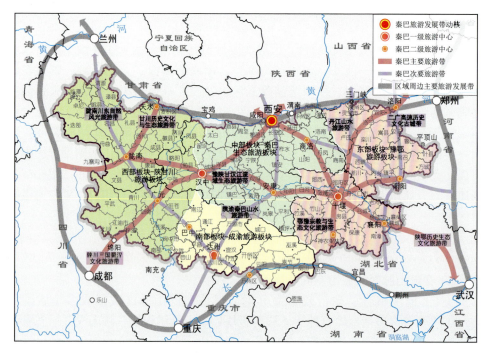

图2-6-4　区域旅游空间整体布局

（1）一个核心：西安。西安与秦巴山脉距离最近且旅游发展条件优越，可作为区域旅游带动的核心城市。秦巴山脉区域可将西安作为门户空间，通过西安国际性旅游城市地位，吸引客源，提供旅游服务人才、资金及优惠政策。

（2）三个中心：汉中、十堰、达州。汉中、十堰、达州除自身具备高品位旅游资源外，其经济及旅游发展在区域内也极其发达。本书建议将汉中、十堰、达州打造成为秦巴山脉区域旅游发展增长极，建设区域旅游服务中心，打造国际旅游精品小城，作为秦巴山脉区域旅游创意策源地和旅游人才培养基地，以及面向国际旅游市场的生态与文化旅游中心。

（3）四大板块。破除行政壁垒融合而成的四大旅游板块包括：基于陕甘川三省旅游合作的陕甘川旅游板块，以陕西秦岭、汉江流域为主题区域的秦巴生态旅游板块，以生态山水为主要特征的成渝旅游板块，以及集生态与文化为一体的豫鄂旅游板块（表2-6-7）。

表2-6-7 四大板块具体内容

旅游板块	陕甘川旅游板块	秦巴生态旅游板块	成渝旅游板块	豫鄂旅游板块
一级中心	汉中	西安	达州	十堰
二级中心	天水、陇南、广元	安康、商洛	巴中、重庆万州区	南阳、襄阳、神农架
资源依托	麦积石窟、剑门蜀道、官鹅沟、王朗自然保护区、大峪沟等旅游资源	秦岭山水	巫山小三峡、天坑地缝、光雾山—诺水河等旅游资源	武当山、古隆中、神农架等国内外知名旅游品牌
发展目标	打造集生态、文化及西部民族特色风情于一体的综合旅游板块	打造以秦岭生态探险为核心品牌的旅游板块	打造以生态自然山水为主要特征的旅游板块	打造可拓展国际旅游市场的集生态与文化于一体的综合旅游板块

（4）五条区域旅游联动带。五条区域旅游联动带指鄂豫宗教与生态文化旅游带、陕川三国蜀汉文化旅游带、甘川历史文化与生态旅游带、豫陕甘汉江流域生态旅游带、陕鄂历史生态文化旅游带，其功能主要是构建秦巴山脉区域旅游大通道及旅游产业集群带（表2-6-8）。

表2-6-8 区域旅游联动带

区域旅游联动带名称	联动景点	联动带特征
鄂豫宗教与生态文化旅游带	神农架—十堰武当山—栾川老君山—嵩县白云山—洛阳龙门石窟	以道教、佛教文化，神农原始文明及伏牛世界地质公园为核心的生态人文旅游带
陕川三国蜀汉文化旅游带	江油李白故里—广元剑门蜀道—汉中武侯祠—佛坪—户县—西安	以三国历史文化与生态为旅游特色的旅游带
甘川历史文化与生态旅游带	天水麦积—成县—陇南官鹅沟—文县白水江—平武王朗	以西部生态景观为特色的山水民俗景观带
豫陕甘汉江流域生态旅游带	陇南官鹅沟—汉中青木川—安康南宫山、瀛湖—十堰武当山—南阳宝天曼	以道教文化与自然山水为特色的旅游走廊
陕鄂历史生态文化旅游带	襄阳古隆中—十堰武当山—商洛金丝峡—西安	以三国文化、汉唐文化为特色的历史文化与生态旅游带

（5）四条秦巴旅游精品带。陇南川东自然旅游带（陇南—万州）、陕渝秦巴山水旅游带（达州—安康—西安）、丹江山水生态旅游带（商洛—南阳）及二广高速历史文化名城旅游带（洛阳—南阳—襄阳）具有一定资源发展潜力，但部分交通线路交通联系不足，缺乏产品互动，须通过交通联系的增强，将其作为秦巴山脉区域内未来主要的旅游培育线路。

（6）多个支撑城市。以陇南、广元、巴中、安康、商洛、襄阳、南阳为区域二级旅游中心，作为旅游板块辅助旅游服务中心。依据各自核心旅游景点，整合旅游资源，成为各版块旅游产业发展增长极，打造为全国主要旅游目的地之一。

（二）旅游子空间发展

1. 自驾游子空间发展

1）我国自驾游发展背景与现状

我国自驾游是随着汽车保有量的增加、人们生活水平的提高及休闲观念的转变，以及高速公路网络的形成而发展起来的。自驾游在国内的发展分为三个阶段，见图2-6-5。

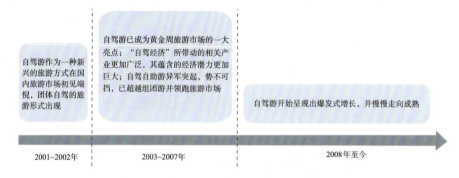

图2-6-5　我国自驾游发展历程

数据显示，2018年中国自驾游人数达5.8亿人次，同比增长38%。中短途自驾游仍是主流。国内游的自驾里程平均在300千米，相当于自驾4小时[①]。自驾游经济快速增长，多地相继制定了自驾游发展规划。例如，云南提出打造"自驾友好型目的地"，新疆提出打造"中国自驾爱好者的天堂"，四川提出打造"中国西部自驾游第一省"，广西壮族自治区人民政府发布《关于进一步促进全区旅游投资和消费的实施方案》（2017），海南省政府办公厅下发《关于加快发展自驾车旅居车旅游的实施意见》（2017），湖南省发布《湖南省自驾车房车营地发展规划（2017—2020）》等。相关标准也相继出台，如国家旅游局2015年发布《自驾游管理服务规范》（LB/T 044-2015），2017年公布了《自驾游目的地基础设施与公共服务指南》等，逐渐引导自驾游相关行业的规范发展。

2）我国自驾游发展的总体地域格局

目前我国自驾游出游地域上呈现出以中心城市驱动、以城市群为依托、沿高速公路向外辐射的总体态势。自驾游大致可以分为以下七大客源地和目的地：①以京津冀为核心的华北地区；②以上海、杭州、南京为中心的长三角地区；③以长沙、武汉为核心的中部各城市；④以成都、重庆为核心的西南各城市；⑤以郑州、济南为核心的黄河中下游城市；⑥以广州、深圳为核心的珠三角

---

①　《全球自驾游报告2019》http://mini.eastday.com/mobile/190524223013155.html

地区各城市；⑦以西安、兰州为核心的西北各城市。这是目前我国自驾游出游人数最多、出游最频繁的七大自驾游客源地和目的地。

此外，围绕成都、云南、西藏、新疆、福州、桂林、西宁等地区，已形成相对独立的落地自驾游目的地（汪德根，2010）。

3）秦巴山脉区域自驾游发展现状

（1）秦巴山脉区域主要自驾游客源地。秦巴山脉区域自驾游客源主要来自西安、洛阳、成都、兰州等地。根据汪德根（2010）对自驾游旅游市场的划分：近程旅游市场（100千米以内）、近中程旅游市场（100~300千米）、中程旅游市场（300~500千米）、中远程旅游市场（500~800千米）和远程旅游市场（800千米以上），秦巴山脉区域的旅游辐射面积可划分为三个等级（图2-6-6）。

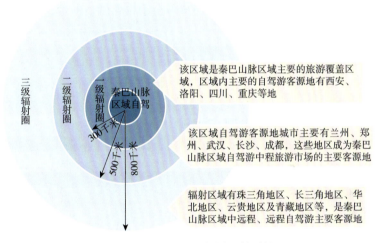

图2-6-6　秦巴山脉区域自驾游辐射圈

（2）秦巴山脉区域主要自驾游线路与营地建设。秦巴山脉区域自驾游已形成与外部线路连接的路线，如大九寨游线、长江三峡游线；局部省区市也已形成自驾游环线，如陕南旅游环线、甘南旅游环线等。在自驾游营地建设上，四川、甘肃、陕西、重庆等相继发布自驾游营地建设相关文件，随着全国各地自驾游营地建设的兴起，秦巴山脉区域内将会迎来自驾游建设热潮。

（3）秦巴山脉区域自驾游发展问题。当前秦巴山脉区域自驾游发展存在的问题可总结为以下两点：①客源吸引力不足，客源局限性大，主要限制于秦巴山脉区域周边地区，而对中部、东部客源吸引力低，导致秦巴山脉区域自驾游市场发展动力不足；②秦巴山脉区域内部自驾游服务网络体系发育缓慢，在自驾游市场发展兴起之时，秦巴山脉区域自驾游配套服务体系、自驾游交通网络的建立与完善推进整体缓慢，同时这也是目前制约秦巴山脉区域自驾游发展的主要问题。

4）秦巴山脉区域自驾游发展策略

秦巴山脉区域丰富的地形条件与优越的生态环境使其具备成为国内自驾游探险的乐土，但目前秦巴山脉区域自驾游配套服务、高速公路网络建设尚不健全，自驾游基地建设的速度和水平滞后于自驾游市场的巨大需求。在国家与秦巴山脉区域自驾游现状格局基础上，宏观层面上须通过大旅游通道的强化，拓展远程自驾游市场；中观层面上，通过旅游环线的打造巩固来自秦巴山脉区域周边的主要客源；在微观层面上，即秦巴山脉区域内部，通过公路路网的细化与自驾游服务设施网络体系的搭建提升各地自驾游服务能力。

（1）拓展远程自驾游市场。通过自驾游通道、区域自驾服务中心构建拓展以京津冀地区、珠三角地区、长三角地区等为客源市场的远程自驾游市场，同时以兰州、成都、洛阳、重庆、武汉、郑州为全国自驾游目的地，建立五条远程自驾游通道（图2-6-7）。

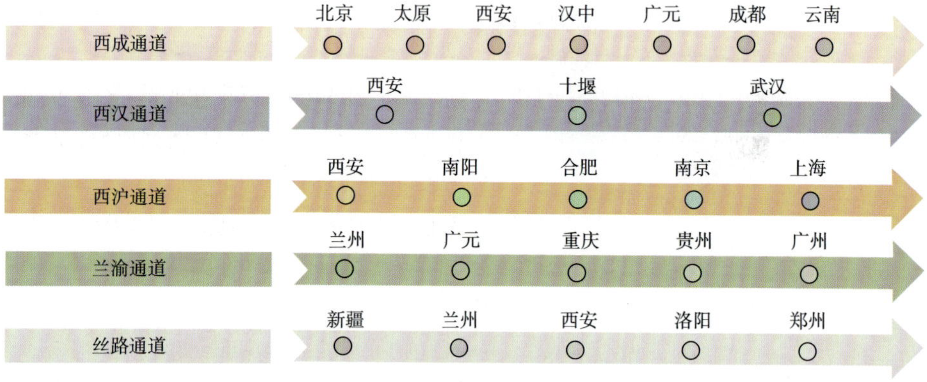

	北京	太原	西安	汉中	广元	成都	云南
西成通道	○	○	○	○	○	○	○

	西安		十堰		武汉		
西汉通道	○		○		○		

	西安	南阳	合肥	南京	上海
西沪通道	○	○	○	○	○

	兰州	广元	重庆	贵州	广州
兰渝通道	○	○	○	○	○

	新疆	兰州	西安	洛阳	郑州
丝路通道	○	○	○	○	○

图2-6-7　远程自驾游通道

建立五个区域自驾游服务中心：南阳、十堰、汉中、广元、重庆万州。可在交通要道附近建设类似连锁式经营的汽车旅馆。按各线路不同的需求配备不同等级的相关配套设施，推进旅游保险制度等的发展。

（2）巩固中近程自驾游市场。秦巴山脉区域自驾游主要以中近程为主，须通过秦巴山脉区域与周边旅游节点的串联带活秦巴山脉区域旅游市场。其中，重点打造八条跨省旅游小环线，进一步拉动周边客源，巩固中近程旅游市场。

陕鄂生态度假游

主线：西安—汉中—安康—十堰—商洛—西安

串联景点：西安—黎坪国家公园—南宫山国家公园—武当山国家公园—金丝峡国家公园—牛背梁

陕甘历史文化游

主线：西安—汉中—陇南—天水—宝鸡—西安

串联景点：西安—佛坪—黎坪—午子山—万象洞—西和仇池山—天水麦积山

陕甘川山水生态游

主线：西安—汉中—广元—成都—九寨—陇南—甘南—天水—兰州

串联景点：西安—汉中黎平—九寨沟—平武王朗—陇南万象洞—礼县大堡子山—西垂陵园—文县白水江—甘南—天水麦积山—兰州

陕豫名山文化游

主线：西安—商洛—十堰—襄阳—南阳—洛阳—灵宝—华阴—西安

串联景点：西安—华山—灵宝女娲—洛阳龙门石窟—南阳内乡府衙—古隆中—武当山—天竺山—牛背梁

中原历史文化生态游

主线：郑州—许昌—信阳—武汉—襄阳—南阳—洛阳—郑州

串联景点：郑州—许昌—信阳—武汉—古隆中—南阳内乡府衙—洛阳龙门石窟

成渝山水生态游

主线：成都—广元—巴中—达州—万州—重庆

串联景点：九寨沟—平武王朗—巴中光雾山诺水河—万州大瀑布

陕渝山水生态游

主线：汉中—安康—十堰—神农—巫山—万州—达州—广元—汉中

串联景点：汉中黎坪—陇南万象洞—文县白水江—平武王朗—九寨沟—成都 —江油李白故里—广元剑门蜀道—汉中黎坪

鄂州神农—武当—三峡山水游

主线：十堰—襄阳—武汉—荆州—宜昌—神农架

串联景点：武当山—古隆中—九峰国家森林公园—沧水国家公园—神农架

（3）夯实内部自驾网络体系。秦巴山脉区域自驾游的发展须依托内部完善的自驾服务体系，通过景区、乡村自驾游示范点的培育，以及公路网络的不断完善，夯实内部自驾游网络体系。参考四川、云南等地自驾游营地建设经验，建设不同等级的自驾游营地、汽车租赁服务网点、自驾游接待体系等以完善自驾游服务体系，结合线上自驾游网络服务平台，建立"线上+线下"完善的旅游服务体系，推动秦巴山脉区域自驾游服务体系，创建全国自驾游示范区。

可参考四川、云南等地自驾游营地建设经验，根据不同旅游类型划分营地类型，制定相应的营地布点与建设标准（表2-6-9），结合线上自驾游网络服务平台，建立"线上+线下"完善的旅游服务体系。

表2-6-9　四川省自驾游营地规划类型划分

划分依据	驿站型营地	目的型营地	景区依托型营地
是否为旅游目的地	否	是	否
是否依托景区	否	可能	是
距离客源市场	300千米以上	300千米以内	不限
核心吸引点	为长途自驾游游客提供餐饮、住宿、购物、车辆维修等必备功能的服务站点	为短途自驾游游客提供集休闲、度假、运动、体验等多功能服务于一体的复合型旅游目的地	为到景区旅游的自驾游游客提供一般宾馆无法提供的自驾游专项服务，或在旅游旺季提供补充的食宿配套服务
旅游模式	3天以上的自驾游	在大型城市周边利用周末或空闲的1~2天时间，以自驾游营地为目的地的专项休闲度假露营旅游	以景区为目的地的自驾游游客，选择自驾车露营地作为特色体验项目或旺季住宿不足的替代
建设布点	旅游距离远、线路长、城镇少、服务功能不足的地区，选择在沿线城镇或交通节点附近	紧靠成都特大型中心城市的景区周边或自然环境优良的区域（近期）；省内重点城市周边环境优美的区域（远期）	依托大型旅游景区或景区组团，在景区内部或景区周边区域

2. 乡村旅游子空间发展

1）乡村旅游发展背景

（1）乡村旅游发展政策黄金期已经到来。经过20多年的发展，我国乡村旅游发展已初具规模。国务院办公厅印发《关于进一步促进旅游投资和消费的若干意见》（2015），国家发展和改革委员会同有关部门共同研究制定《促进乡村旅游发展提质升级行动方案（2018年—2020年）》等，一系列支持乡村旅游发展的政策陆续出台，其中，国务院办公厅《关于进一步促进旅游投资和消费的若干意见》提出，到2020年，全国建成6 000个以上乡村旅游模范村，形成10万个以上休闲农业和乡村旅游特色村、300万家农家乐，乡村旅游年接待游客超过20亿人次，受益农民5 000万人。可以说，我国乡村旅游发展的政策黄金期已经到来，乡村旅游提质升级大发展的时代正在开启。

（2）国内乡村旅游发展现状与趋势。从地域格局来看，我国东南沿海、江南水乡、华北、东北、山东半岛依托其资源与市场优势已成为乡村旅游发展的发达地区与重点区域，长江腹地、成渝地区、黄河中游、青藏地区乡村旅游也逐渐发展起来，是我国乡村旅游发展的一般区域。当前，乡村旅游发展的总趋势为如下几点。

第一，乡村旅游的全域化、特色化、精品化。许多地方往往共同规划、协调发展，以全村、全镇、全县范围来发展乡村旅游。为避免同质化竞争，取得差异化优势，各个村镇实行诸如"一村一品""一户一业态"的差异化发展策略，深挖潜力，精心设计，打造精品，使乡村旅游呈现出特色化、精品化的特点。

第二，新产品、新业态、新模式层出不穷。出现了一系列新的乡村旅游业态，如国家农业公园，休闲农场或牧场，乡村营地或公园，乡村庄园、酒店、会所，乡村博物馆、艺术村，市民农园，高科技农园，教育农园，乡村民俗，洋家乐，文化创意农园，等等，多样的乡村旅游产品，满足不同人群需求，扩展旅游客源市场。

第三，从乡村旅游到乡村生活的新理念。一部分游客到乡村已不再是单纯的旅游，而是被乡村的环境吸引，在当地较长时间地生活和居住，这种现象不仅出现在北京等大都市，也出现在诸如河南这样的省。部分退休人士不愿意长期居住在城市，一年中往往有数月栖居于乡间。他们认为乡村的生态环境好，能更好地亲近自然和享受有机生态食品。

2）秦巴山脉区域乡村旅游发展现状

（1）乡村旅游发展现状。从全国乡村旅游建设格局来说，秦巴山脉区域乡村旅游建设势头较好。其中，四川、河南、湖北等地农家乐建设，乡村旅游模范村、户建设，休闲农业示范建设都处于全国前端水平（许娟等，2011），相比之下，秦巴山脉区域内甘肃、陕西相关建设较为缓慢。

在空间发展上，目前形成了六大乡村旅游片区：①以汉中市、柞水县为增长极的秦岭城郊乡村旅游片区；②以栾川县为增长极的伏牛山乡村旅游片区；③以甘南为增长极的甘南藏族民俗乡村旅游片区；④以苍溪县为增长级的川东北红色与生态乡村旅游片区；⑤以神农架与巫山县为增长极的长江三峡乡村旅游片区；⑥以襄阳与谷城县为增长极的襄阳乡村旅游片区。

（2）乡村旅游资源空间分布。秦巴山脉区域内乡村旅游资源丰富，种类繁多（表2-6-10）。传统村落、民族村寨、休闲农业、特色民俗产品等乡村旅游资源是秦巴山脉区域旅游发展良好的先天优势。秦巴山脉区域虽然已经成为中部乡村旅游发展较快的区域，但仍然存在分布散、组织难、与传统旅游景点之间交通连接差等问题。

表2-6-10　　秦巴山脉区域乡村旅游资源一览表

资源类型	数量	资源名称	
国家级农业旅游示范点	2	湖北（1）	襄阳市锦绣园
		四川（1）	华蓥山黄花梨有限公司
2010~2018年全国休闲农业与乡村旅游示范点	21	河南（1）	嵩县车村镇天桥沟村
		湖北（6）	襄阳市襄城区中华紫薇园、竹溪县龙王垭生态文化观光园、保康县马桥镇尧治河村、神农架木鱼镇青天袍民俗山庄、武当道茶文化旅游山庄、十堰生态农业科技示范园
		重庆（3）	开县奇圣现代观光农业生态产业园、云阳县三峡库区峻圆生态休闲观光产业园、奉节县长龙山山地观光农业示范区
		陕西（5）	汉中市西乡钧鑫农场、华阴县农垦英考现代农业观光园、眉县西部兰花生态园、汉中市城固县桔园镇刘家营村、洋县朱鹮有机农业示范观光园休闲农庄
		四川（4）	广元市利州区曙光休闲观光农业园、达州市开江县眷虹居农业开发有限公司观光园、绵阳市北川县维斯特农业科技集团有限公司、华蓥山黄花度假村
		甘肃（2）	秦安县南苑高新农业科技示范区、定西市金源水保生态观光农业示范园
中国历史文化名镇	12	河南（1）	河南省淅川县荆紫关镇
		重庆（2）	重庆市巫溪县宁厂镇、重庆市开县温泉镇
		陕西（4）	陕西省宁强县青木川镇、陕西省柞水县凤凰镇、陕西省旬阳县蜀河镇、陕西省石泉县熨斗镇
		四川（4）	四川省阆中市老观镇、四川省巴中市巴州区恩阳镇、四川省广元市元坝区昭化镇、四川省平昌县白衣镇
		甘肃（1）	甘肃省宕昌县哈达铺镇
中国少数民族特色村寨	10	河南（2）	洛阳市栾川县城关镇大南沟村、南阳市方城县袁店回族乡汉山村
		湖北（2）	神农架林区下谷坪土家族乡金甲坪村、神农架林区下谷坪土家族乡兴隆寺村
		陕西（4）	汉中市镇巴县清水乡朱家岭村、安康市宁陕县江口回族镇高桥村、商洛市镇安县茅坪回族镇茅坪村、商洛市镇安县西口回族镇聂家沟村
		甘肃（2）	陇南市文县铁楼藏族乡麦贡山村、甘南藏族自治州迭部县旺藏乡茨日那村
2010~2018年全国休闲农业与乡村旅游示范县（市、区）	21	河南（3）	栾川县、嵩县、卢氏县
		湖北（2）	谷城县、南漳县
		陕西（9）	凤县、平利县、柞水县、宝鸡市休闲农业示范区、石泉县、华阴市、太白县、留坝县、蓝田县
		四川（4）	苍溪县、平昌县、江油市、阆中市
		甘肃（3）	两当县、天水市秦州区、康县

注：括号中数字为该省（市）乡村旅游资源数量

（3）乡村旅游发展现状问题。秦巴山脉区域乡村旅游发展目前存在以下问题：①旅游产品单一，秦巴山脉区域地域广阔，民俗多样，但设计规划过程中，众多乡村旅游点主题设计雷同，地域环境和文化内涵的挖掘力度不够，创新程度不足；②同质现象严重，同一地域内同一类型扎堆而上，导致竞争加剧，大大缩短了旅游点的生命周期；③缺少精品项目，形象仅定义为低消费、低层次的旅游产品，缺乏精品项目和拳头产品。以上问题都是未来秦巴山脉区域乡村旅游发展须克服、避免的。

3）乡村旅游发展模式

对于不同类型的乡村，制定与其资源特征相适应的乡村旅游发展模式；根据乡村旅游资源的梳理，在秦巴山脉区域内提出六大乡村旅游发展模式。

（1）城市依托型：环城市乡村旅游发展模式。根据"环城游憩带"理论（吴必虎，2010），秦巴山脉区域西安、成都等城市周边将形成3个圈层的环城游憩带：①离城市中心100千米，车程在1小时左右，以一日游为主；②100~300千米范围，车程在2~3小时，以2~3天的度假游为主；③300~500千米范围，半日车程，通常以3~5天度假游为主。秦巴山脉区域乡村旅游处于城市100~200千米郊区游憩带中，因此须依靠城市客源，发展城郊乡村旅游带，拓展旅游服务范围。

（2）景区依托型：景区周边乡村旅游发展模式。成熟景区巨大的地核吸引力为区域旅游在资源和市场方面带来发展契机，周边的乡村地区借助这一优势，往往成为乡村旅游优先发展区。秦巴山脉区域可依托区域内A级景区与国家森林公园等景点，采取"景区+风情小镇+特色农庄"旅游捆绑打包的建设与营销形式，推动景区带动秦巴山脉区域乡村旅游发展。

（3）历史文化依托型：古村古镇乡村旅游发展模式。古村古镇乡村旅游以其深厚的文化底蕴、淳朴的民风和古香古色的建筑遗迹等特点受到游客的喜爱，是当前国内旅游开发的一个热点，也是乡村旅游体系中一个比较独特的存在。可依托秦巴山脉区域内传统村落、中国历史文化名镇，发展古村古镇乡村旅游发展模式。

（4）产业依托型：特色庄园旅游发展模式。特色庄园旅游发展模式以产业化程度极高的优势农业产业为依托，通过拓展农业观光、休闲、度假和体验等功能，开发"农业+旅游"产品组合，带动农副产品加工、餐饮服务等相关产业发展，促使农业向二、三产业延伸。秦巴山脉区域内在2010~2014年已发展16处全国休闲农业与乡村旅游示范点、10个示范县，休闲农业与产业依托型乡村旅游发展形势良好。

（5）红色旅游发展模式。依托秦巴山脉区域11处全国红色旅游经典景区及其他红色旅游资源发展红色乡村旅游，在红色旅游资源聚集区，如巴中、达州、广元等川东北地区及甘肃宕昌，推出红色乡村旅游品牌，强化区域乡村旅游形象。

（6）特色乡村旅游发展模式。特色乡村旅游是目前乡村旅游发展趋势之一，依托区域内特色民族村寨（目前有10处）与陕南民俗文化、巴蜀文化、藏羌文化等民俗文化，特色乡村旅游也将是发展模式之一。

4）乡村旅游发展空间布局

发展环西安、环郑州、环成都—重庆三大环城市—乡村旅游带，通过环城市—乡村旅游带的打造，为乡村旅游供给稳定客源与旅游需求，激活城市周边乡村旅游发展；以长安区、柞水县、栾川县、嵩县、平武县、苍溪县、平昌县、平利县、巫山县、谷城县、凤县、两当县、卓尼县、宕昌县等14个乡村旅游示范县（区）作为乡村旅游增长极，发展9个乡村旅游组团，带动周边村落发展（表2-6-11）。

表2-6-11　乡村旅游增长极及乡村旅游组团

乡村旅游增长极	乡村旅游组团
长安区、柞水县	秦岭城郊乡村旅游组团
栾川县、嵩县	伏牛乡村旅游组团
卓尼县、宕昌县	藏族民俗乡村旅游组团
苍溪县、平昌县	川东北红色生态乡村旅游组团
巫山县	长江三峡乡村旅游组团
谷城县	襄阳乡村旅游组团
平利县	陕西乡村旅游组团
凤县、两当县	陕甘乡村旅游组团
平武县	川东藏羌民俗乡村旅游组团

（三）旅游公共服务设施体系建设

在经济新常态背景下，随着旅游客源市场散客化、自由行比例的增加，对旅游公共服务设施的数量和质量都提出了全方位的要求，旅游城市建设、城市旅游公共服务设施建设成为旅游目的地建设的迫切需求。因此，加快旅游公共服务设施建设，不仅是旅游稳增长、调结构、惠民生的重要战略抓手，也是对旅游业阶段性发展特征的自觉把握，对于推动旅游业又好又快发展、实现建设世界级旅游目的地目标具有重要而深远的影响。

旅游公共服务设施体系建设包括五大体系、八大工程（图2-6-8）。"十三五"期间，旅游公共服务在原有体系结构基础上，将在智慧旅游、自驾游服务、旅游一卡通、旅游文明等方面实现重大突破（奇创旅游研究院，2015）。

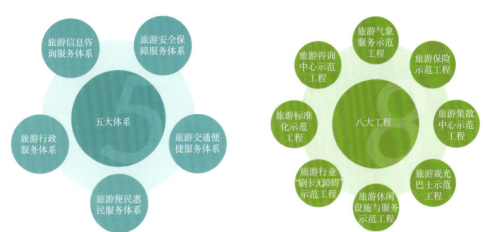

图2-6-8　旅游公共服务设施五大体系、八大工程

　　秦巴山脉区域旅游公共服务设施体系建设包括旅游交通便捷服务体系、旅游便民惠民服务体系、旅游信息咨询服务体系、旅游行政服务体系及旅游安全保障服务体系（表2-6-12），同时应将智慧旅游服务体系渗透于以上五大体系之中。

表2-6-12　新时代背景下旅游公共服务设施体系建设内容

旅游交通便捷服务体系	旅游便民惠民服务体系	旅游信息咨询服务体系	旅游行政服务体系	旅游安全保障服务体系
旅游交通通道建设：旅游风景道、旅游步道、无障碍通道、旅游专线专列、旅游观光巴士；旅游交通节点建设：旅游集散中心、旅游停车场、旅游站点、旅游码头、旅游机场（停机坪）；旅游交通服务建设：车辆租赁、自驾车营地、自驾车加油站及维修呼叫服务	旅游便民设施建设：购物、餐饮、住宿、娱乐等消费基础服务设施建设；免费旅游憩场所建设：休闲街区、城市和公园绿地、休闲广场、博物馆、科普教育基地、公共海滩等；旅游惠民政策：旅游消费券、旅游年票、旅游一卡通、特殊人群优惠政策（老年人、学生、残障人士）	旅游网络信息服务；旅游信息咨询服务：游客中心、信息亭、触摸屏、旅游地图指南信息服务、旅游呼叫中心服务（旅游热线、投诉电话）；旅游标识解说服务：交通指引、景区解说、标识标牌、自助导游	旅游行业规范与标准制定及相关评定服务；旅游从业者教育培训服务；旅游者消费保障服务	旅游安全设施建设：消防安全、游乐安全、安全标识；旅游安全机制建设：旅游安全应急预案、安全救助、旅游保险

1. 旅游交通便捷服务体系

旅游交通是旅游发展的基础支撑，须从秦巴山脉区域交通骨架与交通服务设施两方面着手完善旅游交通便捷服务体系。

1）交通骨架

（1）完善秦巴山脉区域对外交通网络大结构。基于秦巴山脉区域现有的航空、铁路、公路等立体交通网络，特别需要增强重庆东北部、陇南地区公路、铁路的可达性。

（2）加强秦巴山脉区域内部毛细道路网络。加强秦巴山脉区域内主要旅游景区交通联系，通过完善交通基础设施提高各区域之间旅游合作，构建内部完善的毛细血管型交通网络，为发展自驾游与乡村旅游提供基础支撑。

2）交通服务设施

通过旅游集散中心、自驾游服务体系、旅游公共交通设施体系搭建完善的旅游交通服务设施，为游客提供多样的旅游交通方式。

（1）在对外交通上，须要规划公共交通中旅游服务网络，增加与主要客源地之间的航线航班及旅游列车和专列，完善火车站的旅游服务功能，规划建设中心城市、干线公路、机场到重点旅游景区的旅游支线公路；建设旅游巴士站、长江游船、直升机停机坪等；规划全国铁路、公路联网售票体系，预售往返票、联程票。

（2）在内部交通上，须规划城市公交服务网络，逐步延伸到周边主要景区和乡村旅游点，开通城市通往各旅游景区的"旅游直通车"；引导规划建设城市"绿道"、城市旅游观光步道、自行车租赁点、旅游观光巴士等。

2. 旅游便民惠民服务体系

推出针对老人、学生、残障人士、低收入人群等的特殊优惠政策，推出更多的旅游惠民产品和优惠措施，提供更充足的旅游便民设施，以进一步发挥旅游在提升生活品质、提高居民素质、促进社会和谐等方面的功能，使人民群众共享经济社会及旅游业发展的成果。

1）旅游与城市休闲服务设施

除旅游住宿、旅行社、旅游餐饮、旅游购物及旅游娱乐等旅游基础设施的配备外，须注重城市本身公共休闲空间的塑造及对市民与游客的开放性，如城市公园、体育场馆、科普教育基地、全国爱国主义教育基地、公共海滩、博物馆、纪念馆、美术馆、文化馆、图书馆、青少年宫、科技馆、群艺馆，以及基层文化活动中心等，都应免费向社会开放，实现市民和游客的共享。

2）旅游厕所

旅游厕所是旅游服务设施热点问题之一，根据我国颁布的《旅游厕所质量等级的划分与评定》标准，对秦巴山脉区域内集散中心、机场、客运站、景区等旅游厕所进行改造，并根据需要新建部分厕所，所有厕所最低应符合三星标准。机场、集散中心及部分重要景区可根据实际情况改造为四星或五星。

3）惠民政策

为游客提供旅游消费券、秦巴旅游年票、秦巴旅游一卡通、特殊人群优惠政策（老年人、学生、残障人士）等旅游惠民政策，刺激旅游消费。

3. 旅游信息咨询服务体系

通过建设旅游咨询中心、旅游导引标识信息服务、旅游有线声讯及移动终端信息服务、旅游信息网站服务、旅游信息指挥调度中心等旅游信息体系，结合智慧旅游，通过"线上"与"线下"的结合，构建发达的旅游信息网络体系。目前重点推进城市旅游咨询中心建设，在机场、火车站、汽车站、码头、高速公路服务区、商业集中区以及重点旅游度假区、旅游景区门户区等游客聚集区域建设城市旅游咨询中心，形成由旅游咨询中心、咨询点、信息亭等组成的旅游信息现场服务体系。

4. 旅游行政服务体系

须加快旅游标准化建设，加强旅游市场监管，建立健全旅游投诉处理机制、秦巴山脉区域统一的旅游地投诉热线，实现旅游投诉"统一受理、依职处理"。建立网络受理平台，在传统受理旅游投诉方式的基础上，建立旅游质量监督网站，开辟专门的旅游投诉栏目，定期查看游客的投诉信息，同时发布质量监督动态及相关新闻，公布游客投诉内容，增设质量监督论坛，使游客可以通过多种手段反映旅游纠纷，从而快速、便捷、低成本地处理旅游纠纷。

5. 旅游安全保障服务体系

建立健全旅游安全保障的机制，包括旅游交通安全、游乐设施安全、旅游饮食安全、旅游消防安全、汛期旅游安全等设施和规范，旅游公共突发事件应急救援服务以及旅游公共安全应急预案与机制，等等。严格贯彻实施旅游安全与应急管理法规制度，明确职责，强化主体责任；完善政府安全监管和社会监督体系；推进旅游安全与应急管理标准化建设，完善各级各类旅游应急预案，增强预案的科学性和可操作性，加强预案演练。建立秦巴山脉区域、市、县三级旅游应急预案报备制度。

四、旅游品牌与产品搭建

（一）品牌与产品开发思路

1. 旅游产品发展趋势

随着旅游业的不断发展，旅游产品也呈现多样化发展的趋势。《中国国内旅游发展年度报告2018》显示，在国内旅游市场方面，呈现从传统观光游向休闲度假游、出境观光游、自助游、个性化体验游转型升级的发展趋势。观光游览的比重下降已经成为国民旅游市场的中长期趋势，休闲度假的比重提升则是现实的市场主导特征。结合秦巴山脉区域丰富的生态与文化旅游资源优势，预判三大旅游休闲产品（主题型文化休闲旅游度假、商务会议旅游、户外运动）呈上升发展趋势。

（1）养生度假、疗养度假、高尔夫度假、禅修养生等主题型文化休闲旅游度假产品市场需求进一步释放，是旅游产品发展大趋势之一。因此，依托于大山大水生态资源，除观光型旅游产品开发外，度假山庄、民宿等旅游产品开发将成为重点，同时，佛道文化的禅修养生旅游、户外运动的高尔夫度假旅游等特色产品须结合旅游地的旅游品牌共同营销打造。

（2）商务会议旅游随着大型国际、国内会议的持续增加与会议经济的成熟，其市场潜力将逐步凸显并具备较强的旅游经济拉动力，可借助具有国际、国内影响力的会议的举办，提升地区旅游知名度，拉动地区会议旅游发展。

（3）户外运动，如自驾游、攀岩、登山、野外露营探险等，随着居民对深度体验旅游需求的增加而成为近年来旅游产品的热点，适合于自然地形丰富、自然生态环境良好的地区，应结合国家公园、森林公园等自然旅游地的建设共同推出。

另外，遗址旅游、建筑旅游、农业旅游、学习旅游、摄影旅游等也是近年来旅游产品发展的趋势。

2. 不同类型游客需求与偏好

秦巴山脉区域内游客类型年龄跨度大，地域分布广泛。鉴于秦巴山脉区域重要的文化影响力，秦巴山脉区域内还须考虑文人游类型的游客需求。秦巴山脉区域内须根据各地资源特色，结合不同游客的需求偏好和旅游层次，联合开发特色旅游线路与旅游产品（表2-6-13）。在旅游类型上，文化游、休闲度假游、探险游是重要旅游产品发展方向；在旅游层次上，可分为入境、全国、区域三个层次。

表2-6-13 不同游客旅游需求与偏好

旅游群体		群体需求特征	旅游产品偏好
按年龄划分	中小学生	拓宽眼界，培养行动能力与爱国精神	探险游、科普游、红色游
	大学生	喜好刺激与体验性，培养文化意识	探险游、文化游
	中年人	工作之外的度假、休闲与探险	探险游、度假游
	老年人	喜静不喜动，偏好文化、养生与休闲	民俗文化游、宗教文化游、红色文化游、康体养生游
按区域划分	区域内游客	普通节假日放松、休闲	一至两日休闲度假游
	国内游客	对知名度高景点的游览、体验、休闲	三至五日文化游、度假游
	欧美游客	对中国古文化、古建筑感兴趣	宗教文化游、古建筑文化游
特殊群体	东南亚游客	华侨华人多	始祖文化游
	文人学者	对知识文化有更高追求	遗迹游、考古游

3. 开发思路

为了避免秦巴山脉区域产品开发与其他产品的同质性，体现产品的创新性，可以从构建秦巴品牌体系、关注旅游产品的转型和升级、引入国际先进旅游产品开发和设计理念这些思路来进行产品的开发。

1）构建秦巴品牌体系

深入挖掘秦巴山脉区域的自然及人文旅游价值，通过对自然资源及人文资源系列旅游产品的开发提高其竞争能力、传承能力和自我发展能力，构建自然和人文的秦巴品牌体系。

2）关注旅游产品的转型和升级

重点突破，倾力打造以秦岭、巴山、汉江、嘉陵江为主的秦巴旅游龙头产品，关注其转型和升级。集中精力开发重大文化旅游项目。大力开发休闲、度假、体验等旅游产品，创新旅游产品新格局，将秦岭、巴山区域建成国际精品旅游目的地。

3）引入国际先进旅游产品开发和设计理念

结合秦巴山脉区域本土特色和中国国情，结合"互联网+"技术趋势，创新秦巴旅游产品开发，努力实现秦巴生态文化旅游圈旅游产品开发的高标准、科学性与创新性。

（二）旅游产品谱系搭建

根据秦巴山脉区域旅游资源特征、产品发展现状、游客需求及产品发展趋势，构建秦巴旅游产品谱系，分为山水休闲度假旅游产品、历史遗迹旅游产品、现代产业旅游产品三大传统旅游产品及国家公园旅游产品、自驾游产品、体育旅游产品、"互联网+"高端定制旅游产品四大新业态旅游产品。

1. 三大传统旅游产品

1）山水休闲度假旅游产品

加快山水休闲度假旅游产品体系建设。秦巴山脉区域山水休闲度假旅游产品开发和管理服务还未能适应市场需求。具体表现为产品类型单一、数量少、档次低、布局不均衡。因此必须充分利用湖泊、温泉、森林、高山和草原等生态度假资源和独特的文化底蕴，打造以名山旅游、水域养生、乡村风情、绿色度假四大主题为核心的各种旅游产品（图2-6-9），逐步将秦巴生态文化旅游圈塑造成世界知名的休闲度假旅游目的地，使秦巴旅游产品等级向更高层次迈进。

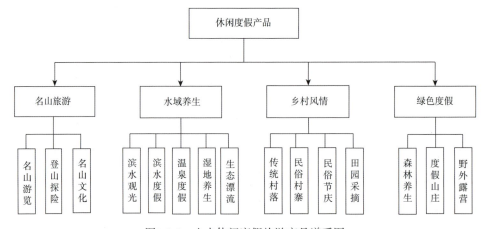

图2-6-9　山水休闲度假旅游产品谱系图

2）历史遗迹旅游产品

从遗产资源分布的角度看，秦巴山脉区域虽然已在国内取得了广泛的影响力，但国际影响力还有限，景区产品功能仍较单一，资源潜力尚未得到充分发挥，景区规划和基础设施条件也待开发。当前可以打造以革命遗迹、史前遗迹、华夏探险、古代历史文化、世界遗产五大主题为核心的历史遗迹旅游产品体系（图2-6-10）。同时大力实施遗产转型工程、遗产申报工程、非遗产景区工程，构建结构合理、类型多样、业态新颖的历史遗迹旅游产品谱系。

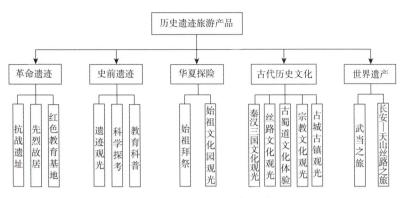

图2-6-10　历史遗迹旅游产品谱系图

3）现代产业旅游产品

现代产业旅游产品谱系开发主要以工业旅游、农业旅游、文化产业旅游三大核心为主（图2-6-11）。

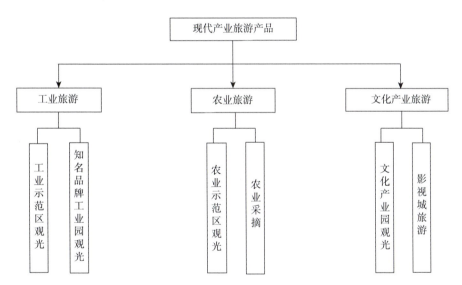

图2-6-11　现代产业旅游产品谱系图

（1）工业旅游可参观工业企业，对于消费者而言增长了见识，体验了生产制造过程中的乐趣；对于企业而言，敞开大门让消费者了解自己，使消费者对产品产生信赖感，其效果是产品广告无法比拟的。工业旅游可以提升企业的形象，推广企业的文化，使企业得到广泛的认可。

（2）农业旅游是农事活动与旅游相结合的农业发展形式，主要是为不了解农业、不熟悉农村，或者回农村寻根、渴望在节假日到郊外观光、旅游、度假的城市居民服务的，其目标主要是城市居民。利用农村的自然风光作为旅游资源，提供必要的生活设施，让游客从事农耕、采摘、垂钓、饲养等活动，享受回归自然的乐趣，也可称为观光旅游。农业旅游的发展，不仅可以丰富城乡人民的精神生活、优化投资环境等，而且还可以实现农业生态效益、经济效益和社会效益的有机统一。

（3）文化产业旅游。真正的文化产业旅游主要是由人文旅游资源所开发出来的旅游产业，是为满足人们的文化旅游消费需求而产生的一部分旅游产业。它的目的是提高人们的旅游活动质量，其核心是创意，强调"创造一种文化符号，然后销售这种文化和文化符号"。例如，汉诗旅游、历史探秘旅游、书法学习旅游、围棋交流旅游、名人足迹寻访旅游、民族风俗旅游等，使参加这种旅游活动的人，在这一专项领域，掌握更多的信息资料，以便更好地施展才干，提高技能，有所作为。

2.四大新业态旅游产品

1）国家公园旅游产品

国家公园旅游产品对秦巴国家公园品牌的建立与旅游产品体系的丰富起到了至关重要的作用，可根据国家公园的资源与类型开发奇珍异兽科普与观赏、国家公园野外探险、国家公园户外夏令营、国际生态研讨会等旅游产品，满足居民亲子化、深度化旅游需求（图2-6-12）。

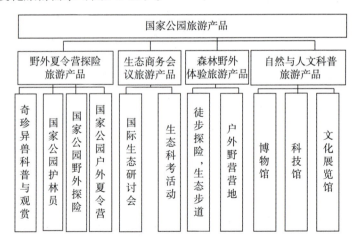

图2-6-12　国家公园旅游产品谱系图

2）自驾游产品

秦巴山脉区域具有独一无二的生态和民俗景观，是理想的自驾游目的地。根据自驾游的需求，结合风景道建设，沿主要道路和景点建设相匹配的接待体系，将秦巴山脉区域建设成为国内一流的自驾游目的地。自驾游营地的种类可涉及露营营地和休闲度假营地。露营营地包括帐篷露营地、房车露营地、汽车露营地等。休闲度假营地包括徒步登山、垂钓、高尔夫等。秦巴山脉区域丰富的资源也适合开展主题自驾旅游产品，如温泉自驾、冰雪自驾、野外探险自驾等（图2-6-13）。

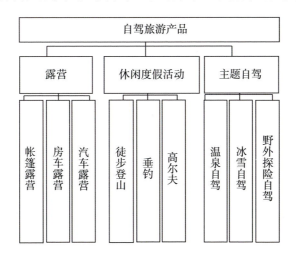

图2-6-13　自驾游产品谱系图

3）体育旅游产品

秦巴山脉区域拥有独特的自然条件，是我国最为优越和适合开展户外体育旅游和体育活动的地区之一，有望形成一批具有国内、国际影响力的体育运动和体育产业品牌，如成为马拉松、垂钓、自行车等运动的国际、国内竞技场与训练基地等（图2-6-14）。

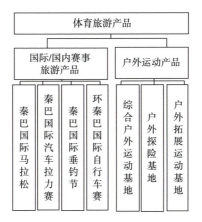

图2-6-14　体育旅游产品谱系图

4）"互联网+"高端定制旅游产品

结合国内各大定制旅行网私人定制旅游主题、旅游路线、旅游住宿等旅游产品，秦巴山脉区域内"互联网+"高端定制旅游产品可包括：摄影旅游、观鸟兽旅游、禅修养生、遗址会议、山谷蜜月、直升机旅游、豪华游艇旅游等。结合"互联网+"平台，发展囊括水、陆、空三位一体的专业私人定制旅行，满足各种不同的旅游者的需求（图2-6-15）。

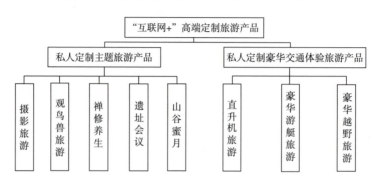

图2-6-15　"互联网+"高端定制旅游产品谱系图

（三）核心旅游产品策划

观光体验产品是基础，休闲度假产品是重点，新业态产品是方向。以资源特色为基础，综合考虑旅游市场的消费变动趋势，在"观光体验""休闲度假""新业态"三大战略体系统领下，遴选出对秦巴山脉区域旅游业发展具有支撑作用的十大核心旅游产品，构建三级客源市场核心旅游产品，策划四类重大旅游项目。

1.十大核心旅游产品

打造秦巴山脉区域核心旅游产品，即秦巴国家公园旅游、丝路风情体验游、藏羌彝文化游、史前文明始祖游、秦巴历史文化游、川陕红色文化游、秦巴山水养心游、户外自驾探险游、户外运动休闲游、乡村休闲农业体验游十大核心旅游产品（表2-6-14）。这十大核心旅游产品是发展秦巴山脉区域旅游市场的重要吸引源，是秦巴山脉区域旅游资源优势向市场优势转化的发展重点和秦巴山脉区域旅游形象的重要支撑。在产品对应项目建设上，以已发展成熟的资源为龙头产品，以有发展基础的资源为培育产品，以具有特色、有条件开发的资源为潜力产品，进行生态保护、扩建、改建建设。对于区域内自驾游、户外运动等新业态旅游产品体系，须结合已发展资源与景区，新建自驾游营地、自驾者服务中心等项目。

表2-6-14 秦巴十大核心旅游产品项目建设

序号	项目名称	所在地	建设要点
一、秦巴国家公园旅游			
1	武当山国家公园	湖北省十堰市	根据国家公园建设标准，优化景区生态保护工程及基础设施、旅游服务设施建设
2	华山国家公园	陕西省华阴市	
3	巫山小三峡国家公园	重庆市巫山县	
4	神农架国家公园	湖北省神农架	
5	终南山国家公园	陕西省西安市长安区	
6	伏牛山国家公园	河南省南阳市西峡县	
7	光雾山—诺水河国家公园	四川省巴中市	
8	太白山国家公园	陕西省宝鸡市眉县、太白县	
9	王朗国家公园	四川省绵阳市平武县	
10	白水江国家公园	甘肃省陇南市武都区、文县	
11	佛坪国家公园	陕西省汉中市	
12	宝天曼国家公园	河南省南阳市内乡县	
13	剑门蜀道国家公园	陕西省宁强县，四川省成都市	
14	古隆中国家公园	湖北省襄阳市	
15	麦积山国家公园	甘肃省天水市	
二、丝路风情体验游			
1	张骞丝路文化景区	陕西省城固县	丝路文化博物馆、旅游服务设施建设
2	秦岭古蜀道探险（子午道、傥骆道、褒斜道、陈仓道等）	陕西省、甘肃省	沿途生态环境修复、栈道修建、旅游服务、徒步旅游者服务中心建设
3	崤函古道遗址	河南省三门峡市陕州区	遗址修复保护与文化展示设施建设，栈道修建
三、藏羌彝文化游			
1	北川羌城旅游区	四川省北川羌族自治县	民族村寨环境整治、旅游服务设施建设
2	扎尕那山	甘肃省迭部县	生态保护，发展民族村落旅游，特色民宿建设，自驾游营地建设
3	大峪沟	甘肃省卓尼县	景区服务设施建设，自驾游营地建设
4	腊子口国家森林公园	甘肃省迭部县	生态保护，完善对外交通，加强自驾游服务设施建设
5	铁楼千年白马藏族传统村落	甘肃省文县	发展乡村旅游，加强民宿、文化设施建设
四、史前文明始祖游			
1	巫山龙骨坡遗址	重庆市巫山县	遗址公园建设、博物馆等文化设施建设
2	蓝田猿人遗址博物馆	陕西省蓝田县	遗址公园建设
3	蓝田华胥	陕西省蓝田县	华胥遗址保护工程、博物馆等文化设施建设
4	灵宝市女娲陵	河南省灵宝市	遗址保护、祭祀场所建设
5	宝鸡炎帝陵	陕西省宝鸡市	

续表

序号	项目名称	所在地	建设要点
五、秦巴历史文化游			
1	李白故里	四川省江油市	文化遗址保护，配套文化设施建设，旅游服务设施假设，加强文化宣传营销
2	昭化古城	四川省广元市	
3	千佛崖	四川省广元市	
4	阆中古城	四川省阆中市	
5	汉中武侯祠	陕西省勉县	
6	青川木古镇	陕西省汉中市宁强县	
7	襄阳古城	湖北省襄阳市	
8	南漳春秋寨	湖北省襄阳市南漳县	
六、川陕红色文化游			
1	邓小平故居	四川省广安市	红色文化遗址保护与修复，加强红色文化活动组织与文化营销
2	通江红四方面军总指挥部旧址纪念馆	四川省通江县	
3	通江川陕苏区红军烈士陵园	四川省通江县	
4	苍溪红军渡纪念地	四川省苍溪县	
5	仪陇县朱德故居纪念馆	四川省仪陇县	
七、秦巴山水养心游			
1	长江三峡（白帝城、天坑地缝、大昌古镇等）	重庆市、湖北省	加强景区交通可达性及与周边神农架等景区的交通联系
2	柞水溶洞	陕西省柞水县	以景区生态保护为前提，提升景区旅游服务设施建设与服务等级，提升景区旅游服务水平
3	安康瀛湖风景区	陕西省安康市	
4	尧山国家级风景名胜区	河南省平顶山市	
5	佛坪	陕西省汉中市	
6	米仓山	四川省南江县	
7	花萼山	四川省万源市	
8	大巴山自然保护区	重庆市	
9	丹江湿地	湖北省丹江口市	
10	石门湖风景名胜区	河南省南阳市西峡县	
11	昭平湖风景名胜区	河南省鲁山县	
12	白龙湖国家级风景名胜区	陕西省宁强县，甘肃省文县	
13	文县天池	甘肃省陇南市	
14	官鹅沟	甘肃省陇南市	
八、户外自驾探险游			
1	秦巴自驾越野拉力赛	秦巴山脉内	筹办国际、国内不同赛段与等级自驾拉力比赛
2	秦岭自驾爱好者基地	陕西省秦岭	新建多处驿站型营地、目的型营地、景区依托型营地，形成自驾热点区域自驾营地网络
3	巴山自驾爱好者基地	湖北省巴山	
4	陇南自驾爱好者基地	甘肃省陇南市	
5	伏牛自驾爱好者基地	河南省南阳市、栾川县等	

续表

序号	项目名称	所在地	建设要点
八、户外自驾探险游			
6	甘南迭部自驾爱好者基地	甘肃省迭部县	新建多处驿站型营地、目的型营地、景区依托型营地，形成自驾热点区域自驾营地网络
7	汉中自驾爱好者基地	汉中市	
8	武当自驾爱好者基地	十堰市	
九、户外运动休闲游			
1	环秦巴自行车赛	秦巴山脉内	筹办国际、国内不同赛段与等级的自行车、马拉松比赛，依托大型滑雪目的地举办滑雪竞技赛
2	秦巴马拉松赛	秦巴山脉内	
3	秦巴滑雪竞技赛	伏牛山、甘山等	
4	伏牛山世界滑雪乐园	河南省南阳市	完善滑雪场地设施建设，提升旅游服务设施建设水平
5	秦岭国家山地户外运动训练中心	陕西省秦岭	秦岭内，建设国家级攀岩、登山户外运动中心、综合户外运动基地
6	伏牛山户外探险基地	河南省南阳市	
7	光雾山户外拓展基地	四川省巴中市	
8	柞水漂流基地	陕西省柞水县	主题漂流旅游产品开发
9	丹江漂流基地	湖北省丹江口市	
10	诺水河漂流基地	四川省巴中市	
十、乡村休闲农业体验游			
1	传统村落、特色村寨乡村旅游	陕西省、河南省、湖北省、四川省、甘肃省、重庆市	以长安区、柞水县、栾川县、嵩县、平武县、苍溪县、平昌县、平利县、巫山县、谷城县、凤县、两当县、卓尼县、宕昌县为增长极，带动传统村落、特色村寨旅游，打造九大乡村旅游组团
2	华蓥山黄花梨度假村	四川省广安市	带动周边乡村旅游，建设特色民宿、度假村，提升乡村旅游建设水平与服务水平
3	襄阳市锦绣园	湖北省襄阳市	
4	武当道茶文化旅游山庄	湖北省十堰市	
5	开县奇圣现代观光农业生态产业园	重庆市开县	

2. 三级客源市场核心旅游产品

明确秦巴山脉区域旅游产品开发层次，对入境、全国、区域三级客源市场进行专项策划，推出秦巴山脉区域重点的相关旅游产品（表2-6-15）。

表2-6-15 三级客源市场核心旅游产品

所在层次	旅游产品	重点景点
入境客源市场	国家公园	太白山、终南山、神农架林区、佛坪自然保护区等国家公园
	丝路风情	汉长安、麦积石窟、张骞墓等
	剑门千年蜀道	昭化古城、七曲山大庙、皇泽寺、千佛崖、剑门关等
	道教名山	武当山、老君山、终南山、天竺山等
	长江三峡	白帝城、瞿塘峡、巫山小三峡、大昌古镇等

续表

所在层次	旅游产品	重点景点
全国客源市场	伏牛山世界地质公园	鸡冠洞、老君山、恐龙遗迹园、老界岭、龙潭沟、五朵山等
	秦巴古蜀道探险	傥骆道、米仓道、子午道、荔枝道、陈仓道
	王朗—藏羌生态民俗旅游产品	王朗自然保护区、白马民俗村、北川羌寨、报恩寺等
	襄阳三国古城旅游产品	古隆中、襄阳古城、春秋寨等
	巴山蜀水生态旅游产品	米仓山、光雾山、诺水河、万源八台山风景名胜区等
	川陕红色文化旅游产品	邓小平故居、通江红四方面军总指挥部旧址纪念馆、通江川陕革命根据地红军烈士陵园等
	华夏始祖探源	陇南西和伏羲崖、天水伏羲庙、卦台山、宝鸡炎帝陵等
区域客源市场	南水北调度假旅游产品	丹江口水库、渠首等
	陕南山水度假旅游产品	金丝峡大峡谷、青木川古镇、南宫山、燕翔洞、瀛湖等
	扎尕那藏族风情旅游产品	扎尕那山、大峪沟自然保护区、腊子口等
	陇南小江南度假旅游产品	官鹅沟、万象洞、文县天池、白水江等

1）第一个层次

以具有国际影响力的旅游产品为核心，构建入境客源市场旅游产品，包括国家公园、丝路风情、剑门千年蜀道、道教名山、长江三峡等旅游产品。

2）第二个层次

以具有国内知名度、发展较为成熟的旅游产品为核心，完善全国客源市场旅游产品，包括伏牛山世界地质公园、秦巴古蜀道探险、王朗—藏羌族生态民俗旅游产品、襄阳三国古城旅游产品、巴山蜀水生态旅游产品、川陕红色文化旅游产品、华夏始祖探源等旅游产品。

3）第三个层次

以在区域内具有一定知名度、发展条件较好的资源为核心，整合区域客源市场旅游产品，形成若干大的休闲、旅游集聚区，包括南水北调度假旅游产品、陕南山水度假旅游产品、扎尕那藏族风情旅游产品、陇南小江南度假旅游产品等，作为重要的环城旅游带旅游产品，服务周边大城市人群2~3天周边游。

3. 四类重大旅游项目

策划国际、国内大型旅游项目，作为秦巴旅游主要营销手段之一，为秦巴旅游打响品牌，增强旅游国际知名度。

1）依托西安国际性旅游大城市，在五台镇规划秦岭博物馆

依托秦岭的山水景观资源，将整个秦岭打造成为自然文化博物馆。

开发特色：依托秦岭的自然气候条件，打造不同的自然生态区，营造具有地域特色的农业生态村落。

开发建议：主打自然山水环境，营造四季多样的地景艺术；打造特色村落，以生态文明休闲产业推动整体产业升级；建设集观赏性、休闲性、艺术性、玩乐性、教育性为一体的综合生态博物馆。

项目构成：自然生态博物馆、生态农家乐、地景艺术展示区、儿童创意种植区、创意生态园及家庭果蔬景观区等。

2）依托终南山与西安区位临近的优势与生态文化基底，策划终南山文化论坛（"文化达沃斯"）

打造秦巴文化国际论坛，构建"文化达沃斯"高端会议。

开发特色：以高端会议为主，打造集金融、商业、酒店、旅游配套、高端住宅于一体的综合旅游城市。

开发建议：依托秦巴山脉区域内丰富的文化资源，打造"文化达沃斯"高端论坛，配套相应的特色酒店，创造文化旅游活动特色商业街。

项目构成："文化达沃斯"论坛、秦巴养疗酒店、文化特色商业街、秦巴奥特莱斯及秦巴康疗中心等。

3）依托秦巴三大旅游中心，策划国际性旅游节项目

打造生态文化旅游节及国际一流的康体养生目的地。

开发特色：以达州的佛教文化、自然风光和红色文化，开展生态文化旅游节。依托达州良好的气候和生态环境，结合国际顶尖医养资源，打造国际一流的康体养生目的地。

开发建议：联合周边城市，共同打造生态文化旅游节；引进国际知名的养疗机构，提升养疗品质；建立秦巴首个国际养老服务管理系统，实现个人养老定制服务。

项目构成：旅游洽谈交易会、民俗文化演出、旅游商品展养老度假区、休闲养生区及国医产业区等。

4）依托秦巴自身自然优势，举办国际体育竞赛

功能定位：打造国际一流的滑雪竞技赛、环秦巴自行车拉力赛、越野拉力赛，共赏秦巴美景，挑战人类极限。

开发特色：以伏牛山为依托，打造国际一流的滑雪竞技赛，以秦巴地形地貌为依托，打造秦巴自行车及越野拉力赛。围绕相关体育赛事活动，延展开发周边文旅产品和文旅服务，针对不同人群提供品种齐全的娱乐项目，满足不同人群的需求。

　　开发建议：针对不同人群提供山地、公路、林地、水路等多样的路线，开发多样极限挑战运动，打造融休闲度假为一体的四季旅游胜地。

　　项目构成：滑雪竞技赛、冰雪文化生态园、高山观光、雪场食宿、环秦巴自行车拉力赛、环秦巴越野拉力赛、攀岩挑战赛、激流速滑赛及速降等。

（四）旅游产品空间规划

1.旅游板块划分

　　秦巴山脉区域四大旅游板块，即陕甘川旅游板块、秦巴生态旅游板块、成渝旅游板块、豫鄂旅游板块，涵盖秦巴山脉区域十大核心旅游产品及入境、全国、区域三级客源市场核心旅游产品。其中，国家公园、自驾游、体育及乡村旅游产品是四大板块共同强调推进培育与建设的旅游产品（表2-6-16）。

表2-6-16　秦巴山脉区域旅游产品空间分布

旅游板块	产品类型	代表性旅游资源
陕甘川旅游板块	国家公园	王朗国家公园、剑门蜀道国家公园、麦积山国家公园、白水江国家公园
	丝路—古道探险	子午道、傥骆道、褒斜道、陈仓道
	藏羌民族风情	北川羌城旅游区、铁楼千年白马藏族传统村落
	秦巴历史文化	李白故里、昭化古城、千佛崖、汉中武侯祠
	陇南小江南度假	官鹅沟自然风景区、万象洞风景区、文县天池国家森林公园
	自驾游与户外探险	甘南藏族自治州迭部自驾爱好者基地、陇南自驾爱好者基地
	乡村民俗游	白衣镇白衣庵居、文县铁楼民族乡草河坝村、汉中市宁强县青木川镇青木川村
秦巴生态旅游板块	国家公园	华山国家公园、终南山国家公园、太白山国家公园、佛坪国家公园
	秦巴道教名山	武当山、老君山、终南山、天竺山
	秦巴山水风情	柞水溶洞、安康瀛湖、南宫山、燕翔洞、金丝峡、黎坪
	史前文明与始祖文化	蓝田猿人遗址博物馆、蓝田华胥
	自驾与户外探险	秦巴自驾越野拉力赛、秦岭自驾爱好者营地、秦岭国家山地户外运动训练中心、柞水漂流运动训练基地
	乡村民俗游	汉中市宁强县青木川镇青木川村、安康市石泉县后柳镇长兴村、安康市旬阳县赤岩镇万福村

续表

旅游板块	产品类型	代表性旅游资源
成渝旅游板块	国家公园	巫山小三峡国家公园、光雾山—诺水河国家公园
	巴山红色文化	邓小平故居、通江红四方面军总指挥部旧址纪念馆、通江川陕苏区红军烈士陵园、苍溪红军渡纪念馆
	长江三峡	白帝城、瞿塘峡、巫峡、西陵峡
	巴山蜀水	米仓山、九重山、青龙峡峡谷、唐家河、诺水河
	自驾游与户外探险	巴山自驾爱好者营地、诺水河漂流基地
	史前文明	巫山龙骨坡遗址
	乡村民俗游	巫山县龙溪镇龙溪村、巴中市巴州区青木镇黄桷树村等
豫鄂旅游板块	国家公园	武当山国家公园、神农架国家公园、伏牛山国家公园、宝天曼国家公园、古隆中国家公园
	襄阳—三国古城	古隆中、襄阳古城、春秋寨
	南水北调	丹江湿地、丹江水库、渠首
	自驾游与户外探险	伏牛山自驾基地、伏牛山世界滑雪乐园、武当山自驾营地、丹江漂流基地
	乡村民俗旅游	十堰市竹溪县中峰镇甘家岭村、洛宁县底张乡草庙岭村

2. 区域旅游线路

1）秦巴精品游线

策划四条秦巴精品游线（图2-6-16）。

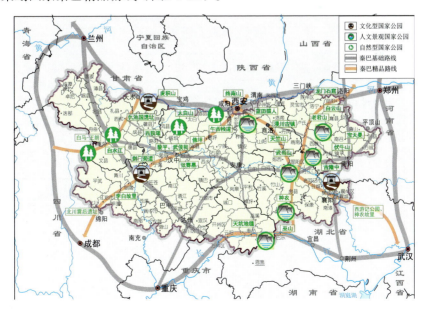

图2-6-16　秦巴精品游线组织图

（1）甘川古文化与山水生态游

具体路线为天水—陇南—王朗—九寨。

串联天水麦积山、礼县大堡子山、文县白水江、平武王朗、九寨沟等景点。

（2）川陕巴蜀三国古道历史文化游

具体路线为成都—绵阳—广元—汉中—西安。

串联李白故里、剑门蜀道、武侯祠、张骞墓、蔡伦墓祠、佛坪森林公园等景点。

（3）陕鄂道家名山与历史文化生态游

具体路线为西安—蓝田—商洛—十堰—襄樊—随州—武汉。

串联猿人遗址、天竺山、武当山、谷城大薤山、古隆中、武汉赤壁等景点。

（4）豫鄂少林武当生态文化游

具体路线为洛阳—栾川—十堰—神农—巫山—恩施。

串联洛阳嵩山少林寺、龙门石窟、老君山、老界岭、武当山、神农架、神农溪、巫山小三峡–恩施土司城、恩施大峡谷等景点。

2）秦巴主题旅游路线

策划五条秦巴主题旅游路线（图2-6-17）。

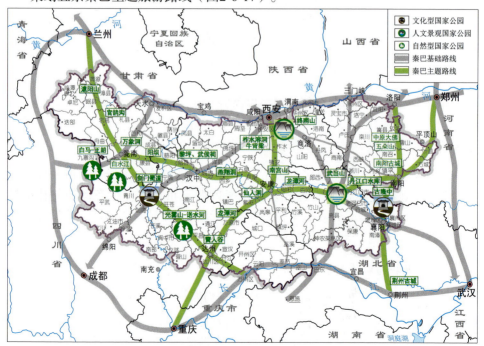

图2-6-17　秦巴主题旅游线路图

（1）陇南川东小江南自然生态游

具体路线为兰州—漳县—岷县—陇南—广元—巴中—达州—万州。

串联贵清山、遮阳山、宕昌官鹅沟、陇南万象洞、青川唐家河、广元剑门关、雾山诺水河、真佛山、潭獐峡等景点。

（2）汉江秦巴山水风情游

具体路线为十堰—安康—汉中—陇南—九寨。

串联武当山、郧西龙潭河、南宫山、瀛湖、石泉汉江燕翔洞、拜将坛、勉县武侯墓、康县阳坝、陇南万象洞、文县天池、九寨沟等景点。

（3）陕渝秦巴山水生态游

具体路线为西安—安康—达州—重庆。

串联柞水溶洞、木王国家森林公园、南宫山、瀛湖、陕南小武当、万源龙潭河、真佛山等景点。

（4）南水北调科普游

具体路线为十堰—丹江口—南阳—平顶山。

串联丹江口水库、淅川丹江大观苑、邓州陶岔渠首等景点。

（5）历史文化名城体验游

具体路线为洛阳—南阳—襄阳—荆门—荆州。

串联洛阳古城、少林寺、龙门石窟、南阳古城、襄阳古城、荆州古城等景点。

五、区域旅游合作机制构建

（一）区域旅游发展合作内容

由于秦巴山脉区域涉及多个省市及其行政管理单位，为避免旅游发展因行政重叠、规划冲突而造成资源开发错位等问题，重点应在生态保护与补偿机制、各项旅游规划、旅游基础设施建设合建及旅游产品联合开发与营销等方面进行协调。

1. 生态保护与补偿机制协调

秦巴山脉区域内各省市对生态环境的保护和开发政策不一致，致使生态环境保护的工作难以落实，秦巴山脉区域生态自然保护地遭受破坏的可能性加大。因此须通过各省市及部门单位协调制定秦巴山脉区域统一的生态保护与补偿机制。

2. 各项规划协调

秦巴山脉区域旅游发展战略规划须与各省市"十三五"旅游规划、《大秦岭旅游发展专项规划》《鄂西生态文化旅游圈发展总体规划（2009—2020）》等规划协调，在秦巴山脉区域旅游发展方向、空间布局、产品策划等方面达成共识，避免各类规划之间互相矛盾，导致旅游资源开发与项目建设不当。

3.旅游基础服务设施合建

区域交通的便捷是秦巴山脉区域旅游发展的基础保障，不仅包括秦巴山脉区域的交通设施合建，更涵盖与全国其他地区的交通联系，须通过区域合建，提升秦巴山脉区域内部整体及对外交通可达性。

4.旅游产品联合开发与营销

秦巴山脉区域旅游市场受行政分割，区域品牌形象不统一，营销产品各自为政，须建立统一的旅游品牌体系与营销机制，实施区域旅游资源—产品—市场联合开发，通过与旅行社合作，推出区域合营旅游品牌，凸显规模效应。

（二）区域旅游发展协调机制

秦巴山脉区域旅游涉及政府、企业、行业及民众多个利益主体，须搭建区域旅游一体化机制，调节各方利益，明确各方在旅游发展中的职责与协调内容，以指导区域旅游合作与运作（图2-6-18）。

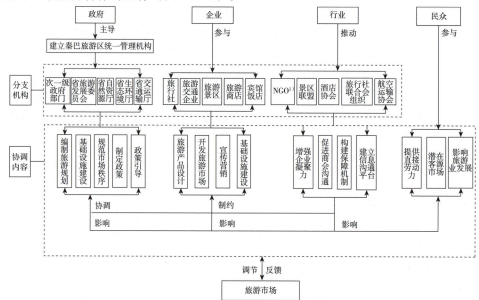

图2-6-18　秦巴山脉区域旅游发展协调机制

1）NGO（non-governmental organization，非政府组织）

在运作机制中，政府发挥主导作用，通过政策引导、制定政策、规范市场秩序、基础设施建设与编制旅游规划引导秦巴山脉区域旅游发展。企业通过开发旅游市场、旅游产品设计、宣传营销、基础设施建设参与区域旅游发展，行业建立企业运行秩序、信息沟通平台与保障机制推动区域旅游发展，民众则作为旅游地原住民及旅游消费者，直接参与旅游发展过程。

1. 架构多元主体

建立"政府主导、企业参与、行业推动、民众参与"的旅游协作机制。其中，政府发挥主导作用，组织出台区域整体旅游规划，改善区域旅游交通环境，搭建秦巴旅游信息网络建设；鼓励旅游企业超越行政界线加强企业间合作，在更大空间范围内构建大旅游产业链；旅游相关行业组织，如景区联盟、酒店协会、旅行社联合会等须通过行业规范、行业管理保证旅游服务质量与市场秩序；民众是提供旅游服务的基层人员，直接参与旅游服务，同时也须从原住民的角度就旅游开发问题同政府、企业及相关行业进行协商。

2. 架构组织机构

1）组建"大秦巴办"

由省政府领导，省政府办公厅、国土、铁道、民航、交通、建设、林业、财政、农业、环保、旅游、规划、工商等部门共同参与组建而成跨部门协调和决策机构——"大秦巴办"（图2-6-19）。"大秦巴办"涉及旅游的四项核心职能：一是组织制定秦巴旅游业发展战略规划；二是组织制定秦巴旅游业相关法律和政策；三是按照战略规划和政策规范指导区域内各级行政组织、旅游企业和其他民间组织的旅游相关行为；四是负责牵头组织、指导、规范秦巴山脉区域一体化合作事宜，同有关部门和机构，在政策、资金和基础设施方面给予秦巴山脉区域一定的倾斜。

2）组织融资网络

（1）平台体系。通过财政扶持、资金整合、社会投入，在"大秦巴办"下设五大旅游投融资平台：一是秦巴旅游开发基金，用于旅游基础设施和重大经营性项目开发建设；二是秦巴旅游发展专项资金，用于秦巴旅游形象宣传、规划策划编制、人才培训和旅游公共服务体系建设；三是秦巴文化产业发展专项资金，整合现有各类文化产业投资，用于秦巴民族民俗文化、历史文化、地域文化的挖掘、整理、保护、提升和旅游文化产品开发；四是秦巴生态旅游建设专项资金，整合现有资金渠道，拓宽资金来源，统筹用于生态旅游的规划建设；五是秦巴旅

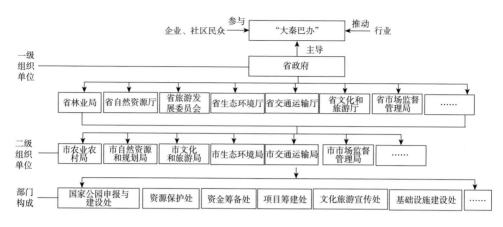

图2-6-19 "大秦巴办"组织机构

游产业投资基金，为私募股权投资基金吸引金融机构和大企业投资，用于秦巴旅游经营性项目开发。

（2）融资渠道。开辟直接融资与间接融资双重渠道。通过土地抵押、应收账款质押、政府信用担保等方式加大银行贷款间接融资力度。积极探索中央代发省级地方债券，寻求直接发行企业债券、股票等多种直接融资手段，灵活运用BOT（build-operate-transfer，建设—经营—转让）、BT（build transfer，建设—转让）和股权合作等多种项目融资模式，引进外来资金投资建设秦巴基础设施项目和社会公益项目。

3）构筑秦巴旅游合作发展基金会

采取基金会的模式，将"大秦巴办"成员的相关权益转化为基金会的份额，秦巴山脉区域川、渝、陕、陇、鄂、豫六省市按照份额分摊年度基金认缴额度，构筑秦巴旅游合作发展基金，以资助秦巴认知共同体的发展事务，维系合作发展的可持续性。

4）建立秦巴旅游行业协会

建议建立由秦巴山脉区域内从事旅游资源及旅游景点的开发利用、旅游工艺品制造和销售等活动的旅游公司与企事业及其相关经济组织参加组成的旅游行业协会，实行行业服务和自律管理的跨部门、跨所有制的非营利性行业性社会团体法人。

5）设立秦巴旅游论坛

设立秦巴旅游论坛，就秦巴山脉区域资源利用和保护、城市社会经济发展、重大基础设施建设、产业结构调整、旅游企业发展、旅游环境建设、区域一体化制度建设等热点和难点问题加以研讨，发布政府导向性政策和意见。秦巴旅游论坛宜采取企业化运作方式，既保证秦巴旅游论坛实现其宣传和研讨的目的，也保证秦巴旅游论坛的有效运作。

（三）区域旅游合作发展阶段

根据秦巴山脉区域旅游合作进程中政府、企业和市场的关系，从区域旅游合作的范围、旅游生产要素的流动性、区域内旅游流量及流向四个层面，将秦巴旅游合作进程分为三个阶段，即萌芽阶段、发展阶段与成熟阶段，不同阶段政府、企业与市场在旅游合作中发挥不同的功能。

1. 萌芽阶段

针对秦巴山脉区域目前所处的现状，政府对旅游业的管理主要是采用无意识的管制政策，政策的形成或借鉴其他行业，或临时形成，并且区域内各城市之间的旅游政策差异性很大。旅游活动及合作主要由旅游企业和民间组织自发进行，旅游市场容量很小，旅游市场结构处于不协调状态。

2. 发展阶段

政府主动介入旅游业的管理，并有意识地制定相关旅游政策，统筹区域合作，组建"大秦巴办"，组织区域旅游交流，缩小各地区之间旅游政策的差异性。旅游企业在政策的鼓励下日益活跃，在一定程度上成为旅游市场的主体，旅游行业组织等开始出现。旅游活动呈现区域合作化趋势，且旅游活动中政府作为一个新的主体参与进来，旅游市场结构趋于合理化。

3. 成熟阶段

秦巴山脉区域内以"大秦巴办"为平台，各地政府利用基本趋同或一致的旅游政策对旅游业进行宏观调控，区域性统一的旅游产业形成。旅游企业作为旅游市场的真正主体进行旅游经营开发。区域旅游合作的范围扩大为全区域，合作的主体也多元化，旅游市场结构合理化和高级化。

秦巴山脉区域旅游合作将由政府主导下的旅游市场向以市场为导向的旅游市场转变；旅游合作范围由单边、双边区域旅游合作转变为多边小区域旅游合作再转换到全区域旅游合作；旅游生产要素由限制性流动向自由流动转变，旅游流量由小变强、流向由单向变为双向、多向。依靠"看不见的手"，即市场引导企业实现集群化发展，同时依靠政府这一"看得见的手"对市场调节的局限性加以修正，政府作为政策的主要供给者，是旅游业集群形成过程中的一个重要的行动主体，通过政策制定来维护集群的秩序，促进旅游业实现集群化良性发展。

本篇参考文献

陈勇.2004.古代秦巴地区的历史沿革与经济开发[J].上海大学学报（社会科学版），（1）：101-107.

陈志军.2008.区域旅游空间结构演化模式分析——以江西省为例[J].旅游学刊，（11）：35-41.

董静，郑天然.2006.基于"点—轴系统"理论的京津冀地区旅游地系统空间结构演变研究[J].石家庄学院学报，（3）：78-83.

关冶.2015.国内外文化产业园区发展模式对比研究[J].现代经济信息，（16）：434.

国家旅游局.2012-05-09.中国旅游公共服务"十二五"专项规划[Z].

国务院办公厅.2015-08-04.国务院办公厅关于进一步促进旅游投资和消费的若干意见[EB/OL].http://www.gov.cn/zhengce/content/2015-08/11/content_10075.htm.

胡缓.2016.我国在线旅游业的SCP范式分析[D].山东大学硕士学位论文.

胡钰，王一凡.2018.文化旅游产业中PPP模式研究[J].中国软科学，（9）：160-172.

李汉辰.2015.秦岭生态旅游可持续发展研究[D].西安科技大学硕士学位论文.

梁中效.2002.历史时期秦巴山区自然环境的变迁[J].中国历史地理论丛，（3）：40-48.

林玉香.2014.我国旅游产业与文化产业融合发展研究[D].沈阳师范大学硕士学位论文.

刘琼.2013.中美国家公园管理体制比较研究[D].中南林业科技大学硕士学位论文.

刘宇峰.2008.陕西秦岭山地旅游资源评价及开发研究[D].陕西师范大学硕士学位论文.

陆大道.2002.关于"点—轴"空间结构系统的形成机理分析[J].地理科学，（1）：1-6.

罗金华.2013.中国国家公园设置及其标准研究[D].福建师范大学博士学位论文.

马强.2015.秦巴山地三国文化资源的特点、价值与保护[J].长江文明，（2）：113-118.

宁鹏飞.2015.《史记》与秦岭文化[J].渭南师范学院学报，30（19）：80-83.

奇创旅游研究院.2015.旅游公共服务体系专题研究[EB/OL].http://www.kchance.com/LandingPage/tourismPublicServiceSystem/.

奇创旅游研究院.2015.乡村旅游专题研究[EB/OL].http://www.kchance.com/LandingPage/village/.

奇创旅游研究院.2016.乡村旅游产品[EB/OL].http://www.kchance.com/landingpage/village3/Village1.asp.

邵甬，胡力骏，赵洁.2016.区域视角下历史文化资源整体保护与利用研究——以皖南地区为例[J].城市规划学刊，（3）：98-105.

石培基，李国柱.2003.点—轴系统理论在我国西北地区旅游开发中的运用[J].地理与地理信息科学，（5）：91-95.

汪德根. 2010. 基于出游半径的自驾车旅游市场特征差异分析——以苏州市为例[J]. 旅游学刊, 25（1）: 42-47.

汪德根, 陆林, 陈田, 等. 2005. 基于点—轴理论的旅游地系统空间结构演变研究——以呼伦贝尔—阿尔山旅游区为例[J]. 经济地理, （6）: 904-909.

王连勇, 霍伦贺斯特•斯蒂芬. 2014. 创建统一的中华国家公园体系——美国历史经验的启示[J]. 地理研究, 33（12）: 2407-2417.

王亚荣, 李利安. 2014. 论秦巴山脉佛教的几个特点[C]. 峨眉山与巴蜀佛教文化学术讨论会论文集, 北京: 宗教文化出版社: 409-414.

王智, 蒋明康, 朱广庆, 等. 2004. IUCN保护区分类系统与中国自然保护区分类标准的比较[J]. 农村生态环境, 20（2）: 72-76.

魏小萍. 2015. 美国国家公园管理体系研究[D]. 兰州大学硕士学位论文.

文祯中, 郝二旭, 陈江风. 2013. 中原地区在中国古代的历史地位和作用[J]. 南都学坛, 33（1）: 36-38.

吴必虎. 2010. 旅游规划原理[M]. 北京: 中国旅游出版社.

武仙竹, 邹后曦. 2013. 重庆远古人类与旧石器文化[J]. 江汉考古, （3）: 87-94.

肖萍. 2015. 文化与旅游产业的耦合与协同发展研究——以江苏省为例[D]. 南京师范大学硕士学位论文.

许娟, 刘加平, 霍小平. 2011. 秦巴山地传统民居建筑保护与发展[J]. 华中建筑, 29（8）: 124-126.

严国泰, 沈豪. 2015. 中国国家公园系列规划体系研究[J]. 中国园林, 31（2）: 15-18.

杨春宇, 邢洋, 左文超, 等. 2016. 文化旅游产业创新系统集聚研究——基于全国31省市的PEF实证分析[J]. 旅游学刊, 31（4）: 81-96.

袁海. 2012. 文化产业集聚的形成及效应研究[D]. 陕西师范大学博士学位论文.

詹诗. 2015. 旅游与文化产业融合发展样式研究[D]. 贵州大学硕士学位论文.

张二妮. 2014. 陕西省文化旅游产业发展研究[D]. 西安工业大学硕士学位论文.

张海燕, 王忠云. 2010. 旅游产业与文化产业融合发展研究[J]. 资源开发与市场, 26（4）: 322-326.

张晓燕. 2006. 我国自驾车旅游及其发展研究[D]. 山东师范大学硕士学位论文.

赵磊. 2012. 旅游产业与文化产业融合发展研究[D]. 安徽大学硕士学位论文.

赵娜. 2014. 基于蜀道文化遗产线路的秦岭山地生态度假旅游发展与布局研究[D]. 西安外国语大学硕士学位论文.

智研咨询集团. 2016-09. 2016-2022年中国文化旅游市场分析及发展趋势研究报告[R].

中国社会科学院旅游研究中心. 2015-06. 中国自驾游年度发展报告（2014—2015）[EB/OL].

中研普华. 2016-03. 2016-2020年中国休闲旅游行业深度分析与发展规划指导报告[R].

钟晟. 2013. 基于文化意象的旅游产业与文化产业融合发展研究[D]. 武汉大学博士学位论文.

朱葛劲, 朱创业, 庞筑丹. 2008. 基于增长极效应理论的秦巴地区旅游竞合分析[J]. 资源开发与市场, （11）: 1042-1043, 1037.

朱海霞，杨博，权东计，等. 2011. 西安曲江文化产业园区运营模式的特质分析[J]. 中国软科学，（S1）：152-162.

朱海艳. 2014. 旅游产业融合模式研究[D]. 西北大学博士学位论文.

admin. 2014-11-14. 2014房车自驾游营地咨询汇总[EB/OL]. https://www.21rv.com/archive.php?aid= 785458&page=10.